JN274517

アフリカ史再考

女性・ジェンダーの視点から

アイリス・バーガー
E・フランシス・ホワイト 著

富永智津子 訳

未來社

WOMEN IN SUB-SAHARAN AFRICA by Iris Berger
and E.Frances White
©1999 by Indiana University Press
Japanese translation published by arrangement with
Indiana University Press through The English Agency (Japan) Ltd.

アフリカ史再考
——女性・ジェンダーの視点から——

目次

目　次

第一部　東部および南部アフリカの女性

アイリス・バーガー

第二部　西部および中西部アフリカの女性

E・フランシス・ホワイト

目　次

凡　例

一　「歴史への女性の復権」（Restoring Women to History）シリーズの一巻として出版された原書には、シリーズの序が含まれているが、紙数の関係で割愛した。

二　訳出にあたり、著者の了解を得て、原文の意味を変えない範囲で言葉を補った箇所がある。

三　都市名・地名・民族集団名には適宜、現在の国名を（　）に入れて補った。

四　文献リストには、「日本語版に寄せて」と、原書本文に引用のある文献、「訳者ノート」に紹介した文献を掲げ、かつ邦語文献を加えた。

五　用語例、民族集団の概要は訳者によるものである。

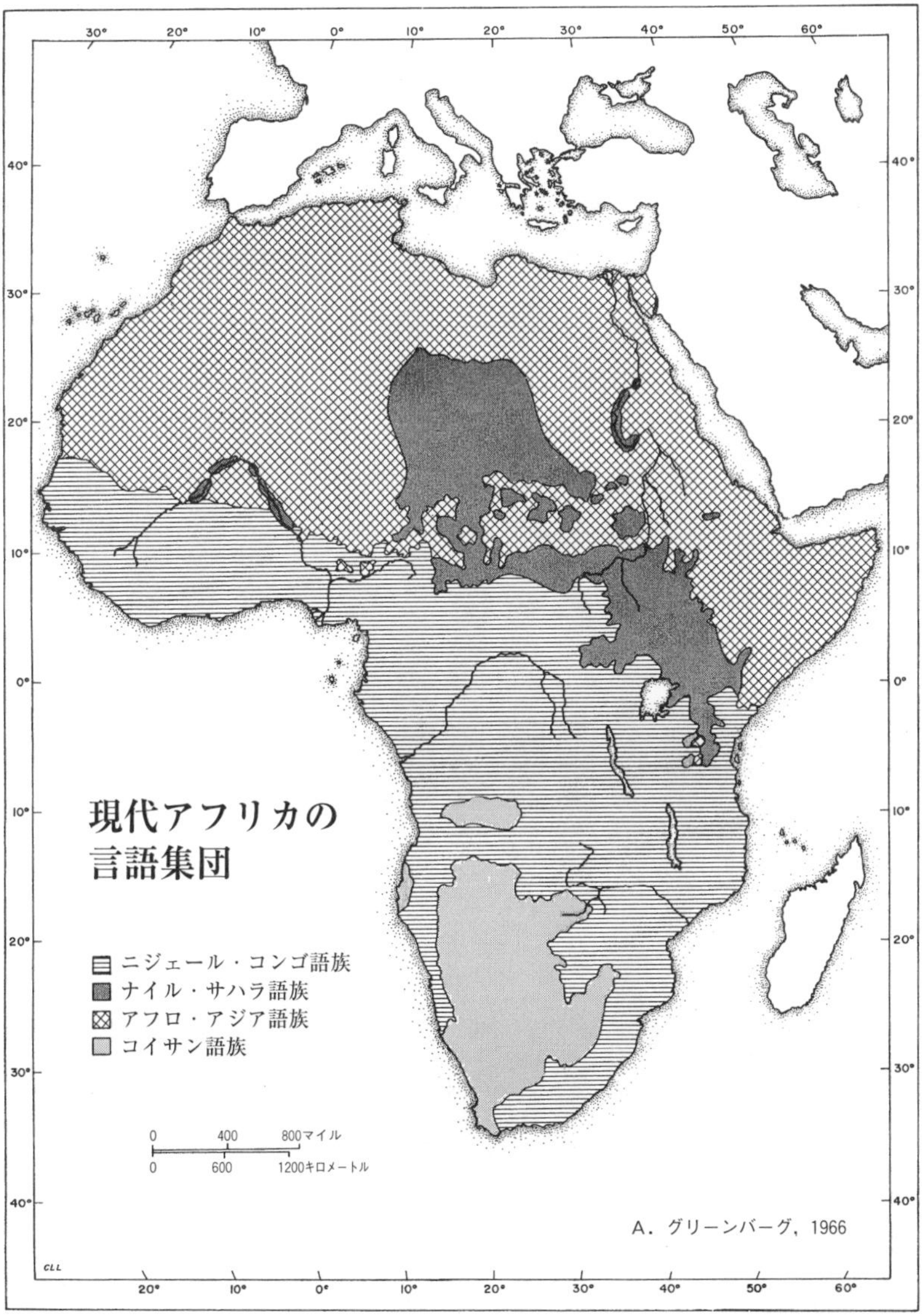

現代アフリカの
言語集団
ニジェール・コンゴ語族
ナイル・サハラ語族
アフロ・アジア語族
コイサン語族
0 400 800マイル
0 600 1200キロメートル
A．グリーンバーグ，1966
CLL

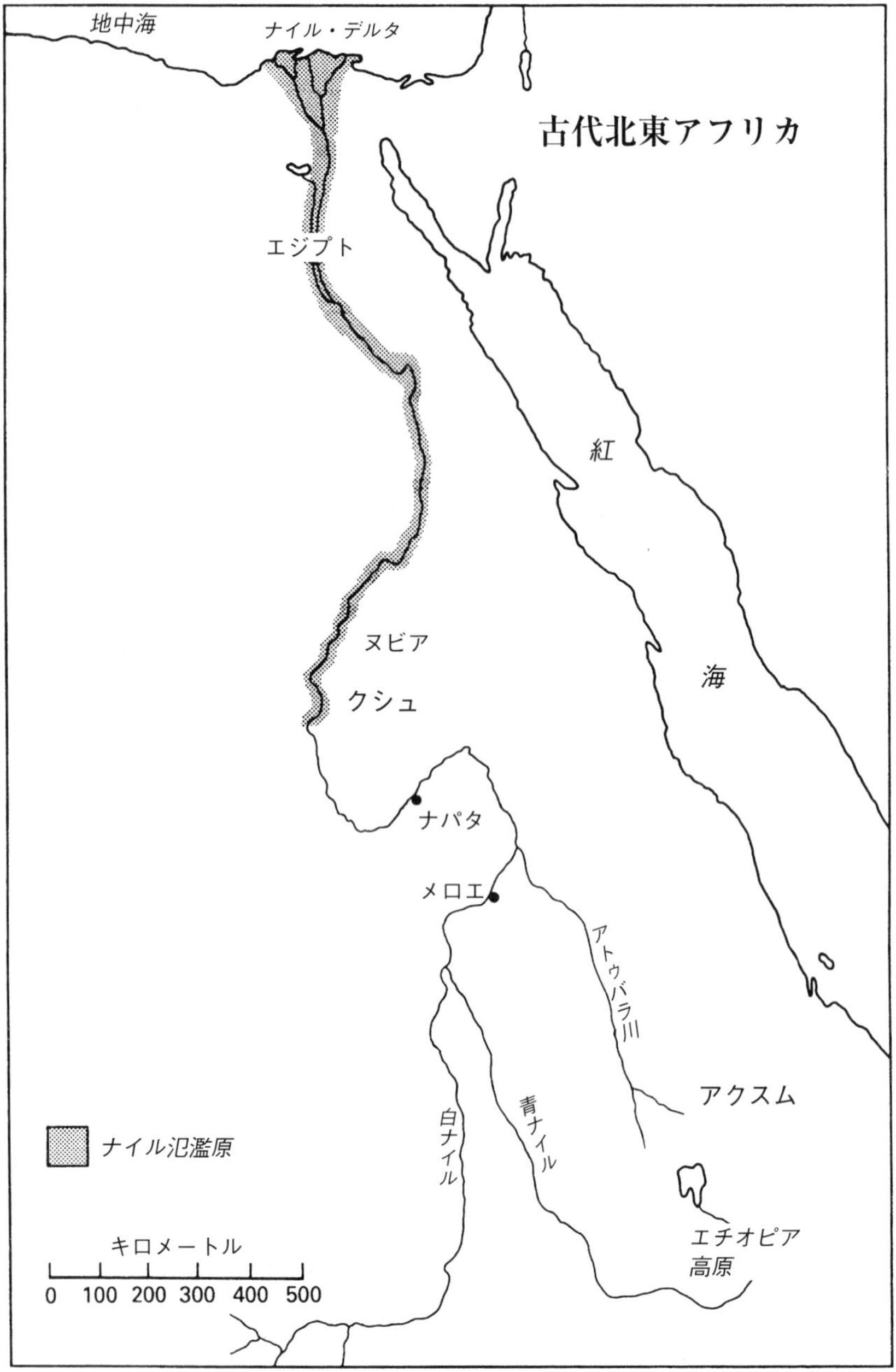

古代北東アフリカ
地中海
ナイル・デルタ
エジプト
紅
海
ヌビア
クシュ
ナパタ
メロエ
アトゥバラ川
アクスム
青ナイル
白ナイル
エチオピア
高原
ナイル氾濫原
キロメートル
0 100 200 300 400 500

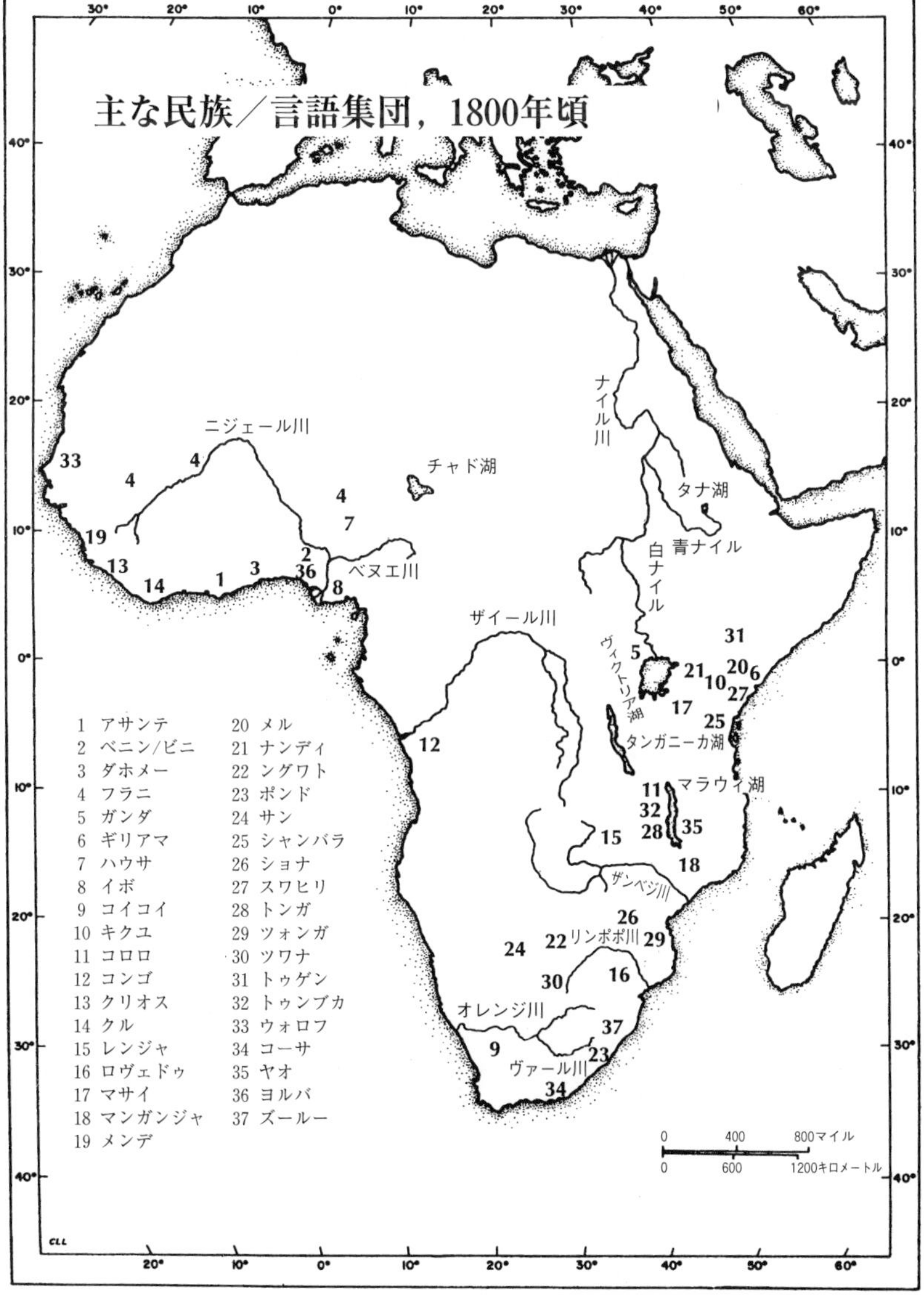

1 アサンテ	20 メル
2 ベニン/ビニ	21 ナンディ
3 ダホメー	22 ングワト
4 フラニ	23 ポンド
5 ガンダ	24 サン
6 ギリアマ	25 シャンバラ
7 ハウサ	26 ショナ
8 イボ	27 スワヒリ
9 コイコイ	28 トンガ
10 キクユ	29 ツォンガ
11 コロロ	30 ツワナ
12 コンゴ	31 トゥゲン
13 クリオス	32 トゥンブカ
14 クル	33 ウォロフ
15 レンジャ	34 コーサ
16 ロヴェドゥ	35 ヤオ
17 マサイ	36 ヨルバ
18 マンガンジャ	37 ズールー
19 メンデ	

主な民族／言語集団，1800年頃

19世紀の主なアフリカ国家

この地図は地理的位置を示したものであり，共時的な国家の分布ではない。

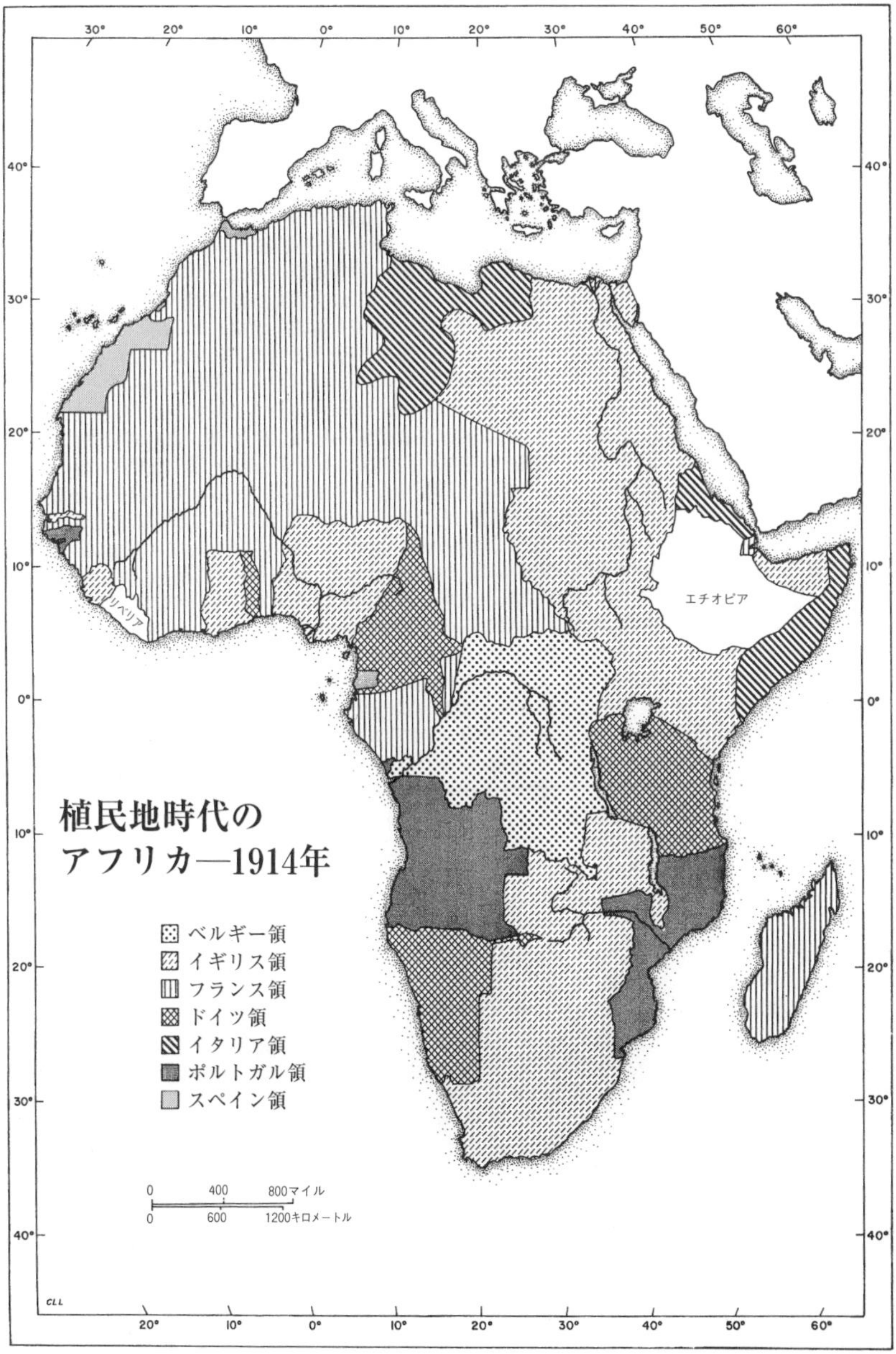
植民地時代の
アフリカ—1914年
ベルギー領
イギリス領
フランス領
ドイツ領
イタリア領
ポルトガル領
スペイン領
エチオピア
リベリア
0 400 800マイル
0 600 1200キロメートル
30° 20° 10° 0° 10° 20° 30° 40° 50° 60°
40° 30° 20° 10° 0° 10° 20° 30° 40°
CLL

アフリカ諸国と
その独立年
カボヴェルデ
1975
300 Mi.
300 Km.
モロッコ
1956
チュニジア
1956
アルジェリア
1962
リビア
1951
エジプト
1922
西サハラ
モーリタニア
1960
マリ
1960
ニジェール
1960
チャド
1960
スーダン
1956
エリトリア
1993
ジブチ
1977
ギニアビサウ
1974
セネガル
1960
ブルキナファソ
1960
ギニア
1958
ベニン
1960
ナイジェリア
1960
エチオピア
コート・ディヴォワール
1960
ガーナ
1957
ガンビア
1965
シエラ・レオネ
1961
リベリア
1847
トーゴ
1960
赤道ギニア
1968
カメルーン
1960
中央アフリカ共和国
1960
ソマリア
1960
ウガンダ
1962
ケニア
1963
ルワンダ
1962
サントメ・プリンシペ
1975
ガボン
1960
コンゴ
1960
コンゴ
民主共和国
1960
ブルンディ
1962
タンザニア
1961 and 1963
コモロ
1975
アンゴラ
1975
ザンビア
1964
マラウィ
1964
ジンバブウェ
1980
モザンビーク
1975
マダガスカル
1960
ナミビア
1990
ボツワナ
1966
スワジ
ランド
1968
レソト
1966
南アフリカ
1910
セーシェル
1976
マダガスカル
1960
モーリシャス
1968
600マイル
600キロメートル
800マイル
1200キロメートル
*英帝国内自治領
JMH

日本語版に寄せて

アイリス・バーガー

はじめに

わたしが初めて日本のアフリカ研究者に出会ったのは、一九八〇年代末にザンビアへ調査にでかけた時のことでした。研究者たちは、農村部で、健康、栄養、エイズに関するサーヴェイを行なっていたと記憶しています。その数年後、わたしの前任者にあたる「全米アフリカ学会」(African Studies Association)の会長とその実行委員長が日本に招待され、以後、日本とアメリカ合衆国との学術交流が開始されました。わたし自身は、直接、そうした交流に貢献したわけではありませんが、富永智津子教授から、二〇〇二年十月~十一月に地域研究交流センターの主催で、大阪の国立民族学博物館において開催されるシンポジウムへの招待を電子メールで受け取った時には、とても感激しました。そればかりか、富永教授のメールには、わたしがE・フランシス・ホワイトと共同執筆した著書の日本語訳をほぼ終えていると書かれていたのです。

こうした経緯から、わたしは、日本におけるアフリカ研究について多少は知っていましたが、大阪で開かれた「アフリカ史再考——女性・ジェンダーの視点から」と題する三日間のシンポジウムに出席するまで、これほど熱心な研究者たちが日本にいるとは予想もしていませんでした。この国際シンポジウムでは、女性やジェンダーの視点の導入によって、奴隷制や植民地主義、民族解放運動や現在の諸問題に関するわたしたちの理解がどのように変化してきたかについての活発な議論が行なわれました。日本、南アフリカ、ナイジェリア、ジンバブウェ、アルゼンチン、合衆国、オランダ、タンザニアからの多彩な参加者による内容の濃いシンポジウムだったと思います。このような、国家や民族を越えた対話への挑戦は、会議が終了しても継続されるべきものです。しかし、国際会議は、しばしば、多くの労力や技術を用いて開かれるにもかかわらず、そこで交わされる学術的な議論は、既存の枠内にとどまり、国家や民族の境界を越えることなく行なわれる傾向があります。そのような中で、この翻訳を通して、アフリカやヨーロッパや合衆国におけるアフリカ女性に関する調査や著書が、日本の研究者や学生に紹介され、シンポジウムによって口火の切られた対話が引き継がれていくことを、わたしは願っています。

アフリカ女性史研究の動向とその意義

アフリカの女性史は、ヨーロッパやアメリカ合衆国における女性やジェンダーの歴史とは異なる文脈の中で展開しました。そもそも、アフリカ史がひとつの学問的分野として目覚しい発展を遂げたのは比較的新しく、一九五〇年代末から六〇年代初頭に、アフリカ諸国が半世紀にわたる植民地支配から解放された後のことです。民族国家の例にもれず、新たに台頭したアフリカ諸国は、再構想された植民地化以前と植民地時代というふたつの過去に、ある程度、国家としての正統性を求めました。その結果、ナショナリズムの立場から記述された歴史に、社会的カテゴリーとしての「女性」が登場することはなく、アフリカ大陸のいたるところで見られた女性活動家の存在や、女性の組織力は、無視され続けました。国民統合を目的とした国家のアイデンティティ構築が優先されたからです。

女性の歴史的役割への関心は、フェミニズムという触媒と研究対象としての女性史の展開、およびエスター・ボスラップが著した画期的な著作『経済発展における女性の役割』(Boserup 1970) によって触発された「女性と開発」という研究領域の広がりの中で、一九七〇年代にようやく高まりを見せはじめました。このボスラップの挑戦的な仮説を検証するために、多くの研究者が各地で調査を開始したのです。その結果、アフリカにとってきわめて重要なふたつの論点が浮上しました。ひとつは、植民地主義と帝国主義が女性の地位を低下させたという側面であり、もうひとつは、多くの社会で、農民女性が経済的に重要な役割を果たしてきたという側面でした。ヨーロッパや合衆国のフェミニストが、女性を公的領域から排除して家庭に閉じ込めるという一九世紀の男女隔離イデオロギーと格闘していたその時、西欧とは異なるアフリカの歴史(および、植民地下でのその変化の様相)が、新しい研究史を切り開いていたのです。

現時点での新たな歴史研究の潮流を別にすれば、一九七〇年代中葉以降、三つのテーマがアフリカ女性史を構成してきたと言ってよいでしょう。それぞれのテーマがいつ登場したのかという時期設定は可能ですが、それらの間にはかなりの重複がみられます。それゆえ、複数の宗教が混合しているアフリカの宗教運動のように、女性の歴史研究者はある段階と次の段階との間に折衷的な接点を設定しています。にもかかわらず、それぞれの時期に関心の対象となってきた主なテーマを抽出することができます。つまり、七〇年代の関心は「忘れられたヒロインたち」、八〇年代から九〇年代初頭にかけては「下層階級の女性たち」、そして九〇年代以降は「ジェンダーをめぐるさまざまな主題」です（Berger 1995）。

フェミニズム第二派の最初期の研究者と同じく、まずアフリカ史の研究者は、当時、歴史文献の中で無視されていた王母、大商人、霊媒師、あるいは抵抗運動、解放運動、革命闘争への参加者といった傑出した女性に光をあてました。これらボスラップの問題提起に触発された著作の多くは、直接的、あるいは間接的に、女性に重要な政治的・経済的役割を保障していた植民地化以前の制度やイデオロギーが、植民地化によって葬り去られたという議論を展開しました。この時期の古典的文献には、ジュディス・ヴァン・アレンによる、一九二九年のイボ人女性の闘争（ナイジェリア）に関する業績が含まれます（Van Allen 1976）。女性の行動を正当に評価しなかった先行研究とは異なり、ヴァン・アレンの研究は、課税政策に対するこのイボ人女性の反乱を、植民地支配下での地位の低下に直面した女性の抵抗であったと分析しています。女性たちは、戦略として、「男性の家に押しかけて揶揄する」という、伝統的な集団抵抗の形式を採用したのだというのです。このように、苛酷な植民地的諸条件に対する女性の抵抗は、植民地化以前の慣習との強い継続性を示していました。

一九七〇年代末から九〇年代初頭にかけて、研究者の関心は、抵抗運動における傑出した女性とその活動から、売春婦、奴隷、家事労働者といった社会の周縁におかれた女性へと移行しました。この移行は、理論的にマルクス主義と低開発理論の強い影響を受けた一九七〇年代の経済史や社会史への関心を反映していました。時には「急進的な悲観主義」の時代と言われたこの時期の著作は、六〇年代のナショナリストの楽観的な歴史観とは対照的です。

マルクス主義フェミニズムから大きな影響を受けたこの時期の女性の歴史研究者は、とりわけ階級の問題や生産と妊娠・出産との関係――社会と家族との関係を概念化する現代的方法――に関心を集中しました。また、植民地主義との関連でジェンダー間の不平等を考察する一方、アフリカ社会内部の不平等にも強い関心を示しました。つまり、女性の地位を説明するために、アフリカ社会に見られる家父長的構造と植民地主義の両方を視野に入れたのです。これは、社会学者のベリンダ・ボッツォリが「家父長制のパッチワーク」として提示した考え方に通じるものです（Bozzoli 1983）。

この時期の古典的な業績のひとつに、ルイス・ホワイトによるナイロビの売春婦に関する研究があります（White 1990a）。ホワイトは、これまで犠牲者とみなされてきた売春婦の仕事を、性の売買としてではなく労働のひとつの形態として調査することによって、売春婦を、労働とその経済行為の能動的な主体として提示しました。底辺から歴史を理解するための手段として、ホワイトは初期のナショナリスト史観の中心的課題であった歴史主体《エージェンシー》の問題にも関心を持ち続けています。

一方、植民地期のジンバブウェに関するエリザベス・シュミットの著作は、農民という無権利状態におかれた女性たちに焦点をあてています（Schmidt 1992）。従来の文献が、アフリカ社会の支配権を男性に与えたのは植民地主義であったと主張してきたのに対し、シュミットはアフリカ人男性と植民地支配者との協力関係に注目しました。農村部の首長層や家長たちは共同体の安定と労働管理のために、女性や青年男子を農村部に引きとめておこうとして、ヨーロッパ人に協力したのだとシュミットは主張したのです。こうした協調プロセスの一環として、植民地政府は、植民地機構を支える農村部の権力者を没落させないために、原則的には廃止すべきだと考えていた婚資や一夫多妻といったアフリカの文化的慣習を容認したというわけです。

さて、一九九〇年代の歴史研究の流れに一石を投じたのはナンシー・ハントでした。ハントは、八〇年代末に発表した論文によって、アフリカ女性史の解釈に新しい地平を拓きました（Hunt 1989)。その中でハントは、マルクス主義フェミニストの理論を拒否し、そのかわりに、ジョーン・スコットなどヨーロッパの女性史研究者が提示したポストモダニズムに軸足を移しました（Scott 1988)。ハントは、植民地主義が女性に与えた衝撃についての考察を試みる際、スコットにならい、抑圧・抵抗といったモデルから、ジェンダーの視点に立ったアフリカ史理解へと転換を行なったのです。スコットと同様、ハントは、いかにして男性と女性というジェンダーが構築されたか、あるいは、社会的現実のすべての側面において、ジェンダーの関係がどのように埋め込まれているかに注目しました。

こうして、ハントの著書は、台頭しつつあった歴史的言説の潮流とあいまって、一九九〇年代の新しい研究史の誕生に寄与することになったのです。新しい研究には、植民地化以前のジェンダー関係への修正主義的アプローチや、女性に焦点をあてたセクシュアリティや労働力の再生産をめぐる研究、あるいは既存のアフリカ史に対する挑戦などが含まれます。

ポストモダニズムの影響を受けた研究者は、アフリカ社会の「女性」が生物学的にひとつの地位に閉じ込められ固定化された集団ではなく、その意味が加齢とともに変化する社会的に構築されたカテゴリーであるとの考えを力説しはじめました。例えば、中部アフリカに関する研究の中で、ユージニア・ハーバートは、現代と対比しながらこの論点を提示しています。彼女は、ジェンダーはそれ自体、ライフサイクルの中で変化するものであるから、「人は十分に長生きすることによってガラスの天井を突き抜けることができるのだ」と主張したのです（Herbert 1993）。さらに、ハーバートは次のように述べています。

「ジェンダーと生物学的な性との違いは、西欧の研究者にとっては新しい事実の発見であった。だが、アフリカの人々は、ジェンダーが生物学的にではなく社会的に造られたものであり、ライフサイクルの中で変化するものであることを熟知していた。このことは、成人儀礼《イニシエーション》に関する多くの文献を読めば明らかである。」

イフィ・アマディウメのイボ人社会（ナイジェリア）に関する研究（Amadiume 1987）や、オエロンケ・オエウミのヨルバ人社会（ナイジェリア）に関する人類学的研究（Oyewumi 1997）は、これと同じ見解を提示しています。

これらの研究は、過去のアフリカ人女性の生活史を理解するにあたり、学際的アプローチがいかに重要な役割を果たすかを示しています。歴史研究者と同様、農村部の生活パターンの変化に関心を抱きつつも、これら人類学者たちは、アフリカ社会におけるジェンダーの意味を理論的に解明することに強い関心を持っているのです。イボ人のジェンダー観の柔軟性に関心を持つアマディウメは、息子がいないために男性の地位を付与された「男性娘」（male daughter）や、経済目的のために「妻たち」を抱える富裕な「女性夫」（female husband）という明らかに逆説的な用語に注目しています。こうした逆説的な概念は、西欧社会より柔軟なジェンダー構造を示しているというわけです。両性間の差異がすべての社会に行きわたっているという考え方に対して、アマディウメ以上に挑戦的な見解を提示しているのはオエウミです。彼女は、植民地化以前のヨルバランドには、「女性」（women）というカテゴリーは存在せず、さまざまな役割を演じる「女」（females）がいただけだと主張しました。女性にとっても男性にとっても、男女の区別ではなく、年齢のちがいが主たる社会的格差の形態だったというのです。オエウミの見解によれば、ジェンダーは植民地時代になってはじめて明示的なカテゴリーになったということになります。

植民地化以前の女性史に対するもうひとつのアプローチを紹介しましょう。歴史研究者であるナカニイケ・ムシシは、現在のウガンダでかつて栄えたブガンダ王国の歴史を、ただ単に女性をつけ加えるだけではなく、ジェンダーのレンズを通して考察しました。親族組織とセクシュアリティを分析に加えることによって、ムシシは、国家権力が増大するにつれ、支配層の間に一夫多妻が拡大したことを明らかにしています。すなわち、労働と土地が王族と首長層によって掌握されると、女性の地位が変化したのです。女性たちは、土地を提供してくれていた夫や保護者が王族や首長層の支配下に入るや、政治的主導権を失いました。この歴史的展開は、農民女性を新たな階層秩序の最底辺に位置づけました。おそらく、もっとも重要なことは、妻を持つことが権威の象徴になると、女性は富裕な男性が蓄積すべき商品になったということです（Musisi 1991）。

第二の重要な傾向は、母性、セクシュアリティ、出産といった問題への関心の高まりです。従来、これらは、社会的・経済的変化の従属変数として扱われてきており、女性史にとっての中心課題とはみなされませんでした。特定の地域、もしくは特定の民族集団にとって、この潮流は、女性史年表の作成や女性に焦点をあてた植民地主義の分析を行なううえで、決定的に重要になりはじめています。このアプローチを切り開いたのは、植民地時代のジンバブウェを対象としたダイアナ・ジーターの研究です（Jeater 1993）。ジーターは、植民地化がもたらしたもっとも大きな変化は、政治的支配でも経済的支配でもなく、セクシュアリティをリネージやその長老への義務から解放し、私的な事柄として考える可能性を男性、とりわけ女性に与えたことであると論じました。ヘレン・ブラッドフォードによる南アフリカ共和国（以下「南アフリカ」と略記）初期の歴史に関する切れ味のよい論文（Bradford 1996）や、ジーン・オールマンとヴィクトリア・タシュジアンによる植民地時代のアサンテ社会（ガーナ）の研究（Allman/Tashjian 2000）、あるいはナンシー・ハントのベルギー領コンゴに関する著作（Hunt 1999）は、アフリカ植民地史にこうしたアプローチを適用した挑戦的業績と言えるでしょう。

既存の歴史解釈を修正した業績の事例としては、タンザニアのナショナリズムに関するスーザン・ガイガーの研究（Geiger 1998）や、ジンバブウェの解放闘争に関するノンゴ＝シンバネガヴィの業績（Nhongo-Simbanegavi 2000）、あるいは植民地時代ケニアのメル地域における女性性器切除を扱ったリン・トーマスの研究（Thomas 1996, 2003）を挙げることができます。初期の女性史研究者は、女性も男性と同様にアフリカの民族解放運動に参加したことを立証しましたが、スーザン・ガイガーの研究は、この「女性もまたそこにいた」という歴史観を越えています。つまり、ガイガーは、政治運動に対するこれまでの解釈を乗り越えるために、いかに女性を歴史研究の対象として扱うか、という問いを提起しているのです。他のアフリカ諸国と同様、タンザニアにおいてもナショナリズムに関する既存の記述は、西欧教育を受けたキリスト教徒の男性に焦点をあて、新たに創設された民族主義政党を通して大衆を動員した彼らの役割を強調してきました。しかし、女性を男性と同等に考察することにより、ガイガーは、多様な民族集団から構成されたダンス結社を通して、教育レヴェルもそれほど高くないムスリム女性が組織され、民族の解放に重要な役割を果たしたことを明らかにしたのです。しかも、ナショナリストの男性指導者とは異なり、これらの女性は、単に政党や独立のために女性を動員したのではありません。彼女たちの日常的な活動は、むしろ、多様な民族集団の女性たちを、きわめて魅力的な公共の催しに巻き込むことによって、「ナショナリズムを演じ」させたのでした。

同じく、ノンゴ＝シンバネガヴィは、国家と民族、とりわけジェンダーとナショナリズムとの関係に焦点を絞りました。ジンバブウェ史という枠組の中で、彼女は、ジェンダーの関係を考慮に入れないナショナリズムは、国民を代表しているとか、民主的だとか言えるだろうかとの疑問を提起しています。そして、武装闘争における女性の多様な役割分析を通して、国家の指導者たちに、闘争の議事日程には女性の解放という項目がなかったということを認めるか、もしくは、これまで両性間の平等を民主化に必要な一側面とは考えてこなかったことを反省するよう迫っているのです。

ジェンダーを視野に入れない歴史観に挑戦しているガイガーとノンゴ＝シンバネガヴィに対し、リン・トーマスは、一九五〇年代ケニアのメル地域におけるある特殊な歴史状況を取り上げています。当時、隣接地域に住むキクユ人が植民地主義に対するゲリラ闘争を行なっていたのですが、植民地支配者が「未開」という判断を下したこの「マウマウ」闘争の戦士たちとの対比から、自分たちを「近代的」に見せようとして、メルの長老評議会は女子割礼を禁止する決定を下したのです。性器切除が女性性の獲得と結婚への唯一の道であるとみなし、ひそかに武装闘争に共鳴していた若い女性たちは、これに激しく抵抗しました。女性たちは長老の決断を無視し、自分たちで割礼を行なうキャンペーンを開始したのです。この事件のポイントは、これら若い女性が、自分たちを政治的な活動家とみなしていたという点にあります。しかし、彼女たちは、自分たちの身体に関して、西欧のフェミニストが予期した方法とは全く異なる決断をしたのでした。

これからの歴史研究の方向を予見することは困難ですが、アフリカにおける女性とジェンダーに関する最近の業績は、台頭しつつあるいくつかの潮流を示唆しています。南アフリカの鉱夫に関するダンバール・ムーディーの先駆的研究（Moodie 1994）を部分的に継承しつつ、リサ・リンゼイ、ステファン・ミーシャー、ロバート・モレルといった若手の歴史研究者たちが、男性性とホモセクシュアリティについての調査を始めています（Lindsay/Miesher 2003；Lindsay 2003；Morrell, 2001）。こうした若手研究者は男性性の概念が変化しつつあることに注目しており、その研究成果は、多くの研究者が試みてきた女性とジェンダーの同一化は、ジェンダーが関係性のカテゴリーであるという事実を無視していることを明らかにしています。ゲイとレズビアンの歴史を明らかにすることによって、彼らは、アフリカの過去の、これまで研究されてこなかった領域に関して、より洗練された多文化理解の可能性を開くことに貢献しようとしているのです。加えて、アフリカ大陸におけるエイズの流行に触発された健康上の問題は、シェリル・マッカーディやランドール・パッカード、あるいは出産やセクシュアリティの調査を行なっている歴史研究者の流れを汲んだジェンダー研究が、今後ますます重要になることを示しています（McCurdy 2001；Packard 1989）。アフリカのジェンダー史研究が勢いを増す中で、新大陸のみならず、中東やインド洋海域のアフリカ人ディアスポラに関する研究も、強制移住や奴隷制における男女の多様な経験や、新しい抑圧的状況の下でジェンダー・アイデンティティ（訳注—性役割に関する自己認識）が再構築される方法について注目しはじめています。また、合衆国やヨーロッパ諸国における最近のアフリカ人ディアスポラも、まもなく「歴史」の対象となるために必要な時を積み重ねつつあると言えます。こうした研究は、個々人のアイデンティティと集団のアイデンティティ（人種、階級、ジェンダー、エスニシティ）、植民地化前と植民地時代、抵抗と協力、パブリックとプライベートといった停滞的な二分法に挑戦するものと言ってよいでしょう。換言すれば、過去の暴力は、戦争や軍事化がアフリカ社会に与えるインパクトを、ジェンダーの視点から理解する努力をし続けることの必要性を示唆しているのです。

最後に、女性やジェンダーの歴史を研究するアフリカ人が、もっと増えることの重要性を強調したいと思います。一〇年前に行なわれていたアフリカ人女性に関する研究会において、過去に関心を持つ研究者が皆無だったことは驚くべきことでした。アフリカ大陸からの参加者が自分の国の研究状況を報告する時、歴史はほとんど言及されることなく、通常、変化の仮説的な背景として語られるにすぎなかったのです。もし、アフリカの大学やその研究活動が活性化され、開発志向の援助団体の基金が他にまわされるとしたら、歴史研究はその恩恵を蒙る一分野となるかもしれません。

二一世紀という新しい歴史叙述のコンテキストの中で、グローバリゼーション、移民、トランス・ナショナリズムというテーマもまた、女性やジェンダーの叙述に影響を与えています。ニューヨークのセネガル人コミュニティや南アフリカからのアフリカ人移民、あるいはアフリカ西部におけるインド映画の受容に関する歴史研究においても、姦通罪で死刑の判決を受けたナイジェリアのアミナ・ラワル事件に対する国際社会の批判や、同じくナイジェリアにおける最近のミスワールドコンテストに見られたムスリムの怒りにおいても、ローカルなものとグローバルなものが分かちがたく混在しているのです。こうした連関を認め、その両方を視野にいれることによって、アフリカ女性史研究はアフリカ史再考への試みの一部を構成するのみならず、新しい時代の要請に見合う地域研究を再概念化しようとする動向の一部をも担うことになるのです。

本書は、地球的規模での交流が展開する現在の状況の中で、アメリカ合衆国の研究者と学生に世界の女性史を紹介するための遠大な試みの一環として刊行されました。アジア、ラテンアメリカとカリブ海、および中東に本書を加えた四巻シリーズは、何千年にもわたる女性の歴史を総合的にまとめており、関心のある読者に多くの情報を提供しています。同様に、本書の日本語訳が、日本の読者にとってもアフリカの女性史を知る手掛かりとなることを心から願っています。

二〇〇三年四月

アフリカ史再考

——女性・ジェンダーの視点から——

第一部　東部および南部アフリカの女性

アイリス・バーガー

第一章　古代から一八八〇年代まで

1　アフリカの社会と文化——共通性と多様性——

歴史の黎明期、アフリカの社会と文化はきわめて多様であった。しかし、世界の他の諸地域とは明確に異なる共通の特徴も備えていた。他の諸地域では、人類史の初期段階で土地の個人所有が出現して階級や性別分業を発展させたのに対し、サハラ以南のアフリカでは親族を基盤とした共同体や政治的実力者が土地の支配権を掌握していた。このような土地所有形態は、私有財産にもとづく経済格差が相対的に小さい社会の形成を促した。しかし、両性間の格差は大きかった。農耕の担い手がもっぱら女性であったにもかかわらず、年長の男性が土地と労働力を支配し、もうひとつの富と権力の源泉である家畜をも排他的に所有していたからである。また、家畜を多く所有する男性は、それを婚資として複数の妻を持つことが可能となり、その結果、より大きな土地を耕やすための労働力を手に入れることができた。

土地は共同で管理され、女性は間接的に男性を通して耕作権を与えられていたにすぎない。息子が父親の遺産を相続する父系社会の女性は、夫の家族が保有する土地の耕作権のみを与えられていた。それと対照的に、家族の絆が母親の兄弟と彼女の子供との間に存在する母系社会の女性は、自分が生まれた共同体の中で比較的大きな権利を享受していた。しかし、どちらも結婚によって、男性が女性の労働力と妊娠・出産という再生産能力を入手したことに変わりはない。また、子供が多いほどリネージ（単系出自集団）の勢力や権威が強化されたため、一夫多妻が普及した。未来の夫の家族から女性の家族に贈られる婚資は、両集団間の絆を強化し、結婚を安定化させるとともに、集団メンバーの損失を埋め合わせる意味を持っていた。

共同体や民族の繁栄は多産によって支えられていると信じられていたため、結婚や宗教儀式やその他の通過儀礼には、女性の行動を規制することに対する社会の象徴的かつ儀礼的関心が投影されていた。だが、アフリカ社会においては、年齢もジェンダーと同じくらい重要だった。男女を問わず年長者が若年者から尊敬されるべきだという考えは、支配者と家長、パトロンとクライアント、夫と妻といったすべての社会関係に貫徹していた。この原理は女性と女性との関係にも影響を与えていた。例えば、年長の妻は若い僚妻より、夫の母親は妻たちより強い権限を持っていた。しかし、年長の女性が家族の中でより大きな権力を持つようになるとしても、それが社会的地位に対応していたと考えるのは危険である。

父親と夫はさまざまな「家父長的」権限を行使したが、このような権限のあり方は、オーソドックスなイスラームとキリスト教が普及した地域をのぞき、単一の支配的な宗教体系というより、むしろ土着のさまざまな規範や信仰から派生したものだった。さらに、アフリカのムスリム（イスラーム教徒）社会における時間と空間を越えたジェンダー関係の多様性は、女性へのイスラームの影響がアフリカの経済的・政治的・文化的規範によって決定されていたことを示唆している。例えば、イスラーム法は女性に結婚、離婚、財産に関する基本的権利をかなりの程度保証しているが、ムスリム女性が男性から隔離され、ヴェールで覆われ、公共の場から締め出される度合いは同じではなかった（Strobel 1995）。

政治体制は地域ごとに異なっていたが、女性は女性だけの結社や、王母、王妃、女性司祭、治癒師、霊媒師、あるいは年長の女性年齢階梯集団のメンバーといった政治的・宗教的役職を通して、公的権力と権威を手に入れていた。また、地域によっては、富と権力を入手した女性が婚資を支払って他の女性の「夫」になることもあった。このような方法で女性が他者を支配することができたということから、植民地化以前のアフリカのジェンダー概念はいたって状況的であり、個々人のライフサイクルによっても変化し、一般的に言って近代西欧社会より柔軟で生物学的にも縛られていなかったと考える研究者もいる（Amadiume 1987; Berger 1994a）。

2　初期の狩猟採集社会——平等主義的過去——

狩猟採集民は、その長い歴史の中で、その後の人類史の諸段階に登場するいかなる社会よりも、平等主義的な社会を発展させた。採集と狩猟（可能なところでは漁労を含む）に依存した人々は、アフリカ大陸最初の住人だった。彼らは小規模で流動的な集団《バンド》を形成し、女性は政治的・社会的・経済的な平等を享受してきた。そのような社会は、今日、ムブティが住むコンゴ民主共和国東部の森林地帯や、クンが住むボツワナとアンゴラとナミビアにまたがる沙漠の周縁部といった孤立した地域にのみ残存している。総じてサンという呼称で知られるクンの祖先は、その昔、森林ベルトの南や東に広がるサヴァンナや疎林地帯に広く居住していた。ムブティが、かつて、現在の居住地以外にどの程度広く分布していたかを示す証拠は少ない。両集団とも技術レヴェルは相対的に低く、土地は共同で利用され、しかも誰でも利用できた。かくも長い期間にわたって社会制度や社会関係が継続してきたと仮定するのは危険かもしれないとしつつも、最近まで、ほとんどの人類学者や歴史研究者は、限定されたせまい環境ゆえに、ジェンダー関係を含む彼らの文化的諸側面は驚くほど変化しなかったと考えてきた。これと対照的に、エドウィン・ウィルムセンは、南部アフリカの狩猟採集民の文化は非所有という制度と低開発がもたらした帰結であるとして、この見解に挑戦している（Wilmsen 1989）。

人類学者は、現代の事例から、狩猟採集を生業とする社会の男女は共同で物事を決定し、儀礼においても平等に役割を果たし、共同で経済活動を行なっているというひとつのモデルを作り上げた。クンとムブティの社会には何らかの両性間の差異が存在するが、それが自動的にジェンダー間の不平等を導き出してはいないというのである。例えば、クンの女性は多様な野生植物を採集することによって、六〇～八〇パーセントの食料を供給しており、男性の介入や許可なしに女性だけで採集と分配の全領域を支配している。狩猟と同様、採集も女性の小集団が週に数日間村を離れて行なう共同作業である。その間、村に残った成人が子供の世話を引き受ける。男女の間には明白な家内労働の分業が見られる。女性は生活に必要な道具を管理し、家事労働や水汲みと薪拾いに従事し、住居を建て、食事の支度や給仕をする。一方、父親も子供の養育に参加して子供と親密な関係を持つが、女性ほどそれに時間を費やさない。しかし、仕事の役割分担が慣習的に決まってはいても、柔軟な性役割の考え方が、多くの仕事を男女間で交換できるような仕組みを作り出している。このような状況のもとで、女性は共同体内の高い地位を保持し、家族や集団《バンド》の意思決定に参加し、水汲み場や採集の場の専有権を分有しているといった具合である。問題は、こうした実質的な平等にもかかわらず、クンの文化が女性を男性より力の弱い存在として規定していることである。その理由は、おそらく女性の採集する食料より、男性のハンターが提供する肉に高い価値が付与されていたからであろう（Draper 1975; Lee 1979; Shostak 1983）。

ムブティ社会では、文化的性役割が分業を規定している一方、生物学的な性より年齢が重視される。しかし、集団活動を支配しているのは協業と相互扶助であることがターンブルによって明らかにされた。つまり、男女ともにそれぞれの責任において採集と狩猟に従事し、各年齢集団の男女が集団で意思決定を行なう。成人男女による子孫の再生産という出来事のみが、両性間に実際の対立関係を生みだす。この対立関係は、性交が禁じられている授乳期間に、男性の性的行動が引き起こす抗争を演出した儀礼に再現されている。両性の相互依存関係は、（男性もしくは女性の）重要人物が死んだ時に行なわれる一カ月にわたるモリモ儀礼の中で象徴的に再現される。この儀礼では男性の長老が儀礼を司っているように見えるが、そのクライマックスの場面に女性が介入して支配権を行使することができるというのである（Turnbull 1962, 1981）。

タンザニアに住む狩猟採集民ハッザ社会の調査もまた、世代間の女性の関係を明らかにしている。閉経にどのような進化論的利点があるかを説明することに関心を抱いた人類学者は、この地域での閉経後の女性の活動を丹念に記録した結果、娘の出産・育児の成功率を高めることに祖母が決定的な役割を果たすという「祖母の仮説」を提示した。母親が乳飲み子を育てている間、すでに離乳している子供たちに食料を与える手助けをすることによって、こうした年長の女性は子供の福利と生存に決定的な役割を果たしているというのである（Hawkes et al. 1997）。

このような高度に平等主義的な社会の事例は、アフリカの過去に対する重要な見方を提供するのみならず、育児が自動的に女性を社会的劣位に閉じ込めるという考えにも一石を投じている。出産や育児の意味を決定するのは、明らかに、それが行なわれる物質的かつ社会的状況である。最近定住生活に入り、農業、牧畜、およびそのまにまに行なわれる採集活動によって生活を営むようになったクン集団は、そのよい事例である。彼らの新しい生活様式が、過去の平等主義を揺るがしているからである。性別役割はより厳密になり、女性は老いも若きも時間のかかる食事の支度をしたり、より豊かな物質生活を維持するため、次第に家庭に縛られるようになる。その一方、男性はひんぱんに村を留守にするようになる。旅をすることによって、男性は洗練された雰囲気や権威を身につけ、それが女性や子供とのさらなる格差を作り出すことになる（Draper 1975）。

3　古代の女性——六〇〇年までの北東アフリカ（エジプトを含む）——

現在、アフリカ女性史の資料状況は、古代に関する相当量の情報と一九世紀末から二〇世紀にかけての豊富な資料、そして、その間に横たわる空白期間、という口頭伝承のそれと類似した構造を示している。しかし、一九六〇年代以前に書かれた植民地化以前の歴史と同様、問題は単なる資料の欠如にとどまらず、研究対象としてのジェンダーへの真摯な関心の欠如にある。北東アフリカ（古代エジプト、ナイル峡谷のクシュ、エチオピア高原におけるアクスムとそれに先行する諸王国）の初期文明における女性の地位に関しては、石柱（直立した石の記念碑）、墳墓の刻印、多くの考古学的遺物、（まだ完全に解読されていない）現地語や外来語で書かれた文書記録が、新しい歴史的考察を切り開く可能性を提供している。

文化的に「緑」のサハラに連なっていたナイル峡谷は、乾燥が進む中で人々に肥沃な農地を提供してきた。エチオピア高原と並び、サハラはおそらく土着の穀物がはじめて栽培化された土地である。例えば、ミレット（アワやヒエなどの雑穀）、ソルガム、エチオピアだけに見られるテフ（微粒穀物）、エンセーテ（バナナと同じバショウ科の植物）、ヌーグという油性植物などがそれに含まれる。農業生産の主な担い手だった女性は、農業を生み出すにいたるまでの革新と思考錯誤の長い過程、およびその後の植物や技術の伝播において重要な役割を演じてきたと思われる。この定住農耕の出現は、余剰生産と階層分化の可能性を生みだした。したがって、女性の創造性は家事労働の増大という経済変化をもたらし、皮肉なことに、それが女性の従属化を推し進める新たな形態の不平等に道を開くことになったのである。

人類の初期文明におけるジェンダーと階層の関係は、フェミニストの間に激しい論争を引き起こしてきた。階層の差異が女性の従属を導いたとするエンゲルスの論に与する者（Leacock 1981）もいたし、両性間の差異こそが社会的不平等の原初モデルを提供していると考える者（Lerner 1986）もいた。現在のアフリカの狩猟採集社会には明らかに性別分業が存在するが、それによって生じる不平等は最小限のものであることをわれわれは知っている。しかし、このモデルをアフリカ大陸の類似の社会すべてに適用できると言い切れるだけの証拠はない。しかし、比較人類学の視点から慎重にアフリカ研究を進めてきたサックスは、階層のちがいが女性の従属化を推進してきたことを示唆する研究を発表している（Sacks 1982）。このモデルは個々の社会の歴史的変化を見てゆく中で、一層綿密に検証される必要があるだろう。

現段階の知識からは、アフリカにおける女性の不平等がどのようにして生じたかという議論に決着をつけることはできないが、古代エジプトやクシュのヌビア王国（スーダン）の歴史は、両性間の不平等が、階層分化した都市商業社会や中央集権的政治組織の発展にともなって拡大したことを示唆している。しかし、古代文明の中でもっとも有名なエジプトの女性は、比較的平等な地位を保持していたし、王家の女性は、古代国家においてもその後のアフリカ社会においても、かなりの政治的影響力を保持していた。のちのアフリカ文化との類似性を示唆するものとしては、未来の夫が女性の父親に贈り物を要求された事例をいくつかの原典資料で見ることができる。

上流階層の女性と権力との関係を示す歴史資料は、アフリカにおける最古の都市文明の中心地であったエジプトに数多く残存する。少なくとも五人のファラオは女性であったし、王家の墳墓、刻印、儀礼は、宇宙の女性原理を代表する王妃が、かなり大きな権力を保持していたことを示唆している。例えば、古王国時代（紀元前約三一〇〇～二一八〇年）には、多くの上流階層の女性が、豊穣、セクシュアリティ、出産の女神であるハゾールの司祭をつとめていた。近隣のヌビアでも見られたように、のちの王女や王妃はアムン・レ神の「聖なる妻」の儀礼職に就き、長期にわたり自立と権力を享受していた。カルナックにあるアムン・レ神の神殿を治めるために南方へ派遣された王女たちは、紀元前一世紀までには司祭の役職に就き、大勢の行政スタッフや広大な屋敷を支配する実質的な君主となっていた。この地位は、王妃の権力が頂点に達した新王国時代（紀元前一五七〇～一〇九〇年）に創設されたものである。王妃たちは自分の宮殿や行政機構を持ち、税金を徴収し、それらを自由に使うことができた。ファラオは王妃に会うため、彼女の宮殿に出向かねばならなかった。

女性は、その神聖な霊性ゆえに最高の官職に就いたが、その中には後世の人々によって王位簒奪者とみなされている二人の女性ファラオがいる。そのうちもっとも強大な権力を誇ったハトシェプスト女王の治世は、女性ファラオの地位の矛盾した側面を映し出している。女王は強力な意思と能力で国家の防衛力を強化し、ヌビアに軍隊を派遣し、南方のプント（エリトリア）にまで艦隊を出動させ、壮大な建設計画に着手した。デイル・エル・バハリに建造された女王の神殿は、古代女性の記念碑としては現存する最大のものである。ハトシェプストは自分の地位を合法化するために男性の称号を名乗り、男性のように装い、「王」であることを強調した。このように、これら少数の女性ファラオの地位は、政界における男性支配の原則を掘り崩すというより、むしろ、既存の規範を強化したのである。

しかし、ほぼすべての側面でエジプトの女性は高いレヴェルの平等を享受していた。例えば、完全な法的権利、財産の所有権と管理権、離婚する権利などである。その上、中王国時代の貴族や彼らの妻たちは、死後に神格化されるというファラオが持つ特権をも与えられていた。一方、アフリカのその他の地域と同様に、幼児と子供の高い死亡率が母性の権威を高めた。まさに理想の妻であり母であるイシスは、エジプトでもっとも人気のある女神だった。しかし、母性が女性を家庭に閉じ込めるということはなかった。他の多くの古代社会と異なり、エジプトの女性は公共の場を移動するかなりの自由を与えられていた。男性市民のように、税制の一環として工場や建設現場での労働を強いられもした。絵画には、男性と並んで畑で働いたり市場で働く女性の姿が描かれている。また、女性は綿布の主要な紡ぎ手であり、織り手としても高価な輸出品や重要な交換財を生産した。中王国時代（紀元前二〇八〇～一六四〇年）に、統治権が王家以外に拡大した時、女性も書記および物語や神話の朗誦者、あるいは不動産の管理人といった専門職に就いた。村の女性たちは占い師として共同体の紛争を解決したり、病人を治療したりする手助けをした。

とはいえ、この平等は絶対的なものではなかった。女性ファラオが変則的地位を占めていたのと同様に、女性は国家の官僚制度の中で正式な地位に就くことはできなかったし、文学作品に描かれた女性像は、尊敬される妻か母親、もしくは社会的規範を犯した不届き者というふたつのステレオタイプ的役割に限定されていた（El-Nadoury 1981; Lesko 1998; Robins 1993; Watterson 1991; Wells 1969; Wilson 1951; Yoyotte 1981）。

ヌビア（スーダン）の人口には、おそらく農耕と牧畜に従事していたと思われる初期の定住民と、のちに移住してきた遊牧民とが含まれている。最近の考古学的発掘は、王権がエジプトと同じ時期かもしくはそれより二～三世紀早くこの地に出現し、北方の王制や王のシンボルに影響を与えたことを示唆している。つまり、エジプトが古代世界に覇権を確立した紀元前三〇〇〇年から紀元前五世紀まで、ヌビアは密接な交易と征服を通してエジプトと深い関係にあった。この接触が、時に、南部における都市化の進展と階層形成、および文化のある側面のエジプト化を促進したこともあったが、ヌビアの文化様式が消滅することはなかった。例えば、紀元前一〇〇〇年にさかのぼるクシュのヌビア王国は、明らかにアフリカ文化を保持していた。しかし、この時期の女性に関する資料は少ない。紀元前三一〇〇年から二七八〇年の間に造られた墳墓から出土した女性の粘土像は、女性の神々が崇敬されていたことを示唆しているが、紀元前一七三〇～一五八〇年の墳墓から見つかった大規模な生贄は、異常に多くの女性と子供が犠牲になっていたことを示している。彼らは二〇〇人から三〇〇人規模で、墳墓の持ち主とともに生きながら葬られているのである。

紀元前九世紀以降、ナパタ（スーダン）で独立王朝が出現した。この王朝は、四〇〇年後には南方のメロエに移動している。これらの都市が、クシュ王国として知られるヌビア文明の担い手となった。クシュの繁栄は、ナイル河畔沿いの農耕と牧畜の両方に経済基盤を置いていた。とはいえ、クシュでは遊牧が農耕より重要な位置を占め、クシュの王や貴族や司祭たちは牛の頭数を富の目安としてきたという長い歴史がある。この牛と男性優位の権力構造との結びつきは、女性が家畜の世話を恒常的に行なってきた中東とは異なる伝統の進化を示唆している。その他の重要な経済活動には、果樹栽培、綿花栽培、綿布の紡織、金の採掘、メロエでの鉄の精錬が含まれる。これらの経済活動や手工業労働における性別分業に関しては、ほとんど明らかにされていない。しかし、製陶分野に関しては、女性が家内で手びねりの陶器を生産し、男性はロクロを使って格別贅沢な交易用の壷を生産していたことがわかっている。女性の奴隷が多かったことは、おそらく家内労働の重要性を示している。しかし、決定的な結論づけには、女性の農業労働に関するより多くの情報が必要となろう。地理学者のストラボは、女性も男性も武装し、武器として弓を用いていたとの見解を出している（Strabo, 1917–32）。おそらく、プトレマイオス朝のエジプトから伝播した母神イシスが、メロエでも人々の絶大な人気を博していたと思われる。

宗教的にも世俗的にもかなりの権力を持ち、時の経過の中で巧妙に権力を拡大できたクシュ王家の女性については、もう少し明らかにされている。地位の高い男性の随員の中には、母親、妻、姉妹、従姉妹が含まれ、その地位はしばしば王妃の姉妹の息子に継承された。こうした特色は、ナパタやメロエにおけるクシュ文明絶頂期の母系制の伝統を反映していると解釈されることもある。主要な至聖所では、王女たちが王朝の偉大なる神アムンの楽隊として神格化された。こうした女性司祭は擬似的な王の権威を獲得して、ある種のもうひとつの王朝を形成し、その地位は父または母の姉妹から姪に継承されたが、男性の王より権威は低かった。

後世のアフリカ諸王国と同じく、王母は無視できない政治的役割を担っていた。例えば、王母は王位の継承に重要な役割を演じ、息子の妻を養女にするという複雑な制度を通して義理の娘を王家の一員に加えた。のちに、こうした女性たちは権力を当然の権利として行使しはじめ、時には息子の共同統治者となり、グレコ＝ローマ世界では「キャンダス」（「王母」を意味するメロエのタイトル *k(t)dke* に由来する）として知られるようになった。それにもかかわらず、王妃の墓が王の墓とスタイルは同じでもかなり小さく、装飾的にも劣っていたことは注目に値する。このように、紀元四世紀初頭に隣国のアクスム（エチオピア）がクシュを征服する頃には、女性の権力と女性の従属という複雑な伝統が創り出されていたのである。

クシュと同じく、アクスムも中東および地中海との密接な接触を通して、きわめてコスモポリタン的な文明を発展させた。有史前、コブなし長角牛を飼う遊牧民が定住していたエチオピア高原は、紀元前四〇〇〇年か三〇〇〇年頃には、アフリカ初期農業発展の中心地になった。そして、紀元前四～五世紀までには複雑な都市的商業社会が出現し、特にアラビア半島南部と密接な交流が行なわれた。紀元二～三世紀に政治の中心地となったアクスムの繁栄を支えたのは交易と手工業製品だけはでなく、牛を利用した犂耕や鉄製農具を使った段々畑式の灌漑農業だった。クシュと同じく、アクスムでも牛は重要な富の一形態だったのである。

この複雑な社会的発展は、おそらく一般女性の間にクシュと同様の不平等を生み出したにちがいない。しかし、この歴史過程を充分理解するためには、農業が発展する前の遊牧社会のジェンダー関係に関する詳細な知識が必要となるだろう。犂を基盤としたアクスムの農耕システムもまた、犂農耕地域における性別分業についての新しい視点を提供してくれるかもしれない。これについては、ボスラップが世界的な現象としての犂農耕と男性との関係をあとづけている（Boserup 1970）。

アクスムの女性に関しては、エチオピア初の女王マケダが、聖書に登場するシェバの女王であったとする有名な王国起源伝説『ケブラ・ナガスト』があるが、クシュの女性ほどよくは知られていない。この伝説によれば、マケダは、息子に王位を譲った時、以後男性のみが統治権を持つとする法令を出すことによって、若い女性が統治するというそれまでの慣習を変えたとされている。コビチャノフは、この伝説はおそらく、女王が王子や兄弟とともに国家を統治していた初期の形態を反映していると推測している（Kobishchanov 1979）。タイトルの「女王の中の女王」（negeshta nagashtat）は、王国の全女性に対する女王の主権を象徴していたというのである。しかし、王位継承権の移行と女性支配者の地位との関係は、今なお不明である。

この時期の女性に関するその他の情報については、軍事遠征に随行していた女性について記している刻印の他にはほとんどない。この慣行はのちのエチオピア王国でも見られた。「神」（God）に相当するキリスト教的用語は、おそらく宗教が女性の農耕儀礼を中心に行なわれていたことを示している。現在、大地の「主」（Lord）と訳されているが、この言葉の語源は女性形なのである。

4　一五〇〇年までの内陸部の社会

内陸部のアフリカでは、主要な言語集団に属する人々、つまり、東部や南部の狩猟採集社会にとってかわったり、彼らを同化したりしたさまざまな集団（バントゥー系の言語を話す農耕民、クシ系牧畜民と農耕民、リフト・ヴァレーの草原やヴィクトリア湖周辺のナイロート系遊牧民）が、それぞれ固有のジェンダー関係を保持していた。これらの集団が形成する社会は、その後、交易や通婚、相互の接触や外来者とのコンタクトなどを通して継続的にきわめて大きな変化を遂げており、この時代の女性の地位を後世の記述にもとづいて再構築することは危険である。それゆえ、私は非歴史的記述によって過去を再現することを差し控えた。その結果、当然のことだが、一九世紀以前の資料はきわめて断片的なものとならざるをえなかった。それでもなお、これまで牧畜の伝播といったような問題に適用されてきた一種の言語学的分析は、女性が関わった社会の断面（例えば、年齢階梯、成人儀礼、宗教儀礼、女性の権力構造など）を照らし出してくれるかもしれない。

東部および南部アフリカ全域の歴史の中心テーマだったバントゥー系農耕民の拡散は、新しい農耕や製鉄、あるいは製陶方法の革新を各地にもたらしたとされている。歴史研究者や考古学者は、かつて、この人口移動を紀元一〇〇〇年期の初期に設定したが、現在の資料によれば、原バントゥー諸民族は紀元前一〇〇〇年期の初めには大湖地方西部に達していたこと、また、バントゥー系、スーダーン系、クシ系諸言語の人々が農耕を始めた鉄器時代初期の絶頂期を、紀元前五〇〇年から紀元後五〇〇年の間に設定できることがわかってきた。そして、紀元二世紀頃までにバントゥー系の人々は急速に大陸中部から南部に移動し、現在の南アフリカのナタールにまで達している（Schoenbrun 1993）。

こうした人口移動と農業や技術の発展が、女性や両性の関係にどのような影響を与えたかは、推論の域にとどまっている。この地域一帯で女性が農耕の中心的役割を担っていたことを考えると、製鉄技術にもとづく複雑な農耕システムの出現は、女性の技量に負う部分があったにちがいない。

この新しい農業環境の中で、おそらく人口が増大し、それによって定住化と社会規模の拡大が進んだものと思われる。とはいえ、同一言語集団内に残存する大きな差異や多様な製陶様式の存在は、村落の密集度が低いレヴェルに留まっていたことを示唆している。女性は生産した食料を管理していたと思われるが、先に言及した農耕民になったクンの事例は、マイナスの影響もあり得たことを示唆している。もし農耕生活が食事の準備に費やす膨大な時間を必要とすることを意味するとしたら、女性は男性より家事に縛られるようになり、長距離交易がもたらす新しい資源を享受する機会も限られたにちがいないからである。一方、初期鉄器時代の階層分化が、低レヴェルにとどまっていたことは、相対的に高いレヴェルのジェンダー間平等が存在していたことを示していると言ってよい。

口頭伝承や言語学的分析、あるいはその他の歴史資料は、親族組織の変化がこの時期に生じたことを示唆している。例えば、言語学はごく初期のバントゥー系民族が母方と父方の親族をともに容認する双系的出自体系を持っていた証拠を提示している。このことは、母系や父系の形態はもっと後になって生じたことを意味する。例えば、大湖地方（ヴィクトリア湖周辺）の父系制度は、牛や土地といった資源への統制が必要とされるような環境に触発されて展開した。その他の初期鉄器時代の社会は、母系あるいは母方居住の形態であった可能性が強い。例えば、女性から権力を奪取するために男性がすべての女性を妊娠させる戦略を用いたとのキクユ神話（ケニア）は、母系から父系への親族組織の移行を象徴的に示していると言えるかもしれない。このように、異なる言語を話す社会の人々の間での文化的かつ技術的交流を推進したのは、結婚を通して他の集団の男性を自集団にとりこんだり、父系社会の妻になっても自分の生まれた家との強い絆を維持し続けたりした女性たちであった（Ahmed 1991; Kenyatta 1979; Schoenbrun 1993, 1997）。

農耕牧畜社会もまた、農業生産性に関わる自然の力を統制する創造神を中心とした新しい宗教体系を発展させた（Posnansky 1981）。初期鉄器時代の社会では、宇宙論の中心に、農業と個々人の豊穣性を女性と関連づける考えが置かれていた。したがって、宗教儀礼は男女の力の象徴的合体を基盤としていた。しかしその合体は、男性が支配する社会的・象徴的構造の枠内で表現されていた。このように、広い意味での豊穣性を高めねばならなかった支配者は、女性の現実的かつ象徴的再生産能力に依存していたのである。同様に、製鉄や王権授与といった基本的な変形活動も男女の力を必要とした。儀礼に込められたこのような二重の意味は、豊穣性を最大限に高めるための再生産を統制するために、長老が若い男女の生活を統制するという社会システムの展開を反映していたのである。したがって、女性の出産力が年齢とともに衰えてはじめて、厳密な性の境界は消滅することになった（Herbert 1993）。

アフリカの東部沿岸から大湖地方（ヴィクトリア湖周辺）へと広がる地域と現在の南部アフリカという二つの地域では、異なる集団間の複雑な交流と文化変容が一一世紀から一六世紀にかけての歴史の主要なテーマとなってきた。大湖地方と中南部地域では、階層間の不平等と中央集権国家の出現も、重要な社会形成の要因となった。しかしながら、こうした展開が女性史にどのような意味を持ったかについては明らかにされていない。

現在の住民の祖先が定住しはじめた大湖地方を含む内陸部一帯では、言語的にバントゥー系、クシ系、ナイロート系に分類できる人々の間の交流や、初期の狩猟採集民が主要な歴史のテーマとなってきた。この交流の結果、バントゥー系の集団の中にはクリトリス切除の風習（訳注―いわゆる

「女子割礼」）を取り入れるものが現れた。明らかにクシ系の人々から伝わった場合もあれば、年齢にもとづいて組織された集団から個別に伝えられた場合もあった。また、ナイロート系の人々から伝えられたこの慣習を、年齢階梯組織の不可欠な要素として採用した地域もある（Murray 1974）。

この時期に見られた農業の普及は、まぎれもなく農耕の担い手としての女性を巻き込み、分業と親族組織の変化を推し進めたと思われる。これは、特定の作物と親族組織形態との相関関係を明らかにしたルイス・ホワイトの研究から導き出された仮説である（White 1984）。農業の普及によって、タンザニア中部と西部における根菜類からミレットやソルガムといった穀類への移行や、ケニアの山岳地帯における主食としてのバナナを含む集約的な高地農業の発展が見られた。このうち、ミレットやソルガムへの移行は、結果として、この地のクシ系やナイロート系人口の吸収合併を促した。こうした高地農業経済における異なる経済活動の共存は、この地域に独特の物々交換システムを出現させた。一九世紀にケニア中部のキクユ人社会で見られたように、その中で食料を家畜と交換していたのはおそらく女性だった（Ehret 1984）。

大湖地方とジンバブウェにおけるジェンダー関係は、初期鉄器時代の人口稀薄で相対的に未分化な社会が、より複雑で分化した社会形態に移行するにつれて変化したと思われる。こうした変化の程度や質が女性にどのような影響を与えたかを明らかにすることは、カレン・サックスが論じているように、政治的・経済的格差の増大がアフリカ人女性の地位を低下させたかどうかを理解するために決定的に重要である（Sacks 1982）。

大湖地方の社会と経済は、大規模な農耕社会と多数の長角牛を所有する少数の遊牧民との関係に支えられていた。牛を所有することが政治的・経済的権力の主要な源泉になると、新しい支配層が出現した。紀元一〇〇〇年期の初期に生じた画期的な変化は、バチュユウェジ（訳注―ウガンダで一五世紀に存在したとされるキタラ王国の一王朝）伝説に記録されている。そこでは、ダイナミックな変化の暗喩《メタファー》として結婚が用いられ、ひとつの集団から他集団へと伝統を伝える儀礼を司る女性が登場する。この時期にさかのぼる新王朝の正統性は、女性司祭やクバンドゥワと呼ばれる女性の宗教儀礼によって支えられていたと思われる。この宗教的伝統は、少女を精霊の妻として捧げる古代の慣習と結びついていた。この地域では、王母もごく初期の時代から重要な役を演じている（Berger 1981, 1994b）。

ザンベジ川やリンポポ川の流域には、東部アフリカ沿岸への金の長距離輸出という内的・外的要因に触発されて中央集権国家が出現した。その結果、かの巨大石造建築物を生み出したグレート・ジンバブウェやそれより小さな政体への権力と富の集中が生じ、それが新たな政治的・経済的不平等を生み出した。女性にどのような影響をもたらしたかはほとんど知られていないが、サックスのモデルは将来の調査に役立つ手掛かりを提供してくれている（Sacks 1982）。ジンバブウェの衰退は、ひとつには地域の資源が不足したため拡大した中心地域を支えられなくなったからだという議論があるが、それを補う出来事として、ビーチは、女性が畑の手入れをしたり薪を手に入れるために遠くに行きたがらなくなったことを指摘している（Beach 1980）。

ジンバブウェ南方では、狩猟採集民から遊牧民になった集団が支配勢力として台頭した。コイコイの名で知られるようになるこの集団は、牛と太い尻尾を持つ羊を所有し、身の回りの品を運ぶために雄牛を利用した。言語学は、彼らが現在のボツワナからケープに、それから再び東や西に急速に居住圏を拡大するにつれ、その遊牧性がケープの東部やナタールに住むバントゥー系の人々に大きな影響を与えたことを立証している。しかし、この拡大の結果、ジェンダー関係にどのような変化が見られたかは不明である（Ngocongco 1984）。

5　イスラーム化の時代

北東アフリカと東部アフリカ沿岸地域では、イスラームの伝播がキリスト教徒のヌビア人や沿岸部のバントゥー系の言語を話す人々の生活を変化させた。この両地域に文化変容を引き起こしたひとつの要因は、一部の内陸社会でも見られたように、外部の男性を新しい社会に同化させる母系親族組織の機能にあった。

六世紀に始まるキリスト教時代のヌビア女性（スーダン）に関する情報は少ない。王母の権力は、王朝が厳密に父から息子へと継承される様式に従うようになるにつれて低下していったと思われる。しかし、一一世紀以降、王は自分の息子のかわりに姉妹の息子を後継者にするという古いシステムを再び復活させた。このことは、母系制が完全に消滅していなかったことを示唆している。土地が小規模な家族所有の形態にとどまっていたことは明らかになっているが、農耕における女性の役割ははっきりしていない。しかし、女性が家の中で手製のバスケットやマットや土器を生産していたことは確かである。ヌビアやエチオピアの女性に対するヨーロッパ人キリスト教徒の態度は、エジプトにコプト・キリスト教が根づいた後にやってきた教父の手記を参照していた。したがって、ヌビア教会やエチオピア教会に埋め込まれていた男女の役割は、おそらくそれぞれの土地で展開したものであると考えられる。このことは、例えば、ヌビアとエチオピア両教会の修道院制度に関する議論の中に、中世初期のヨーロッパにおいてきわめて重要な問題となっていた修道院制度における女性メンバーへの言及がないことからもわかるだろう。

一二世紀後半から一五世紀初期にかけてのヌビア女性史は、ふたつの側面で大きな転換を余儀なくされた。マクラとアルワのキリスト教諸王国が次第に北部の支配下に置かれるようになるにつれ、女性はアラブ化とイスラーム化というプロセスに深く巻き込まれることになった。（イスラーム史の初期に、エジプトは中東の歴代王朝の文化的・政治的勢力圏に組み込まれている）。母系の血縁組織の中でアラブ人男性とヌビア人女性の結婚が奨励され、この結婚が文化変容の重要な媒体となった。このような結婚から生まれた子供は、財産や指導者の地位を手に入れることができたからである。しかし、時を経るにつれ、女性にとって重要なもうひとつの変化が起こる。父系の親族組織への変化である。このように、女性は新しい文化様式を伝えたり、あるいはそれに抵抗したりする重要な役割を担ってきた。イスラーム法の導入は一六世紀初頭から始まった。この時期のアビシニア（エチオピア）女性に関する情報は、アクスム王国に反逆し、キリスト教を拒否したアガオの女王グディット（ヨディット）についての一〇世紀末の記録を除けばほとんど存在しない（Kropacek 1984）。

ヌビアと同じような民族的かつ宗教的変化（とりわけスワヒリ文化の伝統の出現）が生じていたアフリカ東部沿岸の女性は、ムスリム男性との結婚によってこの変化を促した。紀元一〇〇〇年期の東部沿岸には、小さな村で漁労や農耕に従事し、家畜を飼い、域内交易を行なっていたバントゥー系の言語を話す人々が定住していた。そこでは、およそ一一世紀頃から交易が盛んになり、一二世紀頃から都市が発展しはじめ、次第にイスラーム伝播の中心地となった。こうした都市の伝統は、モンバサの初代支配者ムワナ・ムキシが女性であったことを除けば似たり寄ったりだった。すべては、ペルシア出自を強調するために「シラジ」人という意識を持つようになった商人が沿岸部のアフリカ人女性と結婚し、母系の繋がりを利用して定住権と土地取得権を入手するプロセスを中心に展開した。これは、経済的かつ政治的権益を入手する手段として、地元のバントゥー系の女性を妻とするという沿岸部のスワヒリ商人の典型的な行動様式であった。ヌビアとはいくらか異なる方法で、民族間の婚姻が政治権力への回路となったのである。それは、閉鎖的な貴族クランの女性が、結婚を通じて王家の称号を伝えてゆくというイスラーム以前の様式にもとづくものであった。この慣行は、明らかに、支配者の娘との結婚を通して男性が権力を手に入れるというパテ（ケニア）やキルワ（タンザニア）やその他の沿岸部の都市に共通する基本的な伝統であった。しかし、その結果、王家の人々や高貴な家系に属する人々（ワウングワナと呼ばれていた）は、父系の親族システムを採用するようになり、それによって、彼らは子孫の社会的地位をより厳密に限定するようになっていった。もはや、外部の人間の子供が母親の社会的地位を継承することは、不可能となったのである。

イスラーム法はまず商人層に、しかもきわめてゆるやかな速度で普及していったため、女性の地位がいかなる影響を受けたかを知ることは難しい。富裕な商人と沿岸部の旧貴族層を中心的な担い手とした新しい文化の出現は、おそらく女性の階層間の格差を拡大したと思われるが、この重商主義的交易文化における女性の地位に関する研究は、これからの課題である。しかし、アラビア語とポルトガル語の資料が、沿岸部の女性を金糸で縫取りをした絹の服を優雅にまとい、宝石、イヤリング、ネックレス、バングル、ブレスレットなどで着飾った女性として描いているということは、重要なヒントとなるかもしれない。女性の隔離については言及されていない（Matveiev 1984; Nurse/Spear 1985）。

6　チャンスと束縛――一五〇〇～一八〇〇年――

この時期の女性史に関する研究蓄積はきわめて少ない。口頭伝承を調査し、その情報を同時代の記録文書や人類学的情報と突き合わせる努力が優先的になされるべきである。そのような試みの中には、いわゆる「伝統的」過去の再構築のため、十分な注意を払わずに人類学のデータを単純に過去に投影しているものもある。多くの歴史家が口頭伝承にもとづいてこの時期の人口移動や政治制度の興亡に関する歴史研究を行なってきてはいるが、その中に女性やジェンダーの視点が登場することはめったにない。しかしこの時期、イスラーム地域において女性の隔離が進行する一方で、中央集権的な王国においては、女性の階層間格差が拡大したし、外部の商業や政治の影響も、チャンスと束縛の新しいパターンを創出しはじめたのである。

ヌビアのフンジ王国（スーダン）においては、一六世紀初頭にシャリーア（イスラーム法）が徐々に導入され、女性の地位を変化させた。女性は公の場から後退しはじめたが、結婚といったような家族的な儀式では重要な役割を担い続けた。探検家ブルクハルトは一八一三年に注目すべき報告（Adams 1977で論議されている）を残している。その中には、マットや土器生産に従事しながら絶え間ない家事労働で疲れ果てた女性の姿と、もっぱら畑で働く男性の姿が描かれている。女性は婚資の一部を入手した。それが、女性にある程度の自立を与えていたにちがいない。しかし、不義を犯した疑われた女性が処刑されることはそれほど珍しいことではなかった。このことは、女性の性的行動や妊娠・出産に対して厳しい家父長的統制がなされていたことを推測させる。売春は、活気溢れる商業センターであったデールにおいてのみ黙認されていた。売春を行なっていたのがその土地の女性ではなく、衣食にも事欠く解放奴隷であったことは、家族の保護を失った女性の社会的かつ経済的弱さを物語っている。

同様のパターンが東部アフリカ沿岸地域にも見られた。そこでも、女性を公的場面から排除することに対して、イスラームが教義にもとづく正当化をはじめていた。一七～一八世紀までに女性は隔離され、屋外における活動には男性の仲介者が必要となった。ほぼすべての政治権力に関わる地位から遠ざけられた女性は、モスクにおける判事や祈禱のリーダーといった宗教的役職に就くことも禁じられた。しかし、一七世紀と一八世紀初頭のザンジバル（タンザニア）の女王ムワナ・ムウェマやファトゥマ、あるいはパテの支配者ムワナ・ハディジャ（在位一七六四～七三年）の事例のように、時には王家に生まれたことにより異例な特権を手にする女性もいた。ペンバやトゥンバトゥでも女性の支配者の存在が記録されている。宗教的に女性に厳しかったのはオーソドックスなイスラームに限られていた。民間の儀礼やイスラーム以前の共同体の祝祭は女性の参加を認めていたし、年配の女性は家族の問題に関して支配権を掌握し続けていたからである（Caplan 1982; Gray 1962）。

東部アフリカの内陸には、異なる社会的地位の女性の間で格差が広がった地域があった。例えば、エチオピアの王母は無視できない権力を持っていたし、宮廷の女性はヨーロッパ人が奇異に感じるほど目立つ存在だった。軍隊のキャンプ地には兵士だけでなく、王妃や宮廷の女性や高位高官の妻たちもいた。だが一方、その他の女性は粉を挽き、蜂蜜酒や蜂蜜の入った土器製の大きな壷の運搬に従事していた。女性が戦闘に参加することもあった。一七世紀末のオロモ（ガラ）との戦闘で、エチオピア王は男性を装って戦闘に参加していたオロモ女性を発見したとの報告を受けている。男性が農業労働に従事したヌビアの場合と同様、農家の女性は家内に留まってトウモロコシや穀類の粉挽き、調理、紡糸に従事した。一方、男性は畑で働き、布を織り、川に出て重い衣類を洗濯した。ある旅行家は、「かなりの規模の村」のすべての女性がマーケットでの商売に従事しているとの報告を残している。この報告は、女性商人についての調査研究が進めば、集団組織の新しい形態を明らかにできる可能性を示唆している（Pankhurst 1961）。

政治的に集権化された大湖地方（ヴィクトリア湖周辺）の諸王国では、家畜の富が貴族階層の台頭を促した。その中で女性は、洗練された籠細工の生産を除けば、相対的に余暇の多い毎日を過ごしていた。上流階層の女性には、王母や高位高官の妻や女性の司祭が含まれていた。この時期、新しい支配者集団が、きわめて人気のあった信仰、とりわけクバンドゥワという名で知られていた女性神話やシンボルの一部を次第に管理下に置くようになった。一方、家長やリネージの長老が自分たちの権力を強化するために、こうした豊穣信仰の権威を利用しはじめた地域もあった（Berger 1981）。牛よりも土地に依存した経済を営んでいたブガンダでは、強大化する国家権力と結びついて、一夫多妻制が政治エリートの間に広まった。労働と土地が、王家と官僚制を支えた首長層の共同統治下に置かれるようになると、女性の社会的位置づけが再定義された。女性は、土地を配分してくれていた夫や庇護者が他の男性のパトロンになると、政治領域における指導的地位を失い、その結果、農耕に従事してきた女性は新しい階層序列の最下位に位置づけられた。おそらくもっとも重要なことは、妻を所有することが男性の権力の象徴になると、女性は富裕な男性が蓄積するための商品となったことである。しかし、同時に、王女たちはますます自由になり、自分たちの領域内での権力を増大させた。王女たちには大きな性的自由も与えられたが、結婚したり子供を産んだりすることは禁じられていた（Musisi 1991）。

その他の東部アフリカや南部アフリカでは、増大する外国の商業的かつ政治的介入が、往々にして異なる集団間の経済競争を激化させ、それが直接間接に、女性の生活に影響を与えはじめた。例えば、移民集団の進出が資源をめぐる抗争を激化させ、その結果、新たな中央集権国家を生み出した一七〜一八世紀のシャンバラ王国（タンザニア）においては、女性と子供を入手することが略奪や征服の目的のひとつになった。交易が進展するにつれて、男性はますます交易品の生産にかかわるようになり、その結果、女性は自給用食料の生産領域に閉じ込められるようになった（Mbilinyi 1982）。一八世紀末に始まり南部アフリカ全般に広がった略奪や戦闘、あるいは暴力の横行も、女性にとっては不幸な展開だった。

南部では、沿岸部における交易の進展にともない、ヨーロッパ人が介入したため、女性に関する同時代記録がいくつか残っている。それらによると、現在のジンバブウェに住むショナ人の間では、一六〜一七世紀に低レヴェルの分業が展開した。女性は畑で働き、水汲みや薪集めをする一方、男性は他の生産分野で働いたというのである。しかしその後、狩猟は男女の共同作業であったことを示す資料が見つかっている。また一夫多妻制と夫方居住婚が行なわれていたが、実際にはほとんどの男性がひとりの妻しか入手できなかった。婚資が高かったからである。離婚は一般的だったが、綿布、ビーズ、鍬、牛などで支払われた婚資の返還義務がその歯止めとなっていた（Schmidt 1988）。

南部沿岸では、新しい商業の展開が女性に直接的な影響を与えた。ソファラ周辺（モザンビーク）

の女性は米を栽培し、その余剰を港の住民に売ったり、金鉱で働いたりしていた。（ポルトガル出自の地主によって管理されていた地域では、女奴隷が金および鉄や銅を採掘していた）。ここでも、支配者の妻が強大な権力を行使していた。その中のひとりは、両親を同じくする王の姉妹だった。早くから商業の影響を受けていたモザンビーク南部では、女性の経済的地位は一七世紀に低下しはじめた。象牙と角が国際市場で価値を持ちはじめると、男性は狩猟活動を通して新たな威信財と多くの牛を手に入れ、それを妻の数を増やすために投資したからである。しかし、女性の活動も変化しなかったわけではない。女性は農業技術を利用して、トウモロコシ、キャッサバ、落花生といった新しい作物を採り入れた（Beach 1980; Isaacman 1972; Young 1977）。

一六四二年にオランダ人がやってきた時、南部アフリカの広大な地域を占拠していたコイコイ（コエナ）社会において、女性がどの程度の政治権力を持っていたかは不明である。しかし、「嘲り」という行為を通して、女性が権力者の行動にいくらか影響を与えることはできた。とはいえ、重要人物の妻は常に誘拐の危険にさらされていた。誘拐は明らかに政治的威信を高めることを目的としていた。誘拐された妻を取り戻すために、しばしば戦闘が生じた。（採集によって補完されていた）牧畜はもっとも重要な経済活動であったが、女性は多くの遊牧社会で見られたような不利な立場に置かれていたわけではない。肉より重要な食料源であったミルクが女性によって供給されていたからである。搾乳は女性の仕事であり、女性は、婚資として与えられた牛に対していくばくかの支配権を持っていた。しかし、娘が家畜を相続できるのは、生存している息子がいない場合に限られていた（Elphick 1985）。

対照的なパターンが、直接的なヨーロッパ人の入植地となった一部の南部アフリカ地域で出現した。ポルトガル人地主の場合、彼らが現地女性との通婚を通してアフリカ化したため、おそらく女性の側はほとんど文化的影響を蒙らなかったと思われる。しかし、南部のコイコイ人女性の状況はこれとは違っていた。オランダ人はケープに入植した当初から彼女たちを家庭に住まわせ、家事労働者として訓練した。しかし、彼女たちの大部分は非常に若く、結婚と同時に自分たちの社会にもどっていった。オランダ人が東インド諸島から熟練した家内奴隷を導入しはじめると、コイコイ人は次第に解雇されていった。彼女たちが再び姿を現すのは、一八世紀のフロンティア地域の家事労働者としてであった。コイコイ人の女性の中には、オランダ統治期の初期にキリスト教に改宗し、ある程度ヨーロッパ化した女性が少しはいた。こうした女性の中でもっとも知られているのがエヴァである。エヴァの最期は悲劇的だった。エヴァは、まずケープの初代司令官ヤン・ファン・リーベックの召使になる。彼女は、オランダ語とポルトガル語を学び、植民者とコイコイ集団の仲介者としての役を演じるようになった。やがてオランダ人の外科医と結婚するが、四年後、夫が殺害され、アルコール依存症にかかる。最後は売春婦に身を落とし、ロベン島に流されて一生を終えた（Elpick 1985）。

7　一九世紀の変化

一九世紀を通じて、女性は生産や交易といった経済活動の中心的役割を担い、かなり自律的に自分たちの労働が生み出した生産物を管理していた。中央集権化した諸王国では、王母とその他の王家のメンバーが、大きな権力と権威を行使した。その他の女性は、治療師や司祭、あるいは霊媒師として個人や共同体の不幸と向き合った。一方、年配の女性は少女の通過儀礼を支配し、それは、価値観や制度の凝集力を高めるのに役だった。しかし、女性の政治的・法的権利の大きさや、女性に要求される服従や従属の度合いはさまざまだった。さらに、ヨーロッパ人宣教師や入植者、あるいは商人の影響が強かった地域では、その結果として、生活レヴェルでの経済的・政治的・宗教的変化が生じ、複合的かつ時には暴力的な方法で既存の諸関係が破壊された。

アフリカ北東部の諸王国および東部アフリカ沿岸地域に住む女性の地位にきわめて大きな影響を与えたのは、階層関係であった。例えば、エチオピアでは貴族と農民の関係、スーダーン地域（訳注―サハラ南縁のサバンナ地帯を指す歴史的名称）の国家ダール・フールでは王家の女性、貴族、平民、奴隷の関係である。土地の私的所有が社会基盤となっていたエチオピアのアムハラ人の間では、階層とジェンダーの両方が土地所有権の決め手となった。地球上のその他の犂耕地帯と異なり、アムハラ社会では女性が自分の畑を所有し、耕し、作付し、収穫していた。しかし、財産管理に関する名目的な平等が存在したにもかかわらず、男性の実質的な支配は、一八世紀末から一九世紀初頭に女性を不利な立場に追い込んだ。表向きの法的権利と実際の社会的・政治的不利益という同じような状況は、一七世紀後半からムスリムが支配するようになったダール・フールでも一般化した。ここでは、少数の王族の女性が大きな政治権力を行使する一方、他の女性の社会的および性的自律性は社会的階層が高いほど制限された。その他のムスリム社会に比べてはるかに大きな自由を享受していたとはいえ、女性たちは公的な場で男性に出会った時には、恭順と服従の極致を示すことを期待された。

親族からの孤立と貧困は、女性を窮地に追いやる二大要因だった。スーダーン地域一帯では、奴隷狩りと奴隷制が急速に展開した。奴隷化されたのは主として女性であり、彼女たちは北部のムスリム居住地域に売られて妾や農業労働者や家事労働者となった。一方、奴隷貿易による混乱の中で都市部に移住し、新しい職業に就く女性もいた。例えば、アラビア半島の港アデンに移住したソマリ女性の多くは、単純労働や売春で生計をたてた。こうした女性の労働は、二〇世紀になるとアフリカの諸都市でも一般的に見られるようになる（Alpers 1986; Crummey 1982; Kapteijns 1985; Sikainga 1995; Spaulding 1982）。

ザンジバル島（タンザニア）は女性がある程度の宗教的・経済的・政治的権利を認められていたムスリム社会だったという点で、ダール・フールと似ていた。しかし、一九世紀になると、低階層の女性たちが、尊厳の標識として女性隔離を採り入れはじめた。家庭内における服従と恭順という女性に関する観念的規範が作り出され、それは、スワヒリ文学、特にムワナ・クポナが一八六〇年に娘のために作った模範的な妻の義務と行動についての散文詩に表現されている（Strobel 1979）。この長篇詩は、次の一節で終わっている。

読んで聞かせなさい、
　あなたがたは小麦の芽、男たちに従うことだ、そうすれば、
　　この世やかの世の悲しみを味わうこともない。
夫に従う女には、行く先ざきで尊敬と魅力がついてまわり、
　　その名声は、海外に響き渡る。
（Harries 1962, p. 85）

一九世紀になると初めて、東部や中東部アフリカの多種多様な社会のジェンダー関係に関する確かな情報が入手できるようになる。この時期のもっとも詳しい女性史関連の記述は、ジンバブウェのショナ社会のものである。ショナ女性は世帯やリネージの中でかなりの影響力を行使していたが、宗教的・政治的に男性と同等の地位を保持していたのはほんの一握りの女性にすぎなかった。社会的・経済的に最下層に属していた女性は、飢饉や困窮時に借金の抵当物件にされることもあったと思われる。しかし、女性の地位は、まず結婚して子供を産み、後に僚妻や義理の娘に対して支配権を行使するというふうに、年齢とともに上昇した。とはいえ、夫の家族にとってよそ者である女性は、ウィッチクラフト（妖術）の標的にされやすかった。先祖の仲間入りをする時がせまり、女性というより男性に近い存在と考えられるようになった閉経後の女性のみが、尊敬と権力を手に入れることができたと思われる。こうしたライフサイクルの変化の基底には、出産とセクシュアリティに対する両義的な考え方があった。つまり、生存に不可欠な出産やセクシュアリティは同時に危険でもあるという考えである。ここから、女性に対する家父長的な統制の必要性が導き出された。こうした従属的地位にもかかわらず、女性はゴシップや子供への命名を通して、あるいは結婚を奴隷制と比較したり義理の娘の怠惰を非難したりする歌を通して、公然と、あるいは密かに権力者に対抗した（Schmidt 1992）。

この地域のその他の社会について、多くの歴史研究者や人類学者は、急激な変化の中でも女性は大きな経済的かつ儀礼上の権力を保持していたと記述している。例えば、政治的・社会的な機能を持つ年齢集団によって構成され、比較的平等だとされるキクユ社会では、集団全体を統轄するのは男性の長老であり、女性の権限は他の女性に対してのみ効力を持つようになっていた。しかしそれでもなお女性は農民や商人、あるいは予言者や司祭としてかなりの経済的自立を保持していたし、寡婦は夫の兄弟と再婚するという慣行を、愛人を作ったり、婚資を支払って他の女性を「妻」に迎えたりすることによって回避することもできた。多くのアフリカ社会で見られるこの慣習は「女性婚」とも呼ばれ、女性が女性に労働を奉仕させることを可能にしていた（Clark 1980）。チリ峡谷低地部（マラウィ）に住むマンガンジャ人の女性は、結婚した夫婦が女性の家族と暮らす母系制の村落共同体を基盤としたシステムの中で、同じような経済的権力と自律性を享受していた。そこでは、ジェンダーにもとづいて非農業生産物の分配が行なわれていたが、農業と域内交易の領域では男女がともに重要な役割を果たしていた。しかし、宗教の領域では、女性が家と共同体の儀礼、あるいは自然災害から土地を守るムボナというこの地域の守護霊崇拝において男性より重要な地位を占めていた（Mandala 1984, 1990）。同じく母系制のヤオ社会（モザンビーク）でも、母性が女性の地位の中核を占め重要な儀礼を委ねられていたが、日常的な事柄を処理する能力には欠けており、男性に依存しなければならない存在だと考えられていた（Alpers 1984b）。ナンディ社会（ケニア）では、一九世紀に大きな歴史的展開が見られた。小さな権力分散型の社会が急速に家畜を蓄積して集権的になったため、男性は、女性の劣等性という新しい観念を創り出すことによって、女性の生産と再生産能力を掌握したのである（Gold 1981; Oboler 1985）。キクユ社会でも同様に、女性の価値を観念的に低下させることが一般化した。時代を特定することは難しいが、起源神話や民間伝承や諺は、男性を文明、技術、富、重要な仕事に結びつけ、女性を野性、残酷性、非合理性——良くて不誠実な給仕人、悪くすると醜い取るに足りないものの象徴であるとする価値体系を表象している

(Ciancanelli 1980; Clark 1980; Robertson 1997b)。

マラウィやモザンビークより南の諸地域では、牧畜、国家、女性支配という三者の組み合わせがいたるところで展開した。この三者の関係については、さらなる歴史的分析が必要である。ツワナ人（ボツワナ）の女性は自分の作物を生産し管理したが、あらゆる公的・法的場面からは排除され、夫と長老に対する厳格な服従が求められた。こうした女性の排除や服従は、旱魃や経済的貧困に対する社会の脆弱さと結びついていたと言えるかもしれない（Kinsman 1983）。ズールー女性（南アフリカ）も同様に、一九世紀初頭に進展した国家の軍事化の中で、夫や長老への従属を強いられた。しかし、女性たちは、作詩を通して、自分たちをとりまく世界を巧みに、しかも堂々と表現する能力を持っていた。また、一八二〇年代から三〇年代にかけて、遠く北方への攻撃に出かけたズールー司令官の中には、ニャマザナという名前の女性がおり、優れた戦士として記憶されている（Gunner 1979; Guy 1980; Wright 1981）。一方、コーサ人の女性は自分たちが生産した作物を管理していたが、牛の所有は許されず、生涯を通して男性の支配に服する法的弱者にとどまっていた。彼女たちは、一七七九年から一九世紀中葉まで続いた白人入植者との戦闘において、食料や武器を供給し、メッセージを伝え、子供たちとともに戦闘の偶発的な結果であった飢えにも苦しめられた（Peires 1989）。有名なロヴェドゥの「雨の女王」の領域であるトランスヴァール北部においてのみ、比較的柔軟な政治的・社会的システムが、女性に地区長、家畜の所有者、治癒師としての権限を与えていた（Krige/Krige 1943）。

商業資本が拡大し、アフリカ諸地域がヨーロッパ人の支配する世界的規模の新たな政治経済システムに統合されると、女性と男性の相対的地位は複雑に変化しはじめた。キリスト教宣教師の影響でジェンダー関係が変化するのもこの時期である。例えば、南アフリカのツワナ人のサブ・グループであるツィディ人の社会では、最初に新しい宗教に改宗した周縁グループの中に女性がいた（Comaroff 1985）。女性の全般的地位は二〇世紀に低下したとの見解を持つ研究者は多いが、最近の研究は、多くの地域でこの低下が一九世紀かそれ以前に始まっていたことを示唆している。このことは、ジェンダーの研究を、植民地政府の政治的・社会的政策の中に位置づけると同時に、生産関係の変化の中に位置づける必要があることを示している。しかし、一九世紀を通して、相対的に外部勢力の影響を受けなかった地域も存在した。

商業資本主義が浸透した内陸部の諸地域では、女性の生活に大きな変化が見られた。歴史研究者はこのような変化がジェンダー関係に与えた影響を研究しはじめたばかりだが、女性の地位の低下がこの時期にさかのぼることを見事に明らかにした事例研究がすでに発表されている。例えば、ナイル峡谷のシナール王国では、一八世紀中葉以降に展開した商業的価値観や制度の中で、女性が土地所有権を維持することは次第に困難になっていった。つまり、新しい都市的商業社会における社会的弱者である女性は、しばしば土地の売却を強いられたからである。ダール・フール（スーダン）においては、まだ部分的ではあったが、貴族の間で女性の隔離が広がりつつあり、それが、富と正統ムスリムのシンボルになりつつあった。イスラームはクリトリス切除を規律に含めてはいなかったが、実際には、イスラームへの忠誠がクリトリス切除の普及にも影響を与えた（Kapteijns 1985; Spaulding 1982）。ニヤサ湖とタンガニーカ湖の間に広がる地域や、現在のスーダン北部、ケニア、タンザニア、モザンビークでの事例研究はすべて、新しい商業秩序は男性に特権を与え、相対的に女性を不利な状況に閉じ込めたという見解を提示している。シナールとスワヒリ沿岸においてのみ、一般女性を農業に従事させない傾向が見られた。しかしこの傾向と軌を一にして女性の行動を規制する着衣が流行し、女性の能力を低く見る新しい考え方が台頭した。

奴隷貿易を通して、アフリカ東部一帯に新しい経済体制が展開した。それは、オルパーズ（Alpers 1997）やライト（Wright 1993）が、収集した個人史を通して感動的に描いているように、女性をさらに弱い立場に追い込んだ。奴隷制と奴隷貿易は、誰にとっても危険で不安な状況をもたらしたが、とりわけ女性の生産力と妊娠・出産力の価値を歪めて商品化することによって、女性に、男性よりはるかに不利でかつ新たな形態の男性の保護を求めざるを得ないような環境を創出した。ヤオ人社会では、このような展開が以前から存在した女性の無能力と従属という考えを強化した。一方、こうした正統イスラームの圧力に抵抗して、女性たちが新たな憑依カルトを始めた地域があった。ザンジバル（タンザニア）である。そこでは、女性への抑圧が儀礼を通して演じられた（Alpers 1984a）。

女性は農業生産において中心的役割を果たしてきた。したがって、新しい技術や商品化の進展は、さまざまな領域で女性の地位を変化させた。一八六〇年代に現在のマラウィを制圧したコロロ人は、女性が行なっていた塩の取引きを奪ったが、農業に関しては女性の自律性を尊重した。そのため、女性は夫に経済的権限を譲り渡さずに済んだ。しかし、一九世紀の南アフリカにおける犂の導入は、農業の商品化と富裕な農民の台頭という流れの一環として、女性に不利な影響を与えた。例えば、多様な民族が住むケープ北東部とツワナ人居住地に犂が導入されたため、食料生産における男性の仕事量が増え、その結果、収穫物に対する男性の権利や女性労働への男性の支配権が拡大した。ポンド人の社会では、牛に引かせた輸送用の荷車の導入が同様の影響を女性に与えた（Beinart 1980; Bundy 1980; Kinsman 1983; Mandala 1984, 1990）。

資本主義的な関係は、婚資の変化を通して、住民のもっとも個人的な領域にまで浸透しはじめた。この慣習的な贈り物がただちに現金に変わった地域もあったし、まず国際貿易で高い価値を持つ商品に変わり、後に現金に移行した地域もあった。その結果生じたインフレは、計り知れない影響を女性に与えた。例えば、モザンビーク南部のツォンガ人の間では、牛の代用品としての鍬（象牙と交換にポルトガル人から入手していた）が婚資《ロボラ》の高騰を招いた。婚資の高騰は貧富の格差を増大させ、男性が交易用奢侈品の供給に専念するようになると、女性はますます妊娠・出産という再生産労働の領域に閉じ込められていった。一九世紀末、青年男子がナタールの砂糖キビ農場やトランスヴァールの金鉱山で移民として労働しはじめると、婚資の支払いは現金に移行した。ポンド人の場合、国際的な圧力というよりむしろズールー人の侵略がもたらした経済的余波への対抗措置として、牛のかわりに穀物が婚資の支払いに使われはじめ、その結果、農業生産への男性の参加度が増大している（Alpers 1984b; Harries 1994; Young 1977）。

一九世紀の資料分析が進むにつれ、アフリカの歴史変化の生態学的側面にも新たな光があてられるようになり、女性史と健康や人口分布の関係が明らかにされつつある。例えば、ケニアのキクユ人居住地における人口増加は新たに開墾した森林地帯への移住を引き起こしたが、そうした人口増加の背景には、土地の開墾、女性による食料の加工と分配、そして長老男性の権威という三者間の複雑な関係が存在した（Clark 1980）。南アフリカのナタール地区では、おそらく資源の稀少性が、高度に組織化されたズールー軍事国家の台頭に寄与したと思われるが、同時に、女性の出産力の社会的条件を操作することも国家存立の要件のひとつとなった。一方、ツワナ社会では、絶え間ない旱魃の脅威が、男性の支配と女性の従属というパターンの出現に寄与した。

ケープ東部のコーサ社会では、コーサ女性から圧倒的な支持を得ていたノンガウセという名の少女が、牛の肋膜肺炎の流行に乗じてとてつもない影響力を発揮した。牛をすべて殺し、穀物を引き抜き、耕作を中止するよう人々に指示を与えるようにとの一八五六年に彼女が受けたお告げは、大規模な飢餓と人口減少を引き起こし、ついにはケープの植民地政府に対するコーサ人の抵抗を惹起したのである（Peires 1989）。宣教師やイギリス植民地支配と密接に関連したこの蜂起は、南アフリカのコーサ人居住地に計り知れない社会的かつ道徳的混乱を引き起こした。予言者ノンガウセの社会的地位や言語を詳しく調べると、肋膜肺炎による牛不足が結婚をますます困難にし、（近親相姦や不義密通を含む）性犯罪を増加させ、それが象徴的に男性を汚し、ひいては婚資を通して女性の再生産に結びつけられた牛を汚したという構図が見えてくる（Bradford 1996）。

以上述べてきたように、ヨーロッパ人による植民地支配が幕を開けようとしていた一八八〇年代、東部と南部アフリカの女性は、けっして素朴で変化なき「伝統」の中に閉じ込められていたわけではなかった。過去二〇〇〇年間の絶え間ない制度上の変化が、女性とジェンダー関係に影響を与えており、その歴史的展開の中で女性ひとりひとりが重要な役割を担ってきた。狩猟採集社会では、相対的に平等なジェンダー関係が長期にわたり維持された。それと対照的に、北東アフリカやスワヒリ沿岸部の都市化した商業センターでは階層分化が進行し、女性に大きな影響を与えた。例えば、父系的な相続体系の採用、（宗教によって正当化された）富裕層の女性を隔離しようとする努力、女性の土地所有を制限しようとする試みなどである。男性とともに儀礼に参加したり、宗教的役職に就いたりすることを禁じられたこの地域のムスリム女性の中には、排他的な女性だけの儀礼を発展させた事例もある。

歴史変化のパターンが捉えにくいその他の東部および中部アフリカの農耕牧畜社会では、ジェンダー関係と女性の地位に影響を与えた主要な要因として、生産と政治と交易が浮かび上がってくる。その中でももっとも根本的な変化はおそらく経済的変化であり、その変化のすべてが主食となる作物（根菜類、穀物、バナナ）、非農業活動における分業（漁労、採集、塩と鉄の生産）、特殊な経済組織や社会組織における牛の位置づけなどに大きな影響を与えた。農耕が支配的だった社会では、女性の出産力を土地の豊穣性と関連づけた土着の宇宙観が、社会の安寧という名目の下に、女性の再生産力に対する男性支配を正当化した。一八世紀末以降にアフリカ南部一帯を襲った生態学的な変化も、直接的あるいは間接的に女性に影響を与えた。こうした物質的要因が、相続パターンの母系制から父系制への移行や、南部アフリカの文化に見られる厳格な女性に対する支配といった社会構造の特徴を創り出すのに寄与したことは疑いない。

政治的な集権体制や長距離交易も、社会生活の経済基盤に影響を与え、しばしば既存の関係を複雑に変化させた。ごく少数の女性と圧倒的多数の男性が絶大な権力と資源を手に入れることのできた集権国家では、女性と女性労働を支配することが権力の象徴になった。おそらくそれ以上に決定的だったのは、長距離交易と商業資本主義の進出だった。それは、直接的な植民地支配に先行する二〇〇年間に、男性にきわめて有利なチャンスを提供し、一部の地域で婚資の高騰と女性の労働価値の低下を引き起こした。男性が犂農耕民になった東アフリカ中部や植民地化された南部の諸地域では、一八〜一九世紀の出来事は二〇世紀の変化を予見させるような影響を女性に与えた。

第二章　一八八〇年から現在まで

1　移行期——一八八〇〜一九二〇年——

植民地初期の特徴は、社会的・経済的・政治的関係の相対的な流動性にある。マルシア・ライトが考察したように、この時期は、集権化しつつあった国家権力がまだ弱く、不安定で、商業資本の流入によって混乱した民族集団やリネージ社会の方でもまだ植民地的形態を所与のものとして認めていない時代だった（Wright 1993）。一九世紀の国際経済が女性の生活を不安定にした度合いは地域によって異なっていたが、この時期を理解するには「移行期」という捉え方が重要である。

結婚とセクシュアリティの概念は、植民地初期の経済的・政治的変化と密接に関連しながら大きく変化した。その中でもっとも注目すべき変化は、すべての人々、なかんずく女性に、セクシュアリティをリネージとは関係のない個人の問題として考える可能性を与えたことであった。過去のリネージ関係が、性的欲望に回路を開くネットワークを厳密に規定していた一方、植民地時代には、政令、賃金労働、婚資の商品化、新たな都市共同体の出現などが一体となって性的関係の文脈を変化させた。個人の権利が法的・社会的に規定されると、女性や青年男子に対する長老男性の権威も低下した（Jeater 1993）。

農村部の社会

農村部の変化の度合いは、白人入植者が土地を収奪しようとしたかどうか、宣教師がいかに介入したか、末端の植民地官僚がどのように労働や税金を課したかによって大きく異なっていた。しかし、もちろん、農村部の社会を混乱させた最大の要因は、ヨーロッパ人が所有する農園やプランテーション、道路や鉄道の建設、なかんずく南部アフリカ経済の屋台骨となった金やダイヤモンドや銅の採掘が、圧倒的に男性の労働力に依存していたことであった。農村部の女性は、もっぱら男性の低賃金を補ったり、新たな労働力を再生産したり、資本家や植民地国家にかわって病人や老人の世話をするために必要とされた。

男性の出稼ぎ現象は南部や東部アフリカのあらゆる場所で展開したが、その影響はきわめて多様だった。東部アフリカの農村部には、そうした植民地支配が経済的に有利なことに気づいた女性がいた。例えば、ケニア西部のルオ人女性は、一九世紀末から二〇世紀初頭にかけて積極的に新しい作物や農業技術を導入し、季節的な域内交易を拡大している。また、農業革新に成功した女性——しばしばキリスト教徒だった——の中には、余剰農作物と引き換えに多くの家畜を手に入れた者もいた。また、宣教師が勤勉を励行し、農業訓練に力を入れたため、農業労働を行なうキリスト教徒の男性が増加し、その分、女性の負担は軽減されたが、一方で、未婚の男性が出稼ぎに魅せられて農村を離れたため、結局、農業労働における女性の負担はそれほど変わらなかった（Hay 1976）。

この時期のさまざまな変化が農村部の女性に不利な影響を与えた地域もある。例えば、北ローデシア（ザンビア）の母系制社会トンガでは、女性の地位が自分の息子と義理の息子の労働力や忠誠心に依存していたため、男性の労働力をめぐって、宣教師や入植者との競合が生じると、年配の女性たちは不安に脅かされるようになった。さらに、一八九〇年代に猛威をふるった牛疫の被害から立ち直ると、ブライド・サーヴィス（訳注―結婚に至る過程で、花婿が花嫁の実家において行なう労働）より婚資が重要になり、その結果、女性が支配する資源（男性労働）より男性が支配する資源（牛）に高い価値が置かれるようになった。しかし、厳密に言えば、女性の経済状況はまだそれほど悪くはなかった。トンガとレンジャ地域はともに、犂が性別分業に大きな影響を与えるほど普及してはいなかったし、農民として生産活動を続けていた女性が、農作物の交易に介入することによって、自立度を高めることもあったからである（Muntemba 1982; Wright 1983）。一方、スーダン北部においては、植民地下で首尾よく主人のもとを脱走したり解放されたりする男性奴隷が増えるにつれ、農業労働力としての女奴隷の重要性が高まった（Sikainga 1995）。

モザンビークのデラゴア湾後背地では、労働力需要と結婚制度の複雑な関係が女性に影響を与えた。例えば、南アフリカの鉱山地帯への男性の出稼ぎが性病を蔓延させ、それによる不妊が出生率と農業生産力の低下を引き起こすや、首長層は女性の結婚年齢を一挙に初潮直後にまで引き下げることによってそれに対応した。その結果、以前より早く母親になった女性は、家族のための生産と家事に専念せざるを得なくなった（Harries 1994）。

都市部の社会

多くの事例研究が、農村部の女性を社会の構造変化に対抗できない無力な犠牲者として描いている。もしそれが正しいとしたら、都市や小さな町の女性たちは、不徹底な植民地政策や流動的な社会関係から経済的チャンスをうまく見つけて、それなりに利益を得ることができたという意味で少しはましだった。女性たちは、直面した問題を処理するために、イスラームやキリスト教の理念的・社会的枠組に依拠しながら、しばしば新しい規範や新しい共同体を作ろうと試みた。

ここでも、そのパターンは、町の規模や機能、植民地の政治経済、その結果としての人種やジェンダーにもとづく労働の区分によって多様な様相を示している。例えば、北ローデシア（ザンビア）の多民族商業都市アバコーンは、男性支配から逃れようとした農村部の女性たちを惹きつけた。そこで彼女たちが選び取った結婚形態は、移動を目的とした日和見的なものだった。しかし、早くも一九〇三年に、植民地当局は、婚資と結婚を統制する規則を周到に導入することによって、女性への支配権を再び掌握できるように、アフリカ人男性への肩入れを始めた（Wright 1993）。

その他の都市部に関する研究は、賃金経済部門において、女性がいかに限られた搾取的な活動の機会しか与えられていなかったかを明らかにしている。こうした状況は、経済的な自立を達成するために、女性たちが選ぶ職種にも影響を与えた。そのもっとも注目に価する事例が、不均等な男女比を利用し、売春とビール製造によってかなりの貯蓄を蓄えたナイロビ（ケニア）の女性である。女性たちは収益を家屋に投資した。その結果、一九二〇年代のナイロビの一地区では、こうした女性が家屋のかなりの部分を所有するという状況が出現している（Bujra 1975）。

南アフリカの黒人女性が選べる職業もきわめて限られていた。売春が厳しく統制されていた二〇世紀初頭のヨハネスブルグで売春に従事していたのは、もっぱらヨーロッパ出身のプロレタリア化した白人女性たちであった。黒人女性がヨハネスブルグに現れるのは、農村部が危機的状況に陥り、例外的に多数の女性を都市へと押し出した時のみであった。一方、ケープ東部やオレンジ自由国の農村部や都市部では、家事労働への一定の需要があったため、大勢のアフリカ人女性がこの仕事に就いた。しかし、トランスヴァールやナタールでは、本人はもちろん家族も家事労働の仕事に就くことを良しとしなかった。そうした女性の行き着く先は、ビールの醸造で収入を得て生計の足しにするぐらいのことだった。また、家事労働への需要があっても、ほとんどの女性が無認可の洗濯業に就くことを選んだ地域もあった。一方、第一次大戦中に衣料生産が発展したケープ・タウンでは、若いカラード（混血人種）の女性がこの萌芽期の産業に参入した。賃金や労働条件はひどく悪かった。しかし、多くの女性が富裕な家庭で料理人や掃除婦になるより、工場労働者になることを選択した（Berger 1992; Gaitskell et al. 1983; van Onselen 1982）。

植民地都市において女性が選べる経済活動は限られていたが、女性たちは、新旧の規範や制度やイデオロギーを動員することによって、自分たちの文化的・社会的・宗教的環境を再構築するさまざまな方法を見つけ出した。例えば、イスラームは交易や都市生活と密接に結びついて、文化的再構築のための基盤を提供したし、それがキリスト教であった場合もあった。在来宗教の伝統もこうした展開に影響を与えた。往々にして農村部の親族から見捨てられたナイロビの売春婦は、ムスリムになることによって新たな共同体に加わった。しかし彼女たちは、血縁で結ばれた「ブラザーフッド」という民族性を基盤とする考えや、架空の親族の絆を作り出すための「女性婚」にも惹きつけられた（Bujra 1975）。一方、モンバサの女奴隷は主人の親族と密接な関わりを持っていたため、おそらく無意識のうちに、社会の主流を占めるムスリム文化に同化する傾向が見られた（Strobel 1997）。

イスラームがナイロビの売春婦にもうひとつの社会関係を提供したように、キリスト教も多くの女性に共同体の新たな基盤や文化的規範を提供した。一夫多妻や在来の儀礼に批判的な宣教師が、改宗者と非キリスト教徒との交流を禁じたため、こうした支えは、南アフリカの町で台頭した黒人のプチブルにとってきわめて重要だった。しかし、改宗もまた葛藤を引き起こした。娘のセクシュアリティに対する従来の支配権が消滅する中で、南アフリカの女性たちは、宣教団の経営する教会が提示する規範にも従うことができなかったからである。この危機的状況に対応して一九一二年にナタールで初めて創設されたいくつかの「祈禱者協会」は、女性たちに失敗や窮状を嘆き悲しむ場を提供し、支援の手を差し延べた。奴隷や寡婦といった周縁的立場におかれた多くの女性に対して、中部アフリカのキリスト教も、奴隷制からの避難場所や代替的な概念的・権威的システムを提供した。しかし、この開かれた環境は長く続かなかった。植民地権力がこうした奴隷制廃止にすばやく対応し、社会的統制の手段として女性に結婚を推奨するとともに、男性の支配権を強化したからである（Gaitskell 1982; Wright 1993)。

リーダーシップと抵抗

革新的な時代には、家父長的状況の中でも強力な女性のリーダーシップが発揮されることがある。これと同じく、植民地時代初期の開かれた社会空間の中で、抵抗運動の指導者として名声を博した女性が出現した。外国の抑圧と中部のルワンダ人国家に対して闘ったルワンダ北部のムフムサ、南ローデシア（ジンバブウェ）の精霊ネハンダの巫女チャルウェ、エチオピアの皇后タイトゥ・ビトゥールは、いずれも霊的権威や政治的権威を独特な個人的権力へと結びつけた女性たちである。女性としては例外的にゲーズ語やアムハラ語の教育を受けたタイトゥ皇后は、イタリア軍との対決の戦場にも赴いている（Rosenfeld 1986)。ムフムサの名声は、捏造したルワンダ王室との関係や、リネージを基盤とした社会において親族の絆を失った個人としての周縁化された立場によって支えられていた（Berger 1976; des Forges 1986; Freedman 1984）。ムフムサと対照的に、ケニア東部のギリアマ蜂起の指導者だったメカタリリは、社会的権威に依拠しなかった。彼女は、植民地行政に対して強く感じていた恐怖や苦情を表現する能力を個人的なカリスマ性に結びつけた。その熱烈な支持者の中には、土地を失うことを恐れた女性やその息子たちがいた（Brantley 1986）。同じく、女性の霊媒師として当初から傑出していたのが南ローデシアのチャルウェである。絞首刑にされた後、彼女の精霊ネハンダは、反植民地闘争の第一級のシンボルとしての名声を保ち続けた（Lan 1985）。

　南アフリカでは、長期にわたる帝国支配の歴史、西欧教育、キリスト教が新しい権力基盤と新しいタイプの改革派の抵抗を生み出した。こうした中産階級の指導者の中で卓越していたのは、ケープ東部で教師をしていたシャルロッテ・マゼケであった。彼女は、大学を卒業した最初の黒人女性としても知られている。「南アフリカ原住民民族会議」（ＳＡＮＮＣ）（のちの「アフリカ民族会議」ＡＮＣ）の執行委員だったマゼケは、一九一三年のパス（労働許可証）法の導入に対する女性の反対闘争を指導して成功させた。この運動は、家事労働を強制されるかもしれないという女性たちの恐怖心からエネルギーを引き出し、ガンディーの非暴力抵抗から戦略を学び、イギリスの普選運動を女性の活動モデルとしていた（Wells 1986）。ヨハネスブルグのプロレタリア化した若い黒人女性たちも、明らかに不満を抱えていた。郊外に住む富裕な白人の家を標的にした男性主導のアマライタ強盗団に参加した女性たちは、もっと過激な方法で抑圧と闘おうとしたが、その方法はあまり効果的とは言えなかった（van Onselen 1982）。

2　国家・資本・「伝統」の再構築――一九二〇～一九四五年――

第一次大戦の終結は、アフリカの東部、中部、南部における植民地支配の全面的な展開を促した。資本主義やキリスト教、あるいは帝国主義がアフリカ人の生活に浸透するにつれ、植民地国家は、自分たちが認めた「伝統的」権威の外部にいる人々を支配する新しい方法を構築しはじめた。このように、この時期は、すでに確立していた経済的・政治的な関係や制度が絶え間なく浸食されてゆく中で、既存の社会的支配が再構築されていった時代だった。その過程で、植民地行政官と農村部のアフリカ人権力者は、女性を生得的に不道徳で管理される必要がある存在として概念化しはじめたのである。

都市部の社会

大都市に住む男女の比率は相変わらず不均衡だったが、それでも、ナイロビやヨハネスブルグといった大都市や北ローデシア（ザンビア）の産銅地帯の町に移住する女性の数は次第に増加した。ふつうの職業に就くことがきわめて難しかった女性たちは、行商、作物や加工食品の販売、ビールの密造、あるいは、さまざまな組み合せの家事と性的サーヴィスの提供といった領域の労働に従事した。白人入植者が増え、家内労働への需要が黒人男性では満たされなくなると、女性は、ケニアやモザンビークではアーヤ（子守り）として、南アフリカの一部の地域では家事労働者として働くようになった。しかし、ヨハネスブルグではほとんどの既婚女性が、常勤の家事労働者として働くより日雇いの家事労働に従事するか、自分の家で洗濯の仕事をすることを選んだ。貧困層のアフリカーナーの女性とカラードと定義されたケープの女性には、数は少ないが工場への就職口が開かれていた。しかし、これは南アフリカだけの現象だった。ナイロビの売春婦は不動産を購入することによって経済的にプチブル階級に参入することができたが、学校教育を終えて教師や看護婦の資格を取り、プチブル階級に参入することができた女性は、ほんのわずかだった（Berger 1992; Gaitskell 1979b; Gaitskell et al. 1983; Stichter 1975–76）。

都市の女性人口が増加しはじめるにつれ、理由は必ずしも同じとは限らなかったが、植民地の役人やアフリカ人の男性権力者の女性への関心が高まった。意図的に夫や長老や父親の支配から逃れて都市に移住してきた多くの女性たちは、ある程度融通のきく都市的な関係を求めた。その結果、女性たちは男性と長期的な関係を結んだり、短期の違法な「結婚」（北ローデシアでは「出来高払いの仕事をする女性」“piecework” women というラベルを貼られた）を行なったりした（Ault 1983; Chauncey 1981; Parpart 1986）。こうした結婚は、女性がパートナーに幅広い家庭サーヴィスを提供した戦間期のナイロビの売春婦とほとんど違いはなかった（White 1990a）。

植民地当局が、公衆衛生や犯罪、あるいは社会的統制といった理由から、こうした無秩序な都市の発展を抑制しようと、多くの地域で一斉に新たな試みを始めたこの時期、当然のことながら、そのターゲットとなったのは女性であった。例えば、ナイロビの役人が公衆衛生上の理由で、アフリカ人の売春婦を路上から追い出す一方、南アフリカの立法府は一九三〇年と三七年に、都市への女性の移動を統制する法令を相次いで制定した。しかし、女性たちはまだ、男性に義務づけられていたパス（労働許可証）の携帯を求められることはなかった。法的な女性の支配をめざした植民地の役人と「伝統」的権力を保持しようとしたアフリカ人男性の共通の関心が詳細に記録されているのは、南アフリカと南北ローデシア（ジンバブウェとザンビア）である（Kimble/Unterhalter 1982; Simons 1968; Wells 1982）。南アフリカにおいては、一九二七年、女性を法的弱者と位置づけたきわめて家父長的な「ナタール・コード」が、すべての黒人女性にも適応された。南北ローデシアにおいては、「慣習」法を成文化するという段階的なプロセスを通して、男性の首長や長老は「慣習」の再編に手を貸した。彼らはそれによって、女性や若い男性に対する権威を取り戻そうとしたのである。産銅地帯を抱える北ローデシア（ザンビア）の問題は特に深刻だった。鉱山所有者が、充分な労働者を確保するために、労働者が家族と住めるようにすることがぜひとも必要だということに気づいたからである。その結果、女性の都市部への移動が奨励され、農村部に女性を留めておきたいと考えた植民地の役人や長老男性と鉱山側との対立を招いた（Chanock, 1985; Chauncey 1981; Schmidt 1992）。

モンバサ（ケニア）のような歴史の古い都市では、女性のダンス結社がこの時代の変化を反映し表象していた。新たに人気を博するようになったレレママ・アソシエーションは、そのリーダーたちがヨーロッパ風の肩書き（例えば「クイーン」）を持つようになると、「ケニア植民地」、「ランド・ローヴァー」といった名前をつけるようになった。また、上流階層のムスリム女性に課されていた隔離の制約がゆるむと、低階層の女性との間の社会的距離も縮まり、かつての奴隷の生活習慣が次第にスワヒリ文化に統合されていくといった変化も見られた（Strobel 1979）。

農村部の社会

農村部の女性の地位は、換金作物や技術の影響、土地所有形態の変化、白人入植者の需要、それまでの女性の経済的立場といった要因によって多様化した。こうした多様性は、一般に当然だと思われている換金作物栽培と女性の地位の低下との関連が、決してどこにでも同じように見られたわけではないこと、時には女性が自分たちにとって不利な変化に闘いを挑み、その成果を手にすることもあったことを示唆している。しかし、全般的に見て、この時期の農村部の変化が女性にマイナスの影響を与えたことは、多くの研究が証明している。

第一次大戦後にトウモロコシ栽培が普及した北ローデシア（ザンビア）のトンガ地域では、一九二〇年代に多くの男性が安価で軽い犂を使いはじめた。その結果、一九四五年ころまでには既婚女性の土地権が浸食され、生産者や商人としての女性の自律性が低下した。女性をこのような状況に陥れた背景には、ひとつには新しい技術、もうひとつには女性の畑と男性の畑の区分を無視して過放牧や土壌浸食の問題を処理しようとした植民地政府の試みがあった（Wright 1983）。

ニヤサランド（マラウィ）南部では、女性と男性との関係に対照的な変化が生じた。白人入植者が経営するブルース農園で暮らしていたアフリカ人は、女性を食料生産の主な担い手かつ豊穣の守護者とする母系社会の出身者であった。しかし、農園では、ほとんどの女性が夫を通して土地を入手し、土地の相続は父系を通じて行なわれたため、次第に女性は自律性を失っていった。母系の遺産相続が途絶えると、女性の長老たちは政治的影響力を失った。しかも、一九二五年以降、農園に寄食する男性との結婚が禁じられると、女性の間で夫をめぐる競争が生じ、その結果、かつての女性の団結も失われた（Vaughan 1985; White 1987）。

それと対照的に、近隣に住むマンガンジャ人（マラウィ）の女性は、前資本主義的な女性の自律性を維持し続けただけでなく、強化しさえした。集中的に綿花栽培が行なわれた一九四〇年代までの時期、女性の世帯主や長老の権力は低下したものの、女性は団結して（多産と結びついた宗教的権力を通して）土地の私有化傾向に歯止めをかけ、農場労働の性差別的処遇にも充分抵抗するだけの力を持ち続けていた。このように、綿花生産は女性に経済的な基盤を与え、その結果、女性世帯主の自立を促し、小商品を生産する新たなチャンスを女性に提供したのである。また、女性主導の精霊憑依運動マブジョカの人気は、存在感を堅持しようとした女性の意気込みを象徴していたし、女性が高額な儀礼の資金提供を夫に要求したのも、富裕層の男性が経済的に妻から独立するのを妨げるための女性の闘いだった（Mandala 1984, 1990; Vaughan 1985）。

ケニアでは、多様な地域経済がさまざまな方法で女性の選択肢に影響を及ぼした。西部州に住むルオ人の女性は、新種の作物と新型の農具を使って農業改善に取り組んだ。その結果、世界恐慌前の好況期には、婚資を支払って集中的に農耕を手伝わせるための「妻」を娶るほど成功した女性も現れた。しかし、女性の労働条件は次第に厳しくなっていった。一九二〇年代にローカルなマーケットにとってかわった大きな公設の交易センターでは、インド人が常設店舗を所有し、アフリカ人男性が女性にかわって露天での商いを行なうようになった。一九四〇年にローカルなマーケットが再建されると、今度は、ルオ人の男性が投資の対象として店を購入し、女性が男性にかわり露天での商売に参入した。このように、農産物の行商や交易は女性の日常生活の一部として定着していたが、一九二〇年代末から三〇年代初頭にかけての災害（不況とイナゴの害による旱魃と飢饉）は、経済的な保障は農業にではなく公教育と安定した雇用にあるとの信念を人々に根づかせた。しかし、こうした公教育や雇用のチャンスを手に入れやすかったのは女性より男性であった。女性は農業と交易の領域において重要な地位を維持することができたが、こうした領域は、もはやそれまでのように儲けの多い有利な活動部門ではなくなってしまったのである（Hay 1976）。一方、白人入植者が広大な土地を専有していた中部ケニアの農村部のキクユ人女性にとって、賃金労働といえばヨーロッパ人の農園でのコーヒー豆の摘み取り作業に限られていた。こうした農園の女性は低賃金でしかもきわめて卑しい労働を強いられ、とりわけ一九二〇年代にはセクシュアル・ハラスメントにも苦しめられた（Presley 1986）。

イデオロギー・宗教・社会的統制

社会的統制という植民地イデオロギーは、ヴィクトリア朝後期の妻や母親の型にアフリカ人女性をはめこむことを目的とし、通常、宣教所が経営する教育機関を通してその実現が図られた。キリスト教徒の母親世代を創り出そうという熱意の中、上流階級の子女のために創設された寄宿学校は、結婚前の妊娠はなんとしても避けねばならないという信念から、生徒の純潔と結婚への統制を強化した。家庭科教育を受けた生徒たちは、教師や牧師や伝道者といった新しいアフリカ人ブルジョアジーの妻になるはずだった。南アフリカの都市部で活動していた宣教師にとっても、結婚前のセックスと妊娠から少女を守ることは大きな関心事だった。南アフリカでは、ガイツケルの言葉を借りれば、キリスト教はキリストへの信仰であると同時に新しい家族の創造をも意味したのである。しかし、ここでも宣教師は、家庭科教育がアフリカ人の家族のためなのか、それとも白人雇用主のためなのかについて、態度を明確にしなかった。こうしたトリックにもかかわらず、アフリカ人女性は植民地権力が推奨する家庭科教育礼賛に共鳴し、家族が内外の圧力によって崩壊の危機に直面した時に発揮できる威信と尊敬を身につけた。寄宿学校や都市のホステルにしろ、青年組織や成人教育のクラスにしろ、宣教所が支援する組織はすべて、民族集団を基盤とした割礼や成人儀礼の廃止によって生まれた教育の間隙を埋めるという目的を持っていたからである（Gaitskell 1979a, 1982, 1983; Hansen 1992; Morrow 1986）。

こうした儀礼が残っていたケニア中部のキクユ人居住地域では、宣教師がクリトリス切除やそれに関連する通過儀礼を批判した。キクユ人のアイデンティティの基盤であった儀礼を攻撃することによって、宣教師は、こうした儀礼を信仰していた人々の反感をかうとともに、初期のナショナリスト組織との対立に油を注ぐことになった。プレスリーは、当時、ほとんどの女性がナショナリストの立場に同調してキリスト教会を離脱し、教会から独立した自前の小学校の創設を支援したと論じている（Presley 1992; Davison 1996; Murray 1976）。

植民地支配下でセクシュアリティと出産に対する統制が大きく変化したことも、アフリカ人の家庭生活に大きな影響を与えた。農村部の権力者の地位が低下するにつれ、処女検査を拒否し、恋人を自分で選ぶ権利を主張しはじめる女性が現れた一方、若いカップルは、この地域一帯で男女のつきあい方の基本となっていた非挿入タイプの性交渉の慣行を拒絶するようになった。同時に、出産後の一～二年にわたる授乳と禁欲の慣行が次第に一般的ではなくなると、特に都市部において、かつての中絶方法に関する女性の知識も利用度も低下した（Bradford 1991）。

こうした変化への対応に関しては、オーソドックスではないキリスト教の信仰形態のほうが、宣教師の運営する教会より人々に人気があった。例えば、ウガンダ南西部のキゲズィ県では、バロコレと呼ばれるリヴァイヴァル運動が、家族の生活やセクシュアリティの問題にたいする女性たちの緊張や、教会の厳格な基準を受け入れることが難しいと感じていた人々にきわめてうまく対応した。また、改宗者集団が築いた新しい「家族」に所属することによって、女性が「伝統的」な非キリスト教徒の親族の圧力から逃れようとすることもあった（Robbins 1979）。

しかし、独立教会（訳注―白人宣教師の管轄から独立したアフリカ人主導の教会）が女性を惹きつけたからといって、宣教所のキリスト教が果たしたきわめて重要な役割を見逃してはならない。例えば、英領ベチュアナランド（ボツワナ）のングワト人の女性たちは、「説教」を意味するズトというキリスト教のイデオロギーを利用して、かつては男性のみの領域であったホトラと呼ばれる公的な政治空間に参入していった。女性たちは、バ＝ングワトの王たちと「言葉の領域」を分有することによって、キリスト教と読み書き能力を基盤とした新しい民族的アイデンティティの樹立に重要な役割を演じたのである。また、女性は日常的な政治活動や法的な領域に参入することはできなかったが、毎日曜、ホトラで男女の参集者に説教をすることはできた（Landau 1995）。

公的な主導権を掌握したのはキリスト教であったが、昔ながらの宗教的伝統も女性のニーズに応えて重要な役割を演じ続けた。例えば、女性の呪医に率いられたニヤサランドの新しい精霊カルトは、女性が共同体内で確たる地位を維持するのに貢献したし（Mandala 1990）、中央アフリカ東部では、成人儀礼チスングが、人々の宗教生活における中心的な座を維持していた（Richards 1956）。また、南アフリカでは、雨の女王ロヴェドゥを通して宗教的表現がなされ、環境がコントロールされていた（Krige/Krige 1943）。英領ニヤサランド（マラウィ）と北ローデシア（ザンビア）に住むトゥンブカ人女性の間では、女性が精霊憑依儀礼を独占し、出稼ぎ労働や比較的最近生じた父系制への移行に起因する家族の緊張を解くための治療の場を提供していた。次の歌の中では、憑依によって力を得た女性が、恐れることなく義父を告発している。

わたしの義父がわたしの悪口を言っている。
わたしも同じことを言いましょう！
彼は気が狂ったバカ者です！
わたしの義父はわたしをバカにします。
わたしも彼をバカにしましょう！

（Vail/White 1991, p. 254）

政治と抵抗

植民地支配への抵抗が多岐にわたって展開した時期、女性たちは初期的なナショナリストの諸組織においてというよりむしろ、局地的な抵抗運動の中で大きな役割を演じた。とはいえ、女性が政治活動に参加していなかったわけではない。女性の政治活動はケニアと南アフリカにおいてきわだっており、しかも他の地域に比べてはるかに詳細に記録されている。さらに、長老や夫の権力から逃れて都市に移住した女性たちは、普通「政治的」とはみなされない個人的な闘いを行なっていた。一方、母系制の社会では、女性の権力者に残されていたわずかな権力もこの時期に消失した。英領ニヤサランド（マラウィ）の女性は、母系制の中で保持していた地位の低下に直面した。例えば、マンガンジャ人の社会では、女性の長老が村落共同体を越えた政治指導者としての権威を失いつつあった。この喪失は女性の非農業活動（織布、鉄や塩の生産）の衰退と、世帯ベースの綿花生産の普及に対応していた。かつての侵略者コロロ人と同じく、女性にたいする偏見を持っていたイギリス人は、残っていた数少ない女性の首長を廃し、そのかわりに男性を任命した。しかし、それでもなお女性の長老たちは、商業化した農業のマイナス効果に対抗できる影響力を保持していた。一方、白人の所有者たちによって厳格に統制されていたすぐ近くのブルース農園では、村長の選出を追認する長老女性の権限が植民地権力者によって奪われた（Mandala 1984, 1990; Vaughan 1985; White 1987）。

歴史研究者は、南アフリカとケニアの女性がさまざまな形態の組織的抵抗運動に参加していたことを明らかにしている。例えば、一九二〇年代中葉、ケープのハーシェル県では、農村部のキリスト教徒の女性たちが地元の店や学校のボイコット運動を組織した。こうした国家や地元の資本に対する攻撃は、男性の高い出稼ぎ率や一夫多妻制の縮小が女性に与えた新たなプレッシャーや、課税や土地の登記に対する女性たちの抵抗を投影していた。女性たちは、はじめマニャノと呼ばれる祈禱グループなどを含む農村女性のネットワークを、のちにはアフリカ・メソディスト・エピスコパル教会（ＡＭＥ）によって育まれた反白人精霊「アフリカニスト」を抵抗の基盤としていた。都市のタウンシップ（訳注―黒人居住区）における下宿人許可制度への反対運動のような一九二〇年代に見られたその他の抵抗運動も、かなりの女性の支持者を集めた（Beinart/Bundy 1987; Wells 1993）。抵抗運動はケニアでも広まり、例えば、女性のコーヒー労働者は賃金の引き上げや肉体的・性的虐待の廃止を求めてストライキを組織した。彼女たちは、労働を通して新たに作られたネットワークのみならず、性的に相手を侮辱する伝統的な手段、つまり敵に向かって後ろを向きスカートを捲り上げるといった方法も駆使した。第二次大戦中、ナイロビの売春婦も戦時下という新しい状況を乗りきるために、一時的な集団行動を起こしている（Presley 1986; White 1990a）。

より公的な形の民族運動や労働運動における女性の立場は明確ではなかった。南アフリカでは、一九四三年まで「アフリカ民族会議」（ANC）への参加を許可されなかった女性たちが「バントゥー女性連盟」（BWL）という補助的組織を形成し、主として、調理をしたり余興を組織したりした。一九三五年にこの女性連盟にとってかわった「アフリカ女性全国評議会」（NCAW）も、政治より福祉に関心が向いていた。ちなみに、その創設メンバーの中に反パス運動の指導者シャルロッテ・マゼケがいた。（植民地征服直後の時代と同じような）危機的状況の中で、女性の従属的地位が変化する可能性もあった。例えば、一九三〇年にイースト・ロンドンで六カ月にわたるストライキを行なう前の「商工労働者組合」（ICU）は、女性を主にお茶汲み、社会的催しのオーガナイザー、労働者の妻としてしか認めていなかった。しかし、「商工労働者組合」の分派である「独立商工労働者組合」（IICU）によるストライキが始まるや、その第二週までに女性の地位は変化した。女性は労働者としてストライキに全面的に参加し、女性の家事労働者および洗濯婦の賃金引き上げを要求しはじめたのである（Beinart/Bundy 1987; Bradford 1987; Kimble/Unterhalter 1982; Walker 1992）。

初期のナショナリスト諸組織が女性の問題を取り上げることもあった。たとえば、ケニアに本部を置いていた「東アフリカ協会」（EAA）は、一九二〇年代初頭、コーヒー農園での暴行やセクシュアル・ハラスメントを対処すべき問題のひとつに取り上げている。また、一九二二年に「東アフリカ協会」が指導者ハリー・ズクの逮捕に抗議して集会を開いた時、群集の中にいた女性たちは男性の弱腰をののしった。彼女たちは、伝統的な性的示威行為を行なって嘲りと苛立ちを表現したのち、集合していた群衆を警察署へと導いた。警官が群集に発砲しはじめ、近くのノーフォーク・ホテルのヴェランダで酒を飲んでいたヨーロッパ人入植者がそれに加勢した。マリー・ムゾニ・ニャンジルという女性指導者が最初の犠牲者となった。しかし、こうした勇気ある行動によっても、女性たちは政治問題に直接関わる居場所を勝ち得ることはできなかった。「東アフリカ協会」の後身である「キクユ中央協会」（KCA）の会合から排除された女性たちは、一九三〇年に「ムウビ中央協会」（MCA）を結成した。この組織は、三年後、女性が「キクユ中央協会」に参加する権利を獲得した時に解散している（Presley 1992; Robertson 1997b）。

3　経済の再編と独立への邁進――一九四五～一九六五年――

第二次大戦後には、農業の「近代化」計画という形で、現地の経済に対してこれまで以上に集中的かつ計画的な植民地的介入が行なわれた。こうした介入は、常に女性に不利な影響を与えた。この時期、植民地国家はかつて宣教師の仕事であった福祉と教育の仕事を引き継ぐことになったが、女らしさという家庭的イデオロギーを持ち込んだ点では宗教団体と変わらなかった。実際、こうした考えは、戦後ヨーロッパで流行した新しい家庭像によって強化されたと思われる。世界中で変化しつつあった状況に後押しされて、大陸規模での独立運動が展開すると、女性もその運動の中で積極的な役割を果たした。しかし、この女性の役割は、スタンダードな歴史叙述の中では見過ごされることが多い。

農村部の社会

一九五〇年代を通じて、女性の権威と経済的地位は低下し続けた。家族と経済の主導権が決定的に男性優位に傾いたからである。この変化は、以前母系制だった地域において特に顕著だった。例えば、ニヤサランド（マラウイ）のチリ峡谷低地部では、男女が共同で労働を分担していた小規模綿作経済の崩壊によって、女性は脆弱な自給生産領域に閉じ込められる一方、男性は出稼ぎ労働を含む現金経済に巻き込まれていった。賃金労働が男性をブライド・サーヴィスから解放すると、（次第に父系的になっていた）結婚に現金の交換が介在するようになった。かつて経済的にも政治的にも男性と同等だった女性の地位は、こうして一九六〇年代までに周縁的な経済領域に押し込められ、婚資を現金の形で払い戻すことが困難になった女性が離婚することは不可能になっていった。その他の新たに出現した家父長的権力を示すものとして、かつて女性の領域であった草の根の精霊憑依カルトが男性の領域に移行したことが挙げられる。一方、女性は自分たちの心情を表現するためにペンテコスタリズムへと移行した。同様に、北ローデシア（ザンビア）のトンガ地域でも、婚資の一括払いによって、夫は妻と子供に対する圧倒的な支配権を付与されたと解釈されるようになった。一九五〇年代中葉までに、この父権の概念には、結婚後に蓄積された財産は排他的に夫の所有物になるという意味が含まれるようになった。深刻な飢饉がニヤサランドを襲った一九四九年、男性が生み出す現金収入を使うことのできない女性は、きわめて弱い立場におかれた。特に、食料の分配を担当した行政官が、自分たちの仕事は男性を支援することだと思い込んでいた時にはなおさらであった（Mandala 1984, 1990; Vaughan 1987; Wright 1983）。

土壌浸食や過放牧が問題となり、農業の非効率性が指摘された地域では、その対応策として農業の「近代化」が強力に推進され、その結果、女性は決定的な不利益を蒙った。植民地国家が農民男性への支援を強化するにつれ、男性は新しい技術や政府の補助金や市場へのアクセス権を独占するようになり、多くの女性が夫への経済的依存を増大させた。この傾向は、独立後の政府の下でも変わらなかった。開発計画の中心となったのは、土地の登記やその合併整理、あるいは個々人（とはいってもほとんどの場合、男性）を対象とした土地所有権の認可に関する政策であった。詳細な文書が残っているケニアの場合、スイナートン計画（訳注—茶・コーヒー・除虫菊・タバコなどの高収入作物の導入によって現金経済の多様化を図ろうとした開発計画）として一九五四年に始まった政策は独立後も継続され、経済や家族における女性の自律性を大きく低下させた。しかし、当初、この計画はルオ人の居住地域における長老男性の猛反対を引き起こした。折しも、結婚とセクシュアリティの問題に関して大幅な自由を要求していた女性への対策として、「慣習」法を成文化することに追われていた彼らが、（この開発計画によって）若い女性への支配権を失うのではないかと心配したからである（Okeyo 1980）。

このような政策の変化や家族構造の変容は、戦後、とりわけ南アフリカやその他のヨーロッパ人入植地において、農村地域を離れる女性の数が増大した理由を部分的に説明しているが、一方で、その背景には、農村部のさらなる貧困化という状況があったことも見逃せない。進展する男性若年層の不在や幼児死亡率の上昇、あるいは土地生産性の低下によって、多くのアフリカ人居留地はもはや女性や子供や老人に生存可能な自給農業の基盤を提供できなくなったのである。地方レヴェルの役人が女性の移動を抑えようとした多くの国の中で、南アフリカだけが国家的な政策を採用して充分な人的資源を投入し、かなりの効果をあげた。

都市部の社会

戦後、大勢の女性が都市に移住するようになると、都市の男女比はより均衡のとれた状態へと変化した。大部分の都市では、わずかながら女性向けの新しい賃金労働の機会が出現しはじめた。しかし、大方の女性ができることといえば、行商やビールの密造や売春といった不安定な仕事に集中していた。これらの仕事、とりわけビールの密造は危険をともなった。南アフリカにおいては、絶え間ない迫害や投獄刑に直面したし、モザンビークでは一年におよぶ強制労働（チバロ）を課されることもあった。しかし、二〇世紀初頭のナイロビの売春婦と同じく、不法労働によって、女性が住宅への投資金を稼ぐことのできたダル・エス・サラームのような都市もあった（Berger 1992; Geiger 1987; Penvenne 1983）。

地域によっては女性にとって正規にお金を稼げる唯一の仕事であった家事労働は、最低の賃金しか支払われず、都市部における職業の中でももっとも搾取された職種だった。しかも、しばしば住み込みを要求され、自分自身の家族の世話ができなくなることもあった。にもかかわらず、出稼ぎ労働や土地収奪、あるいはその結果としての土地不足によって、農村の社会関係が破壊されたところでは、家事労働者になる女性の数が増加した。南アフリカやケニアやモザンビークのように、地元に工場がある場合、食品やタバコの加工あるいは衣料品製造の分野で労働に就く女性もいた。しかし、これらはすべて家庭における女性の仕事の延長線上に位置づけられる労働であった。戦時下のケニアで典型的に見られたように、一九五二～五六年の戒厳令の期間中工場に雇われていた女性たちは、男性が再び雇用されるやいなや解雇された（Berger 1992; Penvenne 1983; Sheldon 1996; Stichter 1975-76; Stichter/Parpart 1988）。

植民地からの独立を控えてアフリカ人の中間層がその数を増やし、自意識を向上させてゆくにつれ、西欧教育を受けた少数の女性が教師、看護士、社会福祉業務といった女性向きの職業に就きはじめた。モンバサ（ケニア）のようなムスリム社会では、イスラームによって規定された女性隔離が、一方で女性の移動を制限しつつも、専門職への女性の需要を生み出していた。その結果、スワヒリ女性は教育を受けて職業に就くことを奨励された（Strobel 1979）。都市部の多くの女性が何らかの現金収入を得られる労働に従事し続けた一方で、家庭に依存するライフスタイルが、東部と南部アフリカ一帯に住む少数のキリスト教徒のエリート層に広まりつつあった。

植民地当局にとって、ますます加速する都市への女性の移動は座視できない展開だった。当局は、女性を売春、性病、密通、アルコール依存症、離婚、あるいは低い識字率と関連づけた。多くの役人が、道徳的罪悪や社会的病魔のリストに、自立した多数の女性世帯主を加えた。それに応えて、政府は法的規制と教育に力を注ぎ、女性の道徳的・社会的環境を変えようとした。例えば、北ローデシア政府は、アフリカ人家屋の居住者が法的に登録した結婚をしているかどうかを確認しようとしたし、一九五〇年代の南アフリカでは、女性にパス法を適用する第一歩が踏み出され、大陸中でもっとも厳しい統制が始まった（Parpart 1986; Walker 1992; Wells 1983）。

一方で、アフリカ人女性の「成長」を促し、男性エリートにふさわしい妻を供給するため、植民地国家は積極的に女子教育を推進した。その結果、学校に通う女子の人数が急速に増加した地域もあったが、男子の数に比べるとまだかなりの開きがあった。こうした公的機関による女子教育の推進政策では、家庭科に重点をおいたカリキュラムが導入された。それは、ヨーロッパのモデルに沿った女性の「主婦化」を促進するための広大な公的プログラムやヴォランティアのプログラム・ネットワークに支えられていた（Hansen 1992）。こうしたプロジェクトの推進者は、農村部と都市部で、初歩的な読み書きと算数、料理、裁縫、健康、衛生、育児に関する知識を伝達した。プロジェクトの担い手がタンガニーカ（タンザニア）のさまざまな女性クラブであろうと、ケニアの「女性の進歩」（MYW）やモンバサのさまざまな改革協会であろうと、ウスンブラ（ブルンディの首都ブジュンブラ）の家政学校や北ローデシアの鉱山会社であろうと、すべては家庭と家族における女性の重要な地位を強調する道徳的メッセージを伝える役割を果たした。しかし、このメッセージはけっして歓迎されなかったわけではない。ヨーロッパ人が経営していた施設を含めて、アフリカ人女性のためのポストを創設したグループもあったし、ケニアの「女性の進歩」のように、急速にアフリカ人女性スタッフへの入れ替えを行なった組織もあったからである（Geiger 1987; Hunt 1990; Parpart 1986; Strovel 1979; Wipper 1975/76）。

女性の組織とナショナリストの戦略

一九四〇年代から五〇年代にかけて、アフリカ人女性の経済的な関心は、輪番制の頼母子講のような無認可の組織を通じて表現されてきたが、女性の賃金労働者によって構成されていた小さなグループのメンバーの中には、組織されつつあった労働組合に参加しはじめる者もでてきた。例えば、モンバサやナイロビのアーヤ（保母）やスーダンの教師や看護婦、あるいは南アフリカの食品労働者や衣料労働者のグループをその事例として挙げることができる。南アフリカにおける労働組合には、一九五〇年代後半に女性へのパス法導入に対する抵抗運動を指導した「南アフリカ女性連盟」（ＦＳＡＷ）の創設メンバーが大勢参加していた（Berger 1992; Fluehr-Lobban 1977; Stichter 1975–76）。

最近の調査は、ナショナリスト運動がアフリカ大陸を駆け巡った一九四〇年代末から五〇年代には、初期の反植民地抵抗運動の時と同じく、女性が重要な役割を果たしていたことを明らかにしている。彼女たちは、農村部と都市部の両方で、主要な政党や局地的な抵抗運動を通して政治的心情を表現した。このような偶発的な民衆による抵抗のエネルギーは、西欧教育を受けたエリート男性が公的に見解を表明するようになった時にも、民族運動を支えた草の根の情熱を喚起させてくれるものである。

アフリカ人女性は、しばしば行政や農業を合理化し、「近代化」しようとする植民地政策にも抵抗した。例えば、一九四五年、新たに導入された税制が家族の生活と農業を混乱させると考えた北部タンザニアのパレの女性は、これに反対して県の本部に押しかけた。女性たちは地元の首長を非難し、この政策が夫の地位を低下させたのだからイギリス人の役人は彼女たちすべてを妊娠させよ、との象徴的な要求を行なった（訳注―夫が妻に対する支配権を失ったことへの女性たちの抗議）。こうした抵抗は地方政府に改革の法制化を促したが、重要なことは、女性がその決定過程に参与していなかったことである（O'Barr 1975/76）。同様に、ウルンディ（ブルンディ）のウスンブラでも、一九五〇年代、ムスリム女性が独身女性への特別税に反対する抵抗運動を組織した。女性たちは、すべての寡婦や離婚した女性、あるいは一夫多妻婚の女性がすべて売春婦であると暗に考えられていたことに激怒し、税金の支払いを数年間にわたって拒否したのである（Hunt 1990）。

ケニア山の北東山麓に位置するメル地域では、何千人もの少女たちがきわめて挑戦的な方法で男性の権力者と植民地官僚に反抗した。一九五六年、この地域でクリトリス切除の禁止が強制されると、思春期の少女たちはお互いに切除し合うことによって大人の女性への変身を試みたのである。特別なナイフのかわりにレザーの刃を使い、割礼につきものの公の祝宴も中止して、少女たちは他の少女にも加わるように圧力をかけた。それは、時に母親や祖母と共謀して行なわれた。折しもイギリス政府に対する「マウマウ」事件の真最中で、多くの人々が牢獄で苦しめられたり森で殺されたりしていた時だったため、この切除論争は、年齢集団の力と決意を試す機会となった（Thomas 1996, 2003）。

一九五〇年代に南アフリカのナタールで起こった偶発的な女性の蜂起は、劇的とまでは言えないにしてもかなり激しかった。強制退去や家畜の統制、あるいは女性への不当な土地の配分制度などに怒った農村女性は、トラックを壊し、畑を焼き、手に入るすべての国家の象徴を攻撃した。ダーバン（南アフリカ）の女性は、家庭でのビール醸造への規制や、市のビアホールへの政府の支援に反対して決起し、ビアホールに侵入して火をつけ、警官と衝突し、ピケを張り、下品なジェスチャーで抵抗した。こうした行動は、多かれ少なかれ、すべて、生活を脅かされたり、アフリカ人権力者との慣習的な関係が破壊されたりしたことに対する農民女性や都市貧困層の女性の抵抗であり、激しく、突発的で、しかし比較的短期に終焉した（Lodge 1983）。

こうした局地的な抵抗と並行して展開していた民族運動の中で積極的な役割を果たした女性として、ビビ・ティティ・モハメッド、リリアン・ンゴヨ、レベッカ・ンジェリ・カイリ、ワンブイ・ワガラマといった名前を挙げることができる。彼女たちの名前はこれまで無視されてきたが、ジュリアス・ニエレレ、ネルソン・マンデラ、ジョモ・ケニヤッタなどの名前と同列に扱われるべきである。民族運動における女性の役割は、現在、タンザニア、ケニア、南アフリカでもっとも詳しく、そして、スーダンでも多少は記録されている。それぞれの国家における女性の動員パターンは多様であり、その多様性が、西欧で教育を受けた男性エリートの指導者を中心とした通常の歴史像より陰影のあるナショナリスト像を提供している。スーザン・ガイガーは、女性のライフヒストリーの分析に基づいて、通常男性の仕事だったとされているナショナリズムの普及拡大は「女性の仕事」でもあったことを強調した（Geiger 1996）。

女性が民族運動に介入していった社会的・政治的ネットワークは、タンザニアとスーダンとでは非常に異なっていた。タンザニアの場合、「タンガニーカ・アフリカ人民族同盟」（ＴＡＮＵ）の熱心な支持者だった女性の多くは、キリスト教教育を受けて家庭に引っ込んでしまっていたエリート女性ではなく、むしろ、ほとんど公教育を受けなかった「伝統的な」ムスリム女性だった。彼女たちは、ンゴマと呼ばれるダンス・グループでの経験から、スワヒリ語を話す民族の枠を越えた都市共同体の感覚を習得し、ナショナリズムを伝達する媒体となったのである。こうしたグループは、植民地官僚の目をすりぬけて政治参加への在来ルートを提供し、民族感情を惹起したり表現したりする重要な歯車となった。女性は「タンガニーカ・アフリカ人民族同盟」を、国家独立の牽引力としてだけでなく、男性支配に対する闘争の手段として捉えてもいた（Geiger 1998）。一方、スーダンでも同様に民族運動への積極的な女性の参加が見られたが、それは、当初ローカルな共産党を通じて行なわれ、後に全国的規模の運動によって促進された。こうした運動に参加したのは教育を受けた都市の女性だったが、「女性連盟」（ＷＬ）（とその後身である「女性運動」ＷＭ）は、次第に北部の労働者や農民の間にも勢力を拡大した（Fluehr-Lobban 1977）。

女性へのパス法導入に反対してデモを組織した南アフリカの女性を取り巻く状況は、もっと厳しかった。女性たちは「女性憲章一九五四」を作成して、女性の前にたちはだかる法律上の障壁に光を当てる一方、民族の解放を主要目標に掲げた。しかし、プロレタリア化に抵抗する都市住民であった女性たちは、さまざまな点で保守的でもあった。住み込みの家事労働を強制されるのではないかとの恐怖から、女性たちは、出稼ぎ労働によって破壊された家庭と家族関係を守ろうとし、男性の生活を統制していた厳しい支配体制に組み入れられることに抵抗した。この闘争は、一九五六年八月九日、二万人を越える女性によって行なわれたプレトリアでの感動的なデモにもっとも劇的な形で表現されており、郊外に拡大するにつれ闘争性を増した。例えば、英領ベチュアナランド（ボツワナ）との国境に近いバファルツェ居留地において、女性はパスの配布に協力する者すべてに対して事実上の宣戦を布告した（Lodge 1983; Wells 1983）。

ケニアの「マウマウ」反乱は、東部や南部アフリカにおいて一九六〇年代以前に行なわれた唯一の武力独立闘争であり、当然のことながらキクユ女性を巻き込んだ。女性たちは、明確に序列化された農村部の女性指導者の統制下に置かれ、宣誓の儀式に参加してマウマウ運動との絆を固めた。その中には、武装軍団に参加する女性もいたが、多くは食料や情報、あるいは薬品や武器を町や居留地から森へと運ぶ供給ラインで決定的な役割を果たした。こうした役割は重要ではあったが、このケニアの闘争が後の解放闘争と異なっていた点は、女性の参加やジェンダー関係の抑圧的側面ついて自覚的な内省に欠けていたことであった。マウマウ運動が、広範な社会関係の変化よりむしろキクユ人の土地回復や政治的独立に焦点を絞ったことを考えると、この女性軽視は予測できなかったことではない（Presley 1992）。

しかし、森の戦士になった男女にとって、ジェンダー関係やジェンダーの定義は重要な問題となった。比較的リベラルな自称「ケニア議会の叛徒」は、当初、一夫一婦制を導入したが、やがて初期的な実験期間が終了すると、役職に関係なく女性が調理をし薪集めをするという伝統的な性別分業を強要したからである。一方、教育レヴェルも低く階層化も進んでいなかったルイギ人の男女は、ともに闘い、慣習的な性別分業を伴う結婚を拒否している。また、ロイヤリスト（訳注―植民地権力への協力者）の女性と子供を殺すべきか否かという議論が、とりわけ子供を産み育てる女性の役割との関連で男女間の差異を規定することに集中したことも、ジェンダーをめぐる闘いを反映している（White 1990b）。

4　変化の不確実性――一九六五年から現在まで――

独立闘争は、多くの女性を新しい形態の政治活動に引き込んだ。しかし、その成果は、資本主義的世界秩序における貧困と経済的従属という抑圧的ジレンマを解決したほどには、アフリカ人女性が抱える問題を解決しなかった。女性問題がもっとも強く表明されたのは、戦争の過程で解放区内の社会的再建が優先されたモザンビークのような、解放闘争を長期にわたって続けてきた国家においてであった。たしかに、独立は、東部および南部アフリカ一帯において、あらゆるレヴェルでの女子教育の拡大をもたらした。教育の機会を改善するようにとの執拗な要求に政府が応えたためである。しかし、開発計画が（いやしくも女性問題を標榜している時でさえ）既存の性別分業を変えることができないものとして容認したり、それを拡大するような傾向を示していることは、貧困にあえぐ女性たちの生活にはほとんど何の変化も起きなかったということを示している。そして、多くの独立国家は、女性の平等について美辞麗句はならべるものの、実際にはあいまいな態度をとり続けている。

農村部の社会

過去三〇年間を省みると、例外はあるものの、農民であろうと、大農園やプランテーションで働く労働者であろうと、農村女性は上からの建設的な変化をほとんど享受していない。多くの開発計画は農業生産における女性の役割を無視してきたからである。しかし、一九七〇年代以降、「国連女性の一〇年」（一九七五〜八五年）とアフリカ大陸の大部分を襲った食料危機とが、ジェンダーの問題に対する関心を増大させた。多くの人が、農村世帯における資源と労働の不平等な配分に配慮しない経済発展は、必ずしも女性の地位を改善しないと考えるようになったからである。それまでの「開発」政策の結果は歴然としていた。女性の土地支配権はさらに低下し、女性が所有する土地はますます劣化した。作物の生産性は落ち、女性の土地所有への法的・政治的障害はなくならず、女性がクレジットや農業関連サーヴィスを受ける機会も限られた。さらに、新しい技術は目に見えるような利潤をもたらすことなく、女性への労働負担のみが増加した（Lewis 1984; Muntemba 1982; Nelson 1982; Rogers 1980; Rogers 1982）。

土地の登記や統合計画は、特に女性の地位を低下させた。ケニアでの調査は、このような計画によって、ほんの一部の女性を除いた大部分の女性が土地を入手する権利を失ったことを記録している。例えば、ルオ人の居住地域では、一九七〇年代末まで女性の土地所有者は五パーセントにとどまり、政府は女性に土地の入手権を与える手立てを全く計画していなかった（Okeyo 1980）。同様に、独立直後のタンザニアの定住計画では、土地とそこからのすべての収益は夫のものと決められ、労働時間の計算に女性の家事労働は含まれなかった。後にウジャマー村（訳注―タンザニアの農村共同化政策によって作られた村）を建設した官僚は、批判を受けとめて、女性にも土地権を与えたが、それでもなお、女性は労働力の調達と意思決定権の点で不利な状態にとどめ置かれている（Brain 1976; Fortmann 1982）。

出稼ぎ労働力を供給している南部アフリカの地域やその他の地域では、飢饉の時に女性は極限的な無権利状況に直面した。そんな時には、救援キャンプが飢えた女性と子供でいっぱいになった。そうした極度の貧困と栄養失調、現金収入の可能性の低さ、幼児死亡率の高さは、南アフリカ国内で詳細に記録されている。賃金労働者の九五パーセントが南アフリカに依存し、農村部の七〇パーセントの世帯が事実上、女性によって維持されている隣国のレソトでは、農業活動から得られる現金収入はほとんどなく、自給用食料も満足に生産できない状況が続いている。女性は不定期な送金や婚資に頼ったり、協同組合の提供する農業支援を受けたり、ビールの醸造や行商を行なったり、「妾」になったりすることで生き延びている。このようなシステムは身体的・精神的に悲惨な状況を生みだし、女性を、農村部の豊かな状況というより、都市の貧困女性の状況に近い状態に閉じ込めている。災害事の難民救援計画は、女性の生産的な役割を無視し、女性に母親としての役割や家事労働のみを振り当てている典型である（Mueller 1977; Murray 1981）。

都市部の社会

一九六〇年以降、都市に住む女性の状況は、男性によって支配された産業および商業資本が生産過程を統制しているため、経済的に好転することはなく、しかも女性に対するネガティヴな態度という点においてもほとんど変化しなかった。ネガティヴな態度というのは、家庭生活の「堕落」を女性のせいにして非難し、女性の役割を妻や母に限定するという態度である。そこでは、女性のセクシュアリティは家庭の中で統制されるべきものと考えられている。しかし、自立した収入源を持つことは、女性の都市生活者にとって絶対に必要である。女性世帯主の中には、生き延びるために不安定でも自立した労働にこだわり、さまざまな仕事に従事する一方、利用できる土地を見つければ、そこで家族のための食料生産を行なうという農村部の生活様式を導入したものもいる。彼女たちは男性との関係を操作し、そこから利益を引き出す手腕にも長けてきている。

さらに、さまざまな変化が女性に影響を与え、それが多様な結果を生みだしている。例えば、女子校の充実は、政府や工場のポストのアフリカ人化と結びついて、教育を受けた専門職の女性の人数を増やした。しかし、ほとんどの女性はステレオタイプ的な女性の職業にしか参入していない。また、結婚を嫌い独立を宣言したものの、男性の資源に依存しきった贅沢なライフスタイルを選択している女性もいる。多くの女性が賃金労働に従事するようになったものの、それがほぼメイドの仕事に限られている国もある。メイドの仕事は、特に南アフリカにおいては、極端な脆弱性、無権利状態、小さな交渉権、母親としての役割と賃労働者としての役割の間の緊張を作り出す長時間労働、といった特徴を持つ低賃金労働である。産業化は南アフリカ以外の地域で比較的限られていたが、それでも、次第に多くの女性が工場労働に従事するようになってきた。しかし、賃金は低く、技術は半熟練にとどまっている（南アフリカの農村部の工場においてはまさにそうである）。仕事の内容はといえば衣料か食料関係で、機械化されれば男性にとってかわられる可能性が高い（Berger 1992; Cock 1980; Sheldon 1991）。

東部および中央アフリカ一帯の貧困層の女性は、都市社会の中のもっとも弱い構成員であり、売春、都市部での浮浪、無許可の行商、ビールの醸造に反対する熱狂的なキャンペーンの標的になってきた。南アフリカでは、白人に必要とされなかった労働を都市から一掃する法律が制定されたが、そうした法律の犠牲者の中には女性や子供も含まれていた。彼らは、アパルトヘイト国家にとって、「なくてもよい附属物」だとみなされたのである。

宗教・家族・イデオロギー

東部や南部アフリカの人々は、独立によって、「近代化」と「伝統」保存という矛盾する要求をつきつけられることになった。植民地時代にモデルとして再構築された伝統的な家父長像の中で、女性たちは従属を強いられ、家庭に閉じ込められ、時には「アフリカの慣習」を象徴する存在となった。この傾向は、家族政策においても、宗教的実践や宗教的イデオロギーにおいてもはっきり見て取れる。

家族政策が首尾一貫していないことは、家族計画への対応を見ると明らかである。子供を産むことへの圧力は依然として大きく、ほとんどの女性は、大家族を心情的かつ経済的安寧にとって重要であると考え続けている。それゆえ、産児制限しようとする人にとって、選択肢はしばしば限られることになる。東部、および南部アフリカのほぼ全域において、中絶は非合法であり、避妊は論争の的となっている。例外は、新政府が激しい議論の末に中絶を合法化した南アフリカである。婚姻外の関係から大勢の子供が誕生し続けており、多くの少女が妊娠して学校を止めざるを得なくなっているからである。南アフリカのアパルトヘイト政府は、かつて産児制限を奨励した数少ない政府のひとつであるが、その動機はまったく政治的なものであり、アメリカ合衆国やその他の国々で当時禁止されていた避妊注射（Depo Provera）を使用することによって女性の健康を危険にさらした（Bradford 1991; Brown 1987）。

結婚制度の改革と結婚そのものへの態度は、女性の権利を拡大しようとする試みと、婚資や一夫多妻やクリトリス切除といったような「伝統的」慣習を混乱させることへのためらいとが結びついて、複雑な様相を呈している。婚姻登録がもたらす矛盾は、結婚の束縛よりシングルマザーでいる方を選ぶ女性の数を増加させているとの研究報告もある。例えば、一九七一年のタンザニア婚姻法（ある側面での女性の権利を強化した）は、離婚した場合に年長の子供の保護権を失うことを恐れて結婚を避ける女性を生み出した（Bryceson 1985）。全く異なるコンテキストの中で、南アフリカの婚姻率は少しずつ低下している。最近の調査によれば、その原因は、女性たちが法の規定する子供への権利に不満を抱いていることにあった（van der Vliet 1984）。モザンビークにおいては、女性の地位を改善することを目的とした法の改正が行なわれたが（Isaacman/Stephen 1980）、その一方で、ケニア国会の男性議員は全員、一九六九年、婚姻外の子供に対する男性の養育義務を規定した法律を撤廃することに賛同している（Wipper 1971）。エチオピアの市民法（Civil Code）は、夫婦はお互いに尊敬し合い助け合うことを明記している一方で、夫が家長であり、妻は夫に服従すべきことを容認している（Haile 1980）。

法的な規制はさておき、結婚と家族に対する女性の態度はさまざまである。多くの女性は結婚し、生活の中心に子供を位置づけている。しかし、ザンビア都市部の教育を受けた女性の中には、男性に大きく依存しながらも結婚を避ける者が多い。一方、マーケットで商売をしている貧しい女性たちは、「伝統的」な方法で娘を育てている。彼女たちは、成人儀礼を行なって、娘が将来夫に服従するよう教育すべきだと主張している。しかし、そのような女性でも、結婚制度は大きく変わるべきだと断言している（Schuster 1979）。スーダンでは、独立後、女性グループによる執拗な圧力により、女性の経済的地位や家族内の地位に関して、法的な改善が行なわれた。とはいえ「女性同盟」（ＷＵ）は、女性性器切除のもっとも過酷な形態であり、根強く支持されているファラオ式割礼のような「伝統」を攻撃することはなかった（Fluehr-Lobban 1977）。しかし、一九七七年に組織された「ソマリ女性民主機構」（ＳＷＤＯ）は切除反対キャンペーンを繰り広げ、多くの女性や、一時的ではあったが政府の支持を取りつけた（McLean/Graham 1985）。

同じように女性による宗教運動でありながら、女性の地位に関してあいまいな態度を示している宗教運動もあり、そうした運動の支持者は、しばしば自分たちを慣習の維持者として位置づけている。例えば、東部および中部アフリカで広まったバポストロ（もしくはヴァポストリ）教会の信者は、ほとんどが女性であり、その中のごく少数の女性は予言者や治療師、あるいは産婆や判事として格別な尊敬を集めることができたが、しかし、通常、政治的な指導者にはなれなかった。ヨーロッパの文化から自立していることにプライドを持つジンバブウェのバポストロ系の集団においては、女性は慣習の象徴的維持者と考えられている（Jules-Rosette 1979; Kileff/Kileff 1979）。

また、あるコンテキストの中では、家父長制の出現が宗教的に正当化されることも明らかになった。例えば、かつて母系制の社会だったマラウィのマゴメロ村では、村における女性の経済的権利が低下するにつれて、女性は夫の宗教に追随しはじめ、教会の指導者は一致して父系相続への移行を支持した（White 1987）。

もっとも厳格な女性への規制はスーダンで広まっている。女性隔離と性にもとづく分離のイデオロギーが存続している北部のムスリム都市部では、ザールと呼ばれる精霊憑依儀礼が、ダンスや治癒儀礼を通して多民族に開かれた集団に参加する機会を女性に提供している。ザールは女性たちの心を解放し、感情を表現する場を提供すると同時に、都市的環境に特徴的な幅広い出会いの場をも用意している。しかし、こうした儀礼は、社会的出会いの機会を提供することによって女性たちを孤立から救いはするが、二〇世紀を通して女性の隔離と性器切除を中間層のシンボルにしてきたエトスに挑戦することは決してない。高等教育を受けた専門職の女性か、老齢に達した女性が、あるいはあまりに貧し過ぎる女性のみが、ますます厳格化するイスラームの規制からのがれることができた。しかし、一九八九年以降、国家を統治してきたイスラーム復興主義の軍事政権下で、社会的規範が法的に認可され、強化された。その結果、黒いヴェールとくるぶし丈の黒い衣服の着用を義務づけた法に従わない女性はむち打ちの刑に処せられることになった（Constantinides 1982; Hale 1996; Jules-Rosette 1979; Kileff/Kileff 1979）。

アソシエーションと戦略

周縁化されながらも、女性たちは、さまざまな方法で、貧困や不安定な社会的地位、あるいは男性への服従という社会的期待に抵抗してきた。例えば、ザンビアの都市に住む女性は、結婚生活や経済上の不安を取り除くために、ますます媚薬を利用するようになった。また、ケニアのマサイ人女性は家畜への支配権こそ持たないが、不義を犯した女性をかくまうために団結することによって、暗に男性との平等を主張している。ケニアの他の民族集団の女性たちも、一致団結して男性への服従と過酷な肉体労働を拒否し、「伝統的」な女性の役割に抵抗してきた。南アフリカの憲法改正をめぐる議論の中で、もし慣習法を実施する権利を法に盛り込むなら、選挙をボイコットするとの態度を表明した農村部の女性もいた。

ケニアでは、経済的地位の低下に直面した農村部の女性たちが、さまざまな集団を形成して、資源への支配権を奪回しようとした。例えば、自給用作物と換金作物の余剰を支配してきた夫に対抗して、キアンブ県の女性たちは自助組織を形成し、手にした現金を投資する途を開拓している（Stamp 1986）。また、男性が女性を財産とみなし、女性に服従を期待するようになった牧畜民トゥゲンの居住地では、女性たちが男性の権力に臆することなく、自分たちの健康を管理したり家族計画に関する情報を請求したり、娘の性器切除の慣習に疑問を投げかけたりしはじめた（Kettel 1986）。一方、ケニアと同様、一般に土地配分計画から排除されてきたジンバブウェの農村女性も、クラブや協同組合を創設したり、灌漑システムを導入したり、頼母子講を運営したりして活発な活動を展開している（Jacobs/Howard 1987; Seidman 1984）。

東部および南部アフリカの都市部では、一般的にいって、アフリカ西部より女性の組織化は遅れており、個々人の戦略に依存している。しかし、ナイロビやカンパラ（ウガンダ）のマーケットで商売する女性やビールの醸造に従事する女性たちは、活動を支援したり、時には協力して基金を投資したりするための私的なネットワークを作りあげてきた。その団結力は、活動の非合法性と経済的自立への不安から起因する周縁意識に支えられている。農地を購入するための協同組合を組織してさまざまな成果をあげているケニアの小さな町ナクルの女性たちの活動は、その一例である(Nelson 1982; Robertson 1997b; Wachtel 1975/76)。

都市の女性の中には、ルサカの女性行商人のように、公的に認められた団体に参加して経済的な窮状を訴える女性もいた(Hansen 1984)。しかし、もっとも重要な出来事は、一九七三年のダーバン・ストライキ後、南アフリカで労働運動の組織化が進行し、女性工場労働者がそれに全面的に参入していったことであろう。その多くが世帯主だった。一九八〇年代までには、労働者階級の世帯におけるセクシュアル・ハラスメント、父親不在、不平等な性別分業といった問題を取り上げるよう黒人労働組合に要求する運動家も現れた(Berger 1992)。加えて、女性たちはこの激動の一〇年間、家賃ストライキの支持者として、女性組織のメンバーとして、学童や拘置された子供の親として、ゲリラとして、政治囚として、解放を求める声を盛り上げるのに大いに貢献した。

土地の所有権が、もっとも弱い立場の女性(寡婦、未婚の母親、離婚女性、第二夫人)ともっとも強い立場の女性(社会的地位の高い男性の妻か娘)にのみ集中したケニアのトゥゲン人の状況は、もうひとつの最近の潮流を示している。つまり、女性の間で拡大する格差である(Kettel 1986)。教師や看護婦や秘書が教育を通して社会的地位を向上させる一方、他の女性は慎重に選び抜かれた結婚を通してそれを実現するといった状況も、女性の階級間格差を拡大した。例えば、一九七〇年代のウガンダでは、エリート女性と彼女たちのもとで働く家政婦との間の緊張関係が表面化している。多くの女性組織が、すべての女性を代弁すると称して、エリート女性の利益に合致するよう低階層の女性の役割を規定するという目標を実際に掲げたのは、この現実を反映している（Obbo 1986）。一九七〇年代、ケニアの全国的な女性組織である「女性の進歩」の指導権も、すべての女性の権利を擁護する先鋭的なグループから、農村部のメンバーから切り離されたごく一部の政治的な都市エリート女性の手に移った（Wipper 1972）。

しかし、教育を受けた女性の中から、作家や芸術家や専門職に就いた少数の優れた女性が現れ、その中には、貧しい女性のためにかなりの危険を冒す者もいた。その中には、性器切除などの女性に対する暴力への反対運動を各地で組織した医者や保健婦が含まれている。また、世界的な女性運動の目的に共鳴した女性は、アフリカ的なフェミニズムの形態を規定したり創造したりすることに力を注ぎ、（ケニアのワンガリ・マアザイのような）環境活動家は、草の根の女性のリーダーとして、生活基盤である土地の保全に尽力した。さらに、作家や芸術家は、多くの女性が感じているさまざまな葛藤を表現している（*Gender Violence* 1994; Meena 1992; Oduol/Kabira 1995）。

ここでは、ふたりの卓越した女性の闘争とその成果を紹介することによって、多くの女性が直面してきた問題に光を当てることにしよう。まずは、グリーンベルト運動の創始者であり、一九八〇年代の「ケニア女性国民評議会」（ＮＣＷＫ）議長でもあったマアザイである。環境と人権の両方を女性運動の目標に掲げたマアザイは、一九九二年、政治犯の母親たちによる抵抗運動に参加し、裁判なしに拘留され、警官による残虐な暴行を受けた。後に、女性たちはマアザイを大統領候補に推薦したが、環境保護主義者兼活動家としてとどまる方が女性に貢献できると考えたマアザイはその申し出を断っている（Maathai 1988; Oduol/Kabira 1995; Stamp 1995）。次に紹介するのは、科学を学び政治の舞台で鍛えられたマンペーラ・ランペーレである。ナタール大学の医学部の学生だった時に南アフリカの黒人意識運動に関わったランペーレは、この運動のリーダーであったスティーヴ・ビーコの同志であり恋人であった。彼女は、一九七六年のソウェトでの学生蜂起の後、政治活動を行なった罰として遠方の農村部に追放され、そこで困窮にあえぐホームランド（訳注―アフリカ人自治地域）の人々の需要にこたえてコミュニティ・ヘルスセンターを創設した。期限が来て追放令が解かれると、ランペーレは大学に戻り、人類学で博士号を取得し、アカデミズムの行政分野で組織力を発揮した。九六年、彼女はケープタウン大学の副学長に任命され、かつての白人エリート校初のアフリカ人指導者となった。ランペーレは、自分の経験を振り返って次のように記している。

人種差別主義と性差別主義が支配する社会において、黒人であり女性であるという二重の重圧は、成功を認められないことを少しも恐れない人間を作り出す。卑屈でない黒人女性は犯罪者であると定義される――彼女は究極的なアウトサイダーなのだ。しかし、高い目標に向かってわたしを鼓舞してくれた政治活動は、絶望的なまでに変革を必要とした社会で大勢の支配者を打倒したことによって、わたしの人生に深みを与えてくれた（Ramphele 1996, p. 181）。

東部、および南部アフリカの女性作家の中でもっとも有名なのは、ベッシー・ヘッドとグレース・オゴットである。その他、バーバラ・キメニ（ウガンダ）、ネーミア・デ・スーザ（モザンビーク）、マーサ・ムヴンギ（タンザニア）、レベカ・ンジャウとチャリティ・ワシウマ（ケニア）、ツィツィ・ダンガレンバ（ジンバブウェ）ミリアム・トゥラリやアメリア・ハウスやロレッタ・ングコボ（南アフリカ）の作品や、エレン・クズワヨやエマ・マシニニやフィリス・ンタンタラやシンジウェ・

マゴナらの自伝も注目されてきた。オゴットは『約束の地』(Ogot 1966) やその他の短篇小説の中で、女性に男性への服従を強要するような伝統的態度のマイナス側面と、精神的・共同体的遺産のプラスの属性との間の葛藤を描いている。オゴットの作品は、この葛藤に対する回答をけっして与えてはいない。それは、おそらく彼女自身の性格的な多様性を反映していると思われる。オゴットよりもっと複雑な人生を送った小説家であるヘッドはアウトサイダーとしてジェンダーと人種の問題を扱った(代表作『雨雲が集まるとき』、『力の問題』)。混血という背景とボツワナでの亡命生活の中で、彼女はけっして民族共同体に積極的な魅力を見出さなかった。しかし、新しい基盤の上に集団的かつ個人的絆を再編しようしたヘッドは、男女間の平等を実現した「新しい世界」を構築する試みにつきものの不確実性と困難さを作品の中心テーマとして取り上げている (Head 1970, 1974)。

ツィツィ・ダンガレンバの小説『神経質な状況』(Dangarembga 1988) の主人公は、女性への矛盾する要求に直面する。彼女は教育費を支払ってくれていた叔父が、彼女が「いやしからぬ男性」と結婚し「それ相当の家庭」を築く前にどの程度の教育を受けるべきかという問題を提起した時のことを、こう回想する。「結婚。原則的には、それに反対ではなかったわ。頭の中では良い考えだと思ったのよ。だけど、それがいつも次から次に現れて、わたしが真剣に考えはじめる前に触手をのばしてわたしを縛りつけたり、わたしが自分の人生を見つけ出す前にそれをぶち壊そうと脅かすやり方にはいらいらしたわ。」(Dangarembga 1988, p. 180)

政治活動と解放の政治学

民族独立の成就は、予期していたような恩恵を女性たちにもたらさなかった。とりわけ、ジェンダー差別が違法であると規定している憲法はほとんどないし、その多くが家族法と慣習法を容認している。ほとんどの国で、女性は地方レヴェルを除く国政への参加を制限され、多くの男性政治家からは、男性の失敗を押しつけるための便利なスケープゴートであると考えられてきた。また、女性は折につけ離婚や非嫡出児や「アフリカの慣習の消失」の原因をつくったとして非難されてきた。とりわけ都市に住む若い女性は、西洋風のミニスカートや化粧やヘアスタイルのせいで罵られたり暴力を振るわれたりすることが多い。タンザニアのパレ県（O'Barr 1975/76）やレソト（Mueller 1977）のように、男性の不在が恒常化しているところでは、女性が政治的発言権を握ることがある。しかし、レソトの場合、そもそも村落の政治指導者が権力を持っているという状況ではなかったため、女性は公的な活動を通してよりむしろ効果的な家庭のやりくりを通して、貴重な資源にアクセスする機会を手に入れることができると思っている（Obbo 1980; Wipper 1972）。

政治家が国家建設や開発における女性の参加を促進しようとした地域でさえ、女性は経済人間ではなく家庭人間だと考えられ、社会開発や社会福祉のエイジェントの手助けをさせられてきた。このことは、特に、与党が独立時に女性組織の発展を支援したタンザニアに当てはまる。政府の支援の下で「タンザニア女性連合」（ＵＷＴ）の女性メンバーは、次第に、経済領域や家庭領域へと活動を広げたが、しかし、公的な政策という概念の中では、女性が常に周縁に位置づけられていたことに変わりはない。例えば、一九七六年に採択された第五次開発計画は、食料自給を主要目標にしていたにもかかわらず、女性に焦点を当てたプロジェクトは含まれていなかった。さらに、五〇年代の「タンザニア民族同盟」（ＴＡＮＵ）の活動に協力したほぼすべての女性活動家が、独立後、政治の場面から姿を消している。教育をまともに受けられなかった女性たちは、新しい政府のポストには不適だとされ、都市に住む同じ階級の女性が従事している単純でその場限りの仕事に戻らされたのである（Geiger 1987）。「タンザニア女性連合」の与党（ＴＡＮＵ）への依存が女性独自の声を掻き消したように、一九七四年革命以降、エチオピア農村部の女性グループは、女性の将来にほとんど関心を示さない、より規模の大きな農民協会に従属させられた（Haile 1980）。

モザンビークやジンバブウェに独立をもたらした民族運動の中で、「モザンビーク解放戦線」（ＦＲＥＬＩＭＯ）と「ジンバブウェ・アフリカ民族同盟」（ＺＡＮＵ）は抑圧的な「慣習法」（一夫多妻や婚資など）と植民地的遺産から女性を解放するために最大の支援をすると表明した。両国の解放運動においては、（主として、少なくとも小学校教育を受けた若い）相当数の女性が軍事闘争に全面的に参加し、実戦や支援活動に従事していた。ジンバブウェについて書かれた最近の研究書の言葉を借りれば、「女性の参加なくして戦争は勝利できなかった」（Staunton 1990, p. xii）。しかし、闘争が終わると、与党（ＺＡＮＣ）のリーダーは昔の考えに戻ってしまい、女性が既存の家族集団の中で良い母親になることを支援するのが政府のプログラムの目標だと考えるようになった。一九九四年、再定住地域で認可された土地は夫婦の名前で登録されるべきだと農村女性が提案した時、ロバート・ムガベ大統領は、「もし女性が財産を所有したいと望むなら結婚すべきではない」（Cheater/Gaidzanwa 1996, p. 200）と反論している。しかし、多くの女性が政治に介入し、与党である「ジンバブウェ・アフリカ民族同盟」の低いポストに甘んじながらも、賃金ストライキや食品価格をめぐるストライキや行商ライセンスに関するデモに参加し続けている（Seidman 1984; Urdang 1995）。

独立後、ジェンダー間の平等にむけての闘争を継続したモザンビークでは、多くの女性が積極的に政党業務や村落レヴェルの政治的・経済的プロジェクトに参加し続けた。しかし、世帯内の分業が変化しなかったため、新しい状況は生産・家事・政治という三重の負担を女性に強いることになった。そんな中で、「モザンビーク解放戦線」や「モザンビーク女性機構」（ＯＭＷ）は、女性の地位を変化させるような環境を創出するよう政府に圧力をかけ、かなりの効果をあげていたが、一九八〇年代および九〇年代に相次いだ戦争と飢饉によって、そうした社会変革の継続は不可能になった（Sheldon 1991, 1992, 1994; Urdang 1983, 1989）。

最近終結した南アフリカとナミビアとエリトリアにおける闘争では、女性も武装部隊に動員され、女性の関心事が政治の場で議論された。とはいえ、一般に女性の声を代弁できるリーダーの地位に就く女性はきわめて限られていた。一方、草の根の闘争で中心的役割を担った南アフリカの女性グループは、さまざまな政治組織の継承に重要な役割を果たした。そうした政治組織の中には、一九七〇年代に組織され禁止になった「黒人女性連盟」（ＢＷＦ）、八〇年代の地域的な女性グループ、「アフリカ民族会議」（ＡＮＣ）が禁止を解かれた後の九〇年に新たに発足した「アフリカ民族会議」の「女性連盟」（ＷＬ）が含まれる。また、エチオピアからの自立をもとめて闘った「エリトリア人民解放戦線」（ＥＰＬＦ）の女性たちは、解放戦線が支配する地域において、男女間のバランスのとれた土地改革、ムスリム女性の教育、より平等な婚姻関係を促進することに成功した（Cowan 1983; Hassim 1991; Hubbard/Solomon 1995; Seidman 1993; Wilson 1991）。

一九九〇年代は新しい挑戦と新しいチャンスとをもたらした。拡大し続けるエイズ、構造調整プログラムの導入、（ソマリアやルワンダにおけるような）断続的危機などが女性の経済的地位や生命を脅かす一方、大陸全体の民主化傾向は、政治活動への新しい可能性を女性に開いた。例えば、一九九四年に行なわれた南アフリカの総選挙において、女性は同国初の民主的国民議会の四〇〇議席中一〇六議席を勝ち取った。また、九一年に複数政党制に戻ったケニアでは、ただちに女性の諸組織が民主的な政治参加についての啓蒙活動を行ない、あらゆる国政選挙に女性候補者を送り出すキャンペーンに乗りだした（Stamp 1995）。一方、精力的な活動を続けている各国の女性グループは、女性の組織化を促進するための政治参加、上下水道の整備、土地へのアクセスなどの問題に加えて、今やセクシュアル・ハラスメント、強姦、家庭内暴力といった問題に直面している（Cowan 1983; Hassim 1991; Hubbard/Solomon 1995; Kemp et al. 1995; Murray-Hudson 1983; Oduol/Kabira 1995; Seidman 1993; Stamp 1995; Wilson 1991）。

女性の集団の中には、「フェミニスト」を名乗りはじめたものもあったが、こうしたラベルを貼られるのを嫌い、西側社会の多くの女性組織とは異なる意識を示そうとした集団もある（Strobel 1995）。一九九五年に北京で開催された第五回国連女性世界会議は、アフリカ人の参加者に、女性のための政治的議案をまとめ、表明する機会を提供した。タンザニア人のゲルトルード・モンゲラが会議の事務局長に指名されたことは、アフリカ大陸におけるジェンダー意識の覚醒にとって、この会議がいかに重要であるかを示すものであった。しかし、すべてのアフリカ人代表団は、（南アフリカからの代表団を除き）最終宣言に性的権利およびリプロダクティヴ・ライツ（訳注―性と生殖に関する自己決定権）を含めることに反対した。

このように、二〇世紀が幕を閉じようとしている今、アフリカの女性は国際的な場での女性問題に関する議論に積極的に参加している。女性に対する暴力といったある種の問題が、政治や経済への参与の問題と並んで、新しい形態の活動や組織の展開にはずみをつけた一方で、家族やセクシュアリティの問題はまだ論争段階にとどまっている。このような状況は、女性の間には多様な声があることを示している。それはまた、アフリカ的な家族のあり方を定義し、それを守ると同時に、ジェンダー間の不平等をなくすために両性を巻き込むことを目標とすることによって、過去一〇〇年におよぶ混乱要因に対処しようとしている女性の努力に光をあてることになった。

以上のように、二〇世紀の急劇な変化は、東部と南部アフリカの女性の地位を大きく変えた。アフリカが世界経済システムに強固に組み込まれることによって、アフリカの女性は、階級や宗教、あるいは都市部と農村部の格差が生み出す新たな問題に直面してきた。女性の経済的な活動の場は狭まり、かつての政治的な権利も無視されるようになった。女性は宗教的にさまざまな領域で中心的地位を維持してきたが、時には従属的地位に置かれることもあった。また、家族構成や家庭生活のイデオロギー的コンテキストが変化したにもかかわらず、女性は子供の養育に縛りつけられている。しかも、自由に使える資源が限られているため、この責務を全うすることも難しい。

こうした変化のマイナス側面にもかかわらず、その結果は女性にとって多様かつ矛盾にみちたものだった。公的機関が統轄するようになった経済活動や教育から排除された女性たちは、都市部においても農村部においても、自分たちと子供たちの生活を維持してゆくための闘いを自主的に繰り広げてきた。また、植民地主義と独立政府の下で政治権力から締め出された女性たちは、さまざまな世俗的・宗教的組織を設置し、民族解放闘争や革命闘争に参加してもきた。多くの女性の経済的地位は、特に戦争や飢饉によって荒廃した国家や、南アフリカの困窮化した農村地域において脆弱である。しかし、二〇世紀を通して、アフリカの女性は困難な状況に適応したり、闘ったりしながら、注目すべき能力を示してきた。こうした個々人や集団としての女性の持つ粘り強さは、未来のジェンダー関係を再編するための重要な資源となるだろう。

第二部　西部および中西部アフリカの女性

E・フランシス・ホワイト

第一章　先史時代の西部アフリカ

ガーナ、マリ、ソンガイといったスーダーン地域の諸王国が台頭する以前の女性の歴史を知ることは、現在の資料状況では難しい。食料として消費されるほとんどの果実、木の実、食用になる葉、根菜は女性と子供が採集していたこと、一方、石器時代（紀元前二〇〇万～一万年）のある時期に、男性がゆるやかな集団《バンド》を組んで狩猟を始めたことはわかっている（Shaw 1981）。この時代の主要な情報源である岩絵は、考古学から入手できる事実以上のことをわれわれに伝えてはくれない。紀元前六〇〇〇年頃からの岩絵は、あたかも穀物の選別をしているかのように身体を曲げた女性の姿を描いている。しかし、本当にそうなのかを確定する証拠は不充分なのである（Ki-Zerbo 1981）。ましてや、このような絵は、女性やジェンダーの歴史についてほとんど何も語ってくれない。例えば、紀元四世紀までの社会政治システムが女性によって支配されていたことや、なぜサハラ沙漠のアハガール（アルジェリア）での考古学的発掘が明らかにできたのかを傍証する手掛かりを提供していない。サラマによれば、ベルベル人の中に「聖なる女性に特権が付与されていたいくつかの事例があった」（Salama 1981）。その証拠に、アハガールにある女性支配者の墓は、社会システムとサハラ交易を支配することによってのみ獲得し得た富の大きさを示しているというのである。埋葬品の中に、七個の金のブレスレットと八個の銀製ブレスレットの他、数個の宝石が含まれていたからだ。

採集社会から定住農耕社会が出現した背景について、仮説を提示している資料がいくつかある

(Porteres/Barrau 1981; Shaw 1981)。それは、種を蒔くことと食料を生産することとの関係を考え出したのは採集民であり、女性がそこで重要な役割を果たしたという仮説である。しかし、女性の労働形態の変化を確認できる情報はほとんどない。考古学的資料は、ナイジェリアのノク文化に見られるようなある種の石器時代の輝きを生み出した農耕社会が、どのように女性労働を統制していたかについて明らかにしていないのだ。ユネスコによって出版された八巻本の『アフリカの歴史』(*UNESCO* 1981–93) は、アフリカ史に関する現在の知識の集大成であるが、ジェンダーや、社会によって作り出された性別分業について語ることを避けようとしているように思われる。そこでは、農業への労働の投入を当然のこととみなす傾向があり、女性の生産活動を組織したり調整したりすることが何を意味したかについての議論はなされていない。ノク社会は女性労働の組織的統制なしには存続し得なかったはずだ。われわれは、鉄器時代の社会的再生産を深く理解するために、このシステムがいかに進化したかについてもっと知る必要がある。

第二章　一八〇〇年までの西部スーダーン地域

スーダーン地域の西部に関する初期の女性史を研究しようとすると、たちまち高い障壁にぶつかる。それが、首尾一貫した歴史叙述を困難にしている。資料の欠如と研究者による適切な課題設定の欠如が、行く手を阻んでいるのだ。旅行家の記述は、交易、国家形態、戦争については詳細に描写しているが、女性に関する部分は偏見に満ちている。研究者によれば、翻訳されたアラビア語のテキストは、西部アフリカの女性の生活に関してほとんど何も語っていない。スーダーン地域の女性の行動と態度に関する資料は、女性たちがいかに文明化されていないかを強調する叙述にとどまっているからである。とりわけ、初期の記録のほとんどは、女性がきちんと衣服を着ているかどうかに関心が集中している。例えば、有名なモロッコ人旅行家イブン＝バットゥータは、マリについて次のように報告している。

非難さるべき行為のひとつは、女性の召使や奴隷、あるいは少女が男性の前で陰部を覆わずに裸でいることである。その他、妻たちが裸で何の覆いもなくスルターンの前にでることや、娘が裸で出歩くことも非難されるべきだ。ラマダーン月二五日の夜、私は約二〇〇人の女奴隷が、これも裸の娘をそれぞれ二人ずつ従えて、スルターンの宮殿に食物を運んで行くのを見た（Levtzion/Hopkins 1981, pp. 296–97）。

このような記述は、後のヨーロッパ人による偏見に満ちた性差別的記述と同類である。女性に関するこうした浅薄でいらだたしい報告は、スーダーン地域の社会についての理解を妨げるものだ。こうした報告から入手できるのは、ガーナ、マリ、ソンガイ、ハウサといった初期のスーダーン地域の諸都市国家がいかにして社会を再生産していたかについての明確な画像でも、ジェンダー関係の変遷や国家と親族組織との関係でもなく、ごく概括的なスケッチにすぎない。こうしたスケッチから得られる情報は、例えば、ガーナ、マリ、ソンガイ、ハウサなどの都市国家の人々が鍬を使った農耕民であったということ（Adamu 1984; Cissoko 1984; Ly-Tall 1984; Ninae 1984）、厳格な性別分業がこうした社会を特徴づけていたこと、女性は育児、薪集めや水汲み、果実の収集や調理、小動物の飼育を行なう一方で、男性は種まきのための土地を準備したが（Callaway 1987）、種まきは男女で行なったこと、しかし、育てる作物はジェンダーによって異なっていたことなどである。これらのスケッチは、どんな作物が生産されていたかを記しているが、残念ながら、どのような条件の下で誰が生産していたかについては記録していない。しかし、女性が塩の生産といった活動に参加した地域があったこと（Lovejoy 1986）、スーダーン地域のほとんどの地域では機織りは女性の重要な仕事だったこと、多くの女性がマーケットでの加工食品や綿製品の販売に従事していたことなどが明らかになってきている（Callaway 1987）。

比較的大きなハウサ人の都市や、ティンブクトゥ、ジェンネ、ガオといったその他の都市部では、女性の階層分化が農村部より進展していた。こうした諸都市の女性は、一般に王族か自由民、あるいは奴隷だったが、王族の女性と女奴隷との格差は、女奴隷が地位の高いリネージの側室となることによって消失することもあった。例えば、ソンガイのすべての王（称号アスキア）は側室の子供だった。支配者の母親の地位は、自由民の女性より大きな権力を側室に与えていたにちがいない（Kirk-Greene/Hogben 1966）。ハウサランド（ナイジェリア）はスーダーン地域の王家の女性について、もっとも詳しい歴史像を提供している。ハウサ都市国家（ザリア、カツィナ、ダウラを含む）は、女性の初代支配者とそれに続く一連の女王の系譜で始まる伝統を保持している。こうした伝統を文字通り受けとってよいかどうかは、研究者の間で議論がある。スミスは、女性の中には政治的に重要な役割を果たした者も記憶されているが、この伝承は実際には母系から父系への移行を示しているにすぎないと論じている（Smith 1978）。一方、キャラウェイは、伝統はこの移行以上のことを意味しているとする。すなわち、女性の官職や称号の存在は、実際の女性支配者やイスラーム化以前の女性の高い地位とも関連して、こうした女性支配者が現実に存在したことを示唆しているのであって、フィクションではないだろうというのだ（Callaway 1987）。ハウサ都市国家における支配層の女性が、どの程度の権力を持っていたかについて明確な結論を出すことは難しいが、一三世紀以降の時期については、もう少し確かなことがわかってきている。この時期までに、イスラームは、在来の国家宗教であり支配層の女性によって管理されていたボリ信仰と競合しはじめ、都市国家がイスラームを権力の正当化に用いはじめるにつれて、女性は次第に政治権力を失っていったと思われる（Callaway 1987）。ハウサ女性の生活に対するイスラームの影響は多様だった。王家の女性は政治権力を失ったが、一般女性はイスラーム化にともなう変化によって利益を得たと言えるかもしれない。イスラームへの改宗によって奴隷状況から解放された女性もいたし、家族の中での待遇も改善されたからである。

母系制は一三世紀頃までに父系制に移行していたが、いくつかの重要な官職は女性に残されていた。スミスは、ダウラ王家の女性が保持していた官職についての詳細な情報を提供している（Smith 1978）。それによれば、もっとも大きな権力の保持者はマガジヤと呼ばれる王母だった。王家出身の長老として、王母はサルキと呼ばれる王の権力を監視する重要な役割を果たしていた。王は最高の支配者だったが、もしも男性の役職者によって構成される長老評議会の認可が得られれば、王母は王を追放する権限を持っていた。王母は、サルキが個人的な理由で人民を罰しようとした時に、これに介入して人民を擁護することもできた。王母が男性からも女性からもパトロンとみなされ、国中にクライアントのネットワークを張り巡らすことができたとしても驚くにはあたらない。王母は、ラワナイと呼ばれた行政官によって補佐されていた。

王母はダウラ王家のもっとも権力ある女性イヤによって選ばれた。王家の血筋を受け継ぐ女性に与えられる最上級のタイトルを持つイヤは、宮殿に住む他の王家の女性と相談したのち、王母を選出した。イヤの宮殿は、重要な政治空間としての機能を果たしていたのである。王子たちが初めて結婚する前に、イヤが儀礼的な清めや教育を行なうのはこの宮殿であった。それ以上に重要なことは、イヤがラワナイとともにボリの憑依儀礼を行なったのがこの宮殿だったことである（Smith 1978）。ボリ信仰は国家の安寧にとってもっとも重要であると信じられていたため、上流階層の人々にとっては、ハウサ人を支配するために不可欠なものだった。このボリ信仰に参加して重要な役割を務めるのは、カルワイと呼ばれる離婚女性たちであった。カルワイはイヤの管轄下にあると考えられていた。女性は簡単に離婚することができ、それゆえ、自分のセクシュアリティを自分でコントロールすることが可能だった（Callaway 1987）。

この時期のもっとも有名なハウサ女性は、ザザウの女王アミナトゥ（アミナ）である。アミナトゥは一六歳で王母になり、一六世紀末、王であった父親とともに支配権を掌握した。一五七六年、アミナトゥは最高支配者として父王の後を継いだ。彼女は軍事遠征への参加という自分が始めた伝統を守り続け、有能な兵士として、カノとカツィナを征服してニジェール川にまでザザウ国境を拡張した。宦官とコーラ（訳注―アオギリ科の常緑高木で、その種子はカフェインの一種を含む）の実を王国に導入したのもアミナトゥであったとされている。彼女の権力は、ザザウが域内のサハラ交易と東西を結ぶスーダーン地域の交易を支配するようになるにつれ、軍事から経済へと拡大した。それゆえ、ハウサランドで最初に経済的発展が見られたのは、このアミナトゥの治世下においてのことであった（Callaway 1987; Coquery-Vidrovitch 1997; Sweetman 1984）。

このような経済的発展は階層分化を促した。とりわけ、女奴隷の数はスーダーン地域の国家がサハラ縦断交易への介入を深めるにつれ増加した。男性はサハラ縦断交易の商品として売り飛ばされることが多かったが、女奴隷は上流階層の子孫を増やすという重要な役割を担わされた。臣民の数が上流階層の社会的地位の継承を左右した社会において、奴隷制はこうした臣民を増やす重要な手段だったのである。メイヤスーが指摘しているように、女奴隷は男奴隷より需要が大きかった（Meillassoux 1997）。男奴隷の値段より女奴隷の値段の方が三分の一から三分の二ほど高かったという事実は、それを反映している。クラインとメイヤスーは、その背景にはもっぱら女性の妊娠・出産という再生産能力への需要があったという見解に対し、奴隷所有者は奴隷の労働力にこそ価値を置いていたのではないかとの議論を展開している。その中でクラインは、こうした女性は妾になって家族に同化したり、軍隊に供給する食糧の生産を担ったり、男奴隷と結婚することによって奴隷制の維持に貢献するといった多様な役割を演じたがゆえに価値があったとの見解をつけ加えている。奴隷の妻や妾は、その扱いに文句を言ったり子供の所有権を主張するような家族がいなかったため、とりわけ支配層やマラブー（イスラームの導師）や商家からの需要が高かった。しかも、女奴隷は自由民の女性とは異なり、離婚ができなかった。一方、上流階層の女性は、女奴隷を入手することによって、女性の仕事とされていた家事や農耕から解放された。その上、男性のようには他人（妻や親族）の労働を支配できなかった彼女たちにとって、奴隷の所有は、富を蓄積できる労働を手に入れる重要な手段だったのである（Roberts 1984）。

以上述べてきたように、一般的に言って、スーダーン地域の西部で出現した社会は厳格な性別分業にもとづいた社会であった。特に平民の男女の間では、栽培する作物さえ異なっていた。奴隷は、王家の女性を農耕やその他の仕事から解放した。サハラ縦断交易における国家の役割が増大するにつれて階層分化が進み、それにともない、上流階層の男女が労働力や部下への需要を高めると、女奴隷の数が増加した。奴隷を妻とすることを好む男性もいた。そのような結婚からは、男性が責任を持たねばならないような親族の絆が生じなかったからである。

第三章　西部沿岸とその後背地――一四〇〇～一八〇〇年――

この時期に見られた新種作物の導入、アフリカの域内交易やヨーロッパとの貿易の進展、相対的に強力な国家の出現は、女性に計り知れない影響を与えた。一方、こうした展開に女性が与えたさまざまな影響も見逃せない。おそらく、もっとも重要なことは、国家が親族秩序に基盤を置いた社会に依存するようになるにつれ、女性の階層分化が進展したことであろう。しかし、どのような場合にも、女性は、男性のようには国家権力や利潤の大きい交易品を入手することができなかった。にもかかわらず、拡大しつつあった交易から利潤を得たり、国家権力の分け前に与かる女性も中にはいた。

1　交易と生産

農業や交易は、西部アフリカの諸地域における歴史的展開に重要な役割を果たし、女性の労働力がその展開に大きな貢献をした。例えば、初期のヨーロッパ人旅行家は、ゴールド・コースト（ガーナ）の流通における女性の重要な役割について、「女性の役割は食料品と手工芸品の販売に限られてはいたが、それはゴールド・コーストの港町や内陸の町の発展にとって不可欠だった」という主旨の報告を行なっている（McCall 1961）。このように、農業と交易は一一世紀初頭の都市化の基盤となり、一八世紀までには多くの職人、交易人、宗教関係者、貴族、乞食を含む一～二万の人口を擁する都市を出現させた（Kea 1982）。食料品を扱う女性の交易活動は、都市の発展に大きな役割を果たしたのである。

ヨルバランド（ナイジェリア）のオヨの歴史も、女性の交易と生産が国家形成に果たした役割の重要性を物語っている。オヨは、紀元前一〇〇年までさかのぼる北部との長距離交易と、都市部一帯にネットワークを広げた定期市とがもたらす富を基盤として、一五世紀までに帝国規模に発展した。こうした定期市が、都市に集住する手工業生産者や長距離交易人を支えていたのである。そこでは、男性が奢侈品交易を統制し、支配的な貴族層がこの交易からの利益を独占した一方で、女性は食料品や布やマットのような地場産品を掌握していた。定期市におけるこの分業は、家長の男性が土地と女性の労働を支配するというヨルバ社会のジェンダー関係を反映していた。多くの男性交易人とは異なり、女性は商品を、商品価値とではなく、その使用価値と交換した。扱う商品量が少なかったため、女性が域内交易に参加することから得られる権力は限られていた。

こうした不利益にもかかわらず、域内交易への女性の参加は、都市化されたオヨ経済にとってきわめて重要だった。一八世紀までに、どの町にも女性の交易権を統括するイヤロデと呼ばれる女性が出現した（Awe 1977; Denzer 1994; Matory 1994）。しかし、交易はオヨで女性が演じたいくつかの役割のひとつにすぎなかった。女性は、種まきや収穫、あるいは農作物の加工も行なっていた。スィミ・アフォンジャが指摘しているように、多くの研究者は一九世紀以前の農業における女性の役割を軽視する傾向があった（Afonja 1981）。

アラフィンと呼ばれたオヨの王は、アヤバスと呼ばれた妻たちを働かせて富を蓄えた。その多くは、布や石灰や塩を生産する宮廷奴隷だった。また、王のためにこうした産物の交易に従事する者もいた。オヨの宮殿には王母、八人の司祭、何十人もの下級官吏、王の妻たちを含め、肩書きを持った地位の高い多くの女性が居住していた。王母は重要事項の決定の際には王の相談にのり、王への直接の面会を取り仕切った（Awe 1977）。

すでに述べたように、他のヨルバ都市と同様、オヨには、特別な紋章を持つイヤロデと呼ばれる女性の代表がいた。この地位は普通、他の女性によってその指導性が認められ、富を蓄積した女性に与えられた。彼女は裁判を行ない、女性間の紛争を解決し、戦争や新しい市場の設置といった問題に関して女性の意見を取りまとめた（Awe 1977）。

アフリカとヨーロッパとの貿易は、オヨが大西洋奴隷貿易に深く巻き込まれる一八世紀まで、一般のヨルバ人女性にはほとんど影響を与えなかった。というのは、この貿易は、それまで貴族が独占しており（Ajayi 1972; Akinjogbin 1972）、この貿易から利益を得ていた女性は、家事や農耕を奴隷に委ねることのできた上流階層の女性たちだったからである（Afonja 1981）。

一八世紀中葉、軍事力に依存した首長が近隣の小王国を略奪することによって奴隷貿易に介入しはじめると、状況が変化した。支配層は奴隷貿易への統制力を失いはじめ、オヨの奴隷数は劇的に増加した。一九世紀になると、女性は、ますます農耕から交易に重点を移すようになった。こうした変化は、都市のさらなる発展、新しい食料の導入、農民数の減少といった一八世紀に始まる変化によって引き起こされたものである（Afonja 1981）。

2　大西洋奴隷貿易

一四四四年の西部アフリカ沿岸へのポルトガル人の来航は、奴隷貿易を通して、女性の生活に大きな変化をもたらした。この奴隷貿易がいかに展開したかをあますことなく理解するためには、一四〇〇年以前の年齢とジェンダーにもとづく不均衡なシステムを分析する必要がある。このシステムは奴隷貿易が展開する前から存在し、奴隷貿易を成功させる前提条件だった。奴隷はできる限り秩序だった方法で入手されねばならなかった。そのためには一部のアフリカ人の協力が不可欠だった。にもかかわらず、ウォルター・ロドネーが論じているように、アフリカとヨーロッパとの貿易は不均衡を増大させた（Rodney 1970）。この現象は、とりわけ、すでに不均衡が存在していた社会関係において顕著に見られた。

奴隷貿易は親族体系にもとづいたイデオロギーと経済システムの上に展開し、結婚や人質、あるいは誘拐や奴隷狩りといった方法でよそ者を自集団に組み入れることを可能にした。大西洋奴隷貿易以前、よそ者を暴力的な方法で取得することはめったになかったが、貿易からの利潤を手に入れる可能性が増大するにつれてそうした暴力が一般化した。奴隷の経験はジェンダーによって大きく異なっていた。奴隷商人は男性を太平洋奴隷貿易に投入し、親族社会に容易に同化した女性はアフリカ域内の交易用として手元に置いたからである。女奴隷の中には「妻」になる者も多かった。生まれた子供は、当然、父方のリネージ以外に親族集団を持たなかった。このことが、奴隷出身の女性の地位をさらに低下させる要因となっていた。また、ほぼすべての沿岸部の社会において女奴隷は農業労働にも従事させられており、それが、自由民の女性に交易やその他の目的に費やす時間を与えることになった。

アフリカの奴隷は、ヨーロッパやアメリカの奴隷のように一生労働にしばられた従属的な階層を形成していたというよりはむしろ、共同体の人口増加に一役かう存在だった。親族体系が支配的な社会において、奴隷は親族の絆から切り離された保護者を持たない人々であった。それゆえ、ほとんどの奴隷は従属的なメンバーとして親族集団に組み入れられたが、奴隷が産んだ子供や孫たちの中には完全な親族メンバーに組み込まれる者もいた。なお、奴隷をリネージに取り込まなくとも、こうした親族集団は一般に年齢とジェンダーによって階層化されていたということを確認しておくことは重要である（Miers/Kopytoff 1977）。

奴隷貿易は、女性が労働力を手に入れる重要な手段だった。父系社会において、リネージを通して労働力を入手できたのは男性だけだったからである。女性は、奴隷制を利用して召使を入手し、交易をするための時間を作り出したのである。（ちなみに、母系社会の男性は、召使を増やすために奴隷を「妻」とした。）さらに、女性は奴隷の労働力に加えて、奴隷の子供の労働力をも支配することができた（Robertson/Klein 1997）。

最初に大西洋奴隷貿易の重要基地となったのはセネガンビア地域（セネガルとガンビア）であった。奴隷貿易がこの地域にもたらしたのは、階層間格差の拡大であった。多くの小国家の支配者やその部下たちは奴隷貿易を通して富を蓄積し、それが、戦士や貴族といった上流階層とその他の多くの自由な農耕民との格差を増大させたのである（Klein 1977）。大西洋貿易に投入されなかった奴隷の多くは、家内奴隷として支配層のリネージに組み込まれた。こうした奴隷――そのほとんどが女奴隷であった――は、日の出から午後二時まで週五日間を主人のために働き、余った時間で自分の畑を耕した。男奴隷の中には兵士になる者もおり、彼らはもっぱら主人のために奴隷狩りを行なった（Klein 1977）。

一九世紀以前、奴隷貿易に参入するためには奴隷兵士を手に入れ養う資源が必要だったが、そうした資源を持つセネガンビア人は多くなかった。奴隷貿易との関わり方で言えば、男性は直接的な介入により収益をあげた。しかし、驚くべき数の女性が、間接的にこの貿易から収益を得ていたことを忘れてはならない。したがって、女性はもっぱら奴隷貿易の犠牲者であったという単純な考えは放棄されるべきである。

例えば、同時代の目撃者や歴史研究者は、ヨーロッパ人商人とアフリカ人商人との文化的商業的仲介者として活躍した少人数の女性がいたことを明らかにしている（Brooks 1976, 1993）。アフリカとヨーロッパとの貿易が始まる前にも、セネガンビア地域には、高い政治的地位に就いて交易に従事していた女性がいたが、その後、ヨーロッパ人との結婚を通して、ヨーロッパ人商人とガンビアやシエラ・レオネといった沿岸部社会との紐帯役を演じる女性が出現したのである。彼女たちは、アフリカとヨーロッパというふたつの社会と関係を保持していることからくる付随的な利益を手にした。奴隷貿易が最盛期を迎えると、こうしたアフリカ人女性やアフロ＝ヨーロッパ人女性の中には裕福な商人となるものもいた。彼女たちは不動産を所有し、大きな影響力を行使し、男性の商人から尊敬されることを期待した。こうした仲介者は総じてシニャール、もしくはセニョーラと呼ばれていた。富を象徴するものは家内奴隷、交易船、家屋、金、銀、宝石、流行の衣服などであった。一六三〇年代中葉にリュフィスクの交易拠点を支配していたセニョーラ・フィリパや、一六八五年にウォロフ人の国家のひとつであるカヨールの支配者の代理人を務めたセニョーラ・カティなどが有名である。また、ビビアナ・ヴァズは一六七〇～八〇年代にガンビアとシエラ・レオネの河川との間に広大な交易帝国を樹立し、短期ではあったがアフロ＝ヨーロッパ共和国を建設しさえした。彼女の台頭はこの地域におけるミュラトー（混血）権力の台頭を告げるものであった。それは、アフロ＝ヨーロッパ系の子供たちが、アフリカとヨーロッパ両方の貿易ネットワークを利用して、商業や権力の仲介者としての地位を築いていった時代を象徴していた（Rodney 1970）。

一方、ヨーロッパ人の男性も、シニャールとの関係が好都合であることを認識していた。シニャールは、ヨーロッパ人の男性にとって、アフリカ人の交易ネットワークやよく訓練された家内奴隷つきの安定した家庭を提供し、貿易事業のサポートをし、地元の言語や慣習を教えてくれるかけがえのない存在だったからである。そのかわりヨーロッパ人は、シニャールがヨーロッパ人のネットワークに参入することを可能にしたり、ヨーロッパの商品を提供したりした。このようにシニャールは、奴隷貿易が開始された頃にはお互いにほとんど知らなかった異なる文化間の貿易および社会関係の仲介者として重要な役割を果たしたのである（Brooks 1976；邦語文献としては、小川 2002 参照）。

3　国家形成

国家の発展は、アフリカの域内交易およびヨーロッパとの貿易の進展を促した。女性はさまざまな局面で国家形成のプロセスに参入した。例えば、一六〜一七世紀、ゴールド・コースト（ガーナ）の女奴隷は、大量の農作物を提供することによって支配層の台頭を支えた。経済的・政治的発展に不可欠だった女性労働力の確保のため、港町ウィネバは奴隷市場に特化し、もっぱら女奴隷のみを売りさばくようになった（Kea 1982）。一方、その対極にあったのは、時には小さな国家さえ支配した女性たちである。すでに言及したが、その中に、太平洋奴隷貿易で成功し、短期ではあったが共和国を樹立したビビアナ・ヴァズがいたのである。

一方、アイドゥーは、一七世紀末から一八世紀にかけてのアサンテ地域の軍事化によって女性は政治権力から排除されていったと論じている（Aidoo 1981）。閉経前の女性は兵役に参加できなかったからである。このように、国家が次第に軍事力を持った男性によって支配されるようになるにつれ、女性が行政に関わるチャンスは減少した。にもかかわらず、支配層の女性の中には、アサンテへマーの称号を持つ王母の地位を手に入れた者もいた。

国家形成のプロセスにおける女性の最大の関心事は、おそらく、こうした強大化する国家と親族体系との関係だった。女性は親族にもとづくさまざまな権力関係を国家機構の中に持ち込むことができたからである。ヨーロッパとの貿易が展開した時代に建設されたダホメー（ベニン）は、そうした複雑な歴史過程をよく示している。アジャランドからの移民によって一六二五年頃に建設されたダホメーは、アラーダやウィダーといった南部の姉妹国家とはかなり異なる発展をした。初期のアジャ国家が親族イデオロギーを国家間の連結を保つために利用したのに対し、ダホメーは忠誠心を惹起させる強力な王を中心とした支配イデオロギーを発展させた。ダホメー王国を譬えれば、国家が穴のあいたポット、王は、臣民がそのポットに貯めておかねばならなかった水に似ていた。市民はもはや親族の絆にではなく、むしろ国家に所属して王に奉仕しようとする意欲によって鼓舞されるようになった。同様に、一種の実力主義のイデオロギーも、リネージにかわって王への奉仕に存立基盤を移した（Akinjogbin 1972）。

しかし、親族イデオロギーが完全に廃棄されたわけではなかった。国家は村落に見られたリネージ構造を基盤としていたからである。実際、権力の中枢を担うようになったダホメーの王宮は、一夫多妻の世帯から発展し、何人かの強大な権力を持つ女性と、限定的な権力を与えられたその他多くの女性から構成されていた。王は明らかにそこでの支配者であったが、王母もまた大きな権力を持っていた（Bay 1995）。まさに、王宮は階層化された女性の館であり、一九世紀に入るころには八〇〇〇人もの女性が暮らしていた。これらの女性の多くは、アホシと呼ばれた王の妻か召使であった。一八世紀末の資料によれば、その内の八〇〇～一〇〇〇人ほどが肉体関係をもつ実際の妻だったという。そのほとんどは、戦闘によって捕らえられてきた女性であったが、リネージがそれぞれ王宮に差し出した娘も含まれていた。一八世紀初頭までに、王は王国中に代理人を派遣して妻とする娘を提供させるようになっていたのである（Bay 1997）。この慣行は、王国の中枢権力とリネージとの利害関係を樹立するのに役だった。それゆえ、富裕な権力者は、王宮内の権力基盤を確立するため、必要以上に多くの娘を王に差し出した（Bay 1997）。

アホシは一種の警察力としての奉仕を含め、さまざまなサーヴィスを王に提供した。一七二〇年代にダホメーを旅行したヨーロッパ人は、「王の妻たちは王が下した裁定を実行する。王に逆らった高官の家には三～四〇〇人の妻たちが派遣され、ただちにすべてを奪い取り、陽気に打ち壊す」と報告している（Bay 1997, p. 347に引用）。不幸にみまわれた家の女性たちは、しばしば王のアホシになった。ダホメーが最初に女性を兵士として登用したのは、アガジャ王の下で王国が拡大していた一七二〇年代のことだった。ゲゾ王（一八一九～五八年）は女性兵士を訓練し、一九世紀のヨーロッパ人旅行家はそれをアマゾネスと呼んだ（Bay 1997）。

アキンジョビンが述べているように、一八世紀のダホメーでは「絶対的な王権と効率的な内政の発展」が見られた（Akinjogbin 1972, p. 334）。王宮の女性たちはこのプロセスで重要な役割を演じた。一八世紀最大の権力を誇った王テベス（在位一七四〇～七四年）は、この中央集権化を進めた張本人であるが、王母フワンジレの権力なしにはそれを達成し得なかった（Bay 1995）。他の王母と同じく、フワンジレはダホメーが征服しようとしていた地域から捕虜として連行されてきた女性であった。一八世紀中葉、ダホメーの関心は、フワンジレの生まれ故郷ホメを含む南部と西部のアジャに向けられていた。テベス王はホメを行政の中心地とし、そこにフワンジレのための宮殿を建てた（Bay 1997）。新たに征服した地域から王母を選ぶというこの慣行は、征服地に対する支配を固めるのに役立った。これは、王国内のリネージから娘を要求する慣行と同じだった。王母は征服地についての情報提供者の役を果たしたが、新しい臣民にダホメー政府内の役職を提供することもあった（Bay 1995）。

王位に即いた時、テベスは南方の強大な国家オヨからの攻撃を受け、反逆者によって王位を狙われるという危機に直面した。フワンジレはテベス王の権力を固めるために大いに力を貸した。王と力を合わせて、反逆者を支持する司祭たちの権力を一掃したのである。そして、司祭たちの在来宗教にかわって、自分の故郷の神々を導入し、普及に力を入れた。その努力は実を結び、今でもダホメー（ベニン）で崇拝されている神々の内のいくつかはフワンジレと関連づけて記憶されている（Bay 1997)。フワンジレのような王母は王の権力基盤を固める手助けをしたのみならず、そもそも王が権力の座に就く時にも手を貸した。多くのヨーロッパ人が記録にとどめているように、いかなる王も、権力を持った王宮の女性の承認なしに王位にのぼりつめることはできなかった。王に直接話をするのは王母だった。そして、王母のみが王が死んだ時を知っていた。それが、王母に次の王に選ばれる人物に影響力を行使するための時間とチャンスを与えたのである。

近隣のベニン王国（ナイジェリア）では、領土が劇的に拡大するにつれ、イヨバというタイトルが確立した。この拡大は、ポルトガル人傭兵の来航と関連していた。明らかに、ポルトガルによってもたらされた武器によって、ベニンは優位に立つことができたからである。最高権力者の女性でも、決してオバ（ベニン王の称号）と直接話をすることはできなかった。その女性とは王母のことであるが、彼女は、オバの後継者となるべく運命づけられた最初の息子を産むことによって最高権威を手にした。王母に与えられた男性に匹敵する権力は、典型的な母親としての役割に対する報償であった。例えば、息子オバ・エシギエのために活動することを通して、王母イディアはベニン王国の発展に貢献したと記憶されているのである（Kaplan 1993)。おそらく王母のオバに対する権力を制御するために、彼女は使者を通してしかオバと話をすることが許可されていなかったと思われる。

次期オバを産んで王母として認知された女性は、後宮で生活していたオバの妻たち（王妃）の間での激しい競争を勝ち抜いた女性である。ベニン王国において、王妃は重要な国家的機能を担っていた。王国中の女性が、こうした妻たちの中におり、王国をひとつにまとめる重要な役割を演じていた。女奴隷や宦官によってかしずかれた王妃たちと直接交流できたのは、唯一オバの家族と王妃に仕えるために王妃の家族から選ばれた女性たちだけだった。王妃たちは農村部、特に生まれ故郷に財産を所有しており、そことの連絡は使者を通して維持されていた（Kaplan 1993）。このベニン王族の後宮の拡大は、南部ナイジェリアにおける帝国建設の成功例を象徴するものであった。王母の権力は、この帝国拡大における女性のユニークな役割を代表している。

一九世紀になって、ヨルバ人（訳注―ベニン王国の担い手）やヨーロッパ人の権威についての考えが以前より強まると、王の妻たちの役割は縮小した（Bay 1995）。ヨルバ人が王族と男性の権威を非常に重んじるようになったからである。

以上のように、交易の展開と国家形成のプロセスは、ジェンダーの役割とその関係に大きなインパクトを与えた。概して、この時期には交易の展開にともない女性の間に階層分化が進展し、国家はより強大化した。こうした展開にきわめて重要な役割を演じた女性は、行商人として新たに発展しつつあった都市部の手工芸品生産者や長距離交易人や宗教的職能者を支えた。都市化はこうした行商人の存在なくしては不可能だったと思われる。しかし奢侈品交易を独占したのが男性であったということは、男性が女性の上位に位置づけられたジェンダー階層を反映している。

女性の間で見られた階層分化の進展は、奴隷制の拡大に原因があった。男性は大西洋奴隷貿易に投入され、アフリカ社会に留め置かれたのは女奴隷が多かった。したがって、こうした奴隷制の発展から利益を引き出したのは、女奴隷を所有することによって農業や家事から解放された自由民の女性、とりわけ上流階層の女性だったからである。

親族イデオロギーに依存した国家形成も、女性に大きな影響を与えた。このイデオロギーは、女性の男性に対する労働義務を基盤としていた。にもかかわらず、この時期の国家は上流階層の女性に重要な役割を振り当てることもあった。ヨルバ人のイヤロデのような女性の中には、女性集団による政治活動を通して権力を手にした者がいたし、ダホメーの王母のように、男性の支配者によって選ばれる女性もいた。ジェンダーや交易や国家形成がいかに女性の生活に影響を与えたかを詳細に再現することは困難であるが、しかし、どこでも男性が女性より大きな権力を掌握していたことは疑いない。しかも、女性の政治的・経済的権力は、女性の階層分化の質、女性のネットワークが持つ力、あるいは親族に対する女性の義務の性格といったさまざまな要因ゆえに、地域によって多様だった。

第四章　一八〇〇年までの中西部アフリカ

（キャシー・スキドモア＝ヘスとの共同執筆）

この時期の中西部アフリカの女性史は、西部アフリカの沿岸地域の女性史と同じく、ヨーロッパとの貿易の展開や、その貿易を支配しようとする小国家の発展がどのような影響を女性に与えたかというテーマを扱ってきた。その結果、この地域の女性たちも、こうした変化からさまざまな利益を引き出していたことが明らかになってきた。奴隷貿易やポルトガル人の侵入による混乱の中で指導的能力を発揮した女性はその一例である。

中西部アフリカにはバントゥー系の言語を話す人々が住んでいたから、この地域一帯が似たような歴史を辿ったとしても驚くにはあたらない。バントゥーは、アフリカの主要な言語集団のひとつである。紀元前六世紀、バントゥー語を話す人々は、森林地帯での農耕を可能にした鉄製の鍬を製造する技術を武器として、現在のナイジェリアのベヌエおよびクロス・リヴァー地域から移動を始めた。二次的な文献は、女性がバントゥー人口の爆発的増大に演じた役割について、ほんのわずかしか明らかにしてはいない（Vansina 1983）。ただ、バントゥー系の人々が中西部から中部、南部、および東部全域に植民するにつれて穀物や根菜類が普及していった背景には、農耕における女性の決定的役割があったことを想定することができるだろう。ほとんどのバントゥー系の社会では、母系制であろうと父系制であろうと、父方居住を行なっていた。それゆえ、女性が、生まれた村と夫の村との掛け橋となって、考え方や技術などの文化を広める役割を果たしたと考えられる。

一五世紀末にポルトガル人がやってくると、沿岸部の女性の生活は奴隷貿易に支配されるようになった。西部アフリカと同様、中西部の諸地域からヨーロッパとの貿易に投入された奴隷は男性だった。女性は域内奴隷交易に投入され、リネージに対抗する貴族の権力を強化した。コンゴ（コンゴ共和国）では、ムウィスィコンゴ一族による中央集権的な君主制が確立すると、奴隷は、王（称号マニ）と貴族層にとっての部下を拡充するための要員となった。この一族は、ポルトガル語とキリスト教という異なる文化を持ち、奴隷労働に依存したプランテーションと農村の余剰作物の貢納制によって支えられた都市的ライフスタイルを発展させた（Broadhead 1997）。上流階層の宗教だったキリスト教が、女性にどのようなインパクトを与えたかは不明である。

一七世紀の農業は、次第に新大陸から導入された新種の作物に依存するようになり、しばしば生産関係を変化させる要因となった。例えば、キャッサバは女性労働の需要を増大させ、性別分業を女性に不利な方向へと展開させた。女奴隷が担ったに違いないこの重労働は、流産率を高め、おそらく中絶数の増加さえもたらしたと思われる（Vansina 1983）。

女性は国家権力を集中するプロセスにも積極的に関わった。コンゴ王国は約一二の村落に分かれ、そこではマルキスと呼ばれる役人が地租を徴収していた。支配層はしばしば、この役職を手にいれるために女性の力を必要とした（Thornton 1983）。重要な収入源の管理をめぐるこのような状況は、一般的には同年齢の男性に従属していた女性の中にかなりの権力を掌握していた者がいたことを示している。その他の女性の権力者としては、貴族の僚妻頭を挙げることができる。彼女は、数百人もの妻や奴隷を統轄していた。また、一六〜一七世紀に女性がコンゴの社会基盤であった母系集団の首長になることも珍しくはなかった（Hilton 1985）。最後に、女性は、王国の中心部で王の権力を調整していた評議会ネ・ムバンダにおいて重要な役割を演じていたことを指摘しておこう。この評議会のメンバー一二人の内四人は女性であり、寡婦となった王母、あるいは王の叔母や姉妹がしばしばその任にあたった。また、女性首長のタイトルとして唯一知られているのがンズィブ・ムプングであり、彼女は来世を取り仕切る力を与えられていた（Hilton 1985）。

コンゴのような王国が長期にわたって存続することは困難だった。その理由は、小国家が次々にポルトガルとの貿易に参入すると、在来のリネージが、農村を基盤とした上流階層による貢納制支配を弱体化させるとともに、災害が国家の農業計画を脅かしたからである。地域の不安定性は、ンジンガという名の女性が多くの女性を斥けて台頭し、支配権を掌握することを可能にした。ンジンガは政治的・宗教的な特権的地位を獲得するために、王族の女性が持つ外交的な絆と地位をうまく利用した。一六二〇年代初頭、ンジンガの義理の兄弟であるキルアンジェ人のンゴラが深刻化する王国の経済問題に対処することができないことが明らかになると、それに乗じて彼女と彼女の姉妹たちが権力を掌握した。ンジンガが宮廷をポルトガル人の支配地域の近くに移動しようとしないということがわかると、ポルトガル人はインバンガラ人の傭兵や王国内の不満貴族と結託して他の者を王位に即けようとした。旱魃や内戦、あるいは侵略に直面して、ンジンガは東方へと移動した。その後、彼女は定住地をめぐって、ポルトガル人と交渉しようとした。ポルトガル人がンジンガとの交渉に乗り気でなく、合意に達しそうにないことがわかると、彼女はより柔軟な権力構造を採用した。その結果、ンジンガは敵からうまく逃れるとともに、インバンガラ傭兵の一部の忠誠を勝ち取ることに成功する。傭兵と、かつてンジンガが支配していたンドンゴ王国からの大量の難民の支援を得て、ンジンガはマタンバ地域に国家を再建し、奴隷貿易と織物交易のネットワークに兵士を投入して経済的基盤を拡充した。

ンジンガの名声は、彼女が権力を掌握していた一六五〇年代に頂点に達した。当初、やむを得ず、象徴的に男性と結びついた役割を演じていたンジンガは、次第に女性的なシンボルを王族の権威と結びつけはじめた。死ぬ前に彼女は妹のカンボを後継者に任命した。カンボは上流階層とインバンガラ傭兵軍の司令官との対立から生じた内戦を防止する個人的権威やカリスマ性に欠けていたが、ンジンガの威光はまだ残っていた。一八世紀にもマタンバの王位に即いた女性たちがいたと思われるし、ポルトガル人に対するンジンガの抵抗を記念する多くの伝説も残っていると考えられる(Heintze 1981; Parreira 1990; Skidmore-Hess 1995; Thornton 1991)。

ンジンガが、政治的混乱期に王族の女性としての地位を強化するためにうまく宗教的イデオロギーを利用したのと同じように、キンパ・ヴィタ（ポルトガル人の間ではドナ・ベアトリーチェという名前で知られていた）も、支配地域の安定化のためにさまざまな宗教的イデオロギーを駆使した。当初、女性の不妊問題をあつかう組織の中で頭角を現した彼女は、時が経つにつれ、運動の焦点をカトリックの多産と豊穣のイメージに絞った。とりわけ彼女は赤児のイエスを抱いたセント・アントニーを強調した。

一八世紀のコンゴ王国では上流階層による支配が解体しつつあったが、キンパ・ヴィタの運動は、これに歯止めをかけようとした貴族の試みを代表するものだった。一六八六年、貴族の家系に生まれたキンパ・ヴィタは、一六世紀の貴族の女性が享受していたはずの特権を持っていなかった。ムウィスィコンゴ人が首都を捨て各州への分散を余儀なくされた時、上流階層の女性たちは、上流階層出身の姉妹や娘としての影響力を失うと同時に、権力をも失ったからである(Broadhead 1997)。

そこでキンパ・ヴィタは、中央政府への復帰を望む上流階層の人々と、平和を願う平民との両方に訴えるべく運動を起こしたのである。

一七〇二年、死に直面したキンパ・ヴィタは、セント・アントニーが彼女の身体の中に入ったと宣言した。彼女が展開したセント・アントニー運動は、死に関するコンゴの信仰と深く結びついており、キリスト教に改宗していた多くのエリート層にも衝撃を与えた。運動の初期、キンパ・ヴィタは直接的な宗教経験を奨励し、カプチン宣教団や司祭階層の首長や王たちの影響力に挑戦したが、後に、コンゴ中を旅して王国の再統合を呼びかけ、司祭として活動した多くの「小アントニー」を中心とした階層構造を樹立した。しかし、結局のところ、彼女は、自分が批判した司祭階層の首長やカプチン宣教師たちの特徴を引き継いでしまった。サン＝サルヴァドルに居を構えた彼女は、貴族たちに、首都に戻り、自分が選んだコンゴの新しい王に従うよう要求したのである（Hilton 1985）。コンゴ王を即位させる権限を主張したことにより、結局、彼女は王位継承を狙う人々の間に敵意を醸成してしまった。彼女は、自分の教理に多くのキリスト教的要素を採り入れたが、カプチン司祭たちは彼女が自分たちの権力を脅かしていると考え、彼女を打倒する計画を立てたのである。

コンゴの農耕民は、キンパ・ヴィタの平和への呼びかけと王国の再建に共鳴し、一七〇五年に再びサン＝サルヴァドルに再定住した（Thornton 1983）。イタリア人のカプチン宣教師ベルナルド・ダ・ガロは、首都に再定住するようにとのキンパ・ヴィタの訴えに耳を傾けた農耕民に対し、次のような不快感を表明している。

それゆえ、人々は、聖者とおぼしき者を崇拝し、生まれ変わった故郷を見、友達に会うために移動した。ある者は不思議にも健康を回復し、ある者は故郷を再占拠する先駆者となり、たちまちサン゠サルヴァドルの人口は回復した。このようにして偽聖者はコンゴの再建者となり、支配者となり、主となった。そして誰からもそのような者として崇められ尊敬されたのである。

（Thornton 1983, p. 109 からの引用）

不幸にしてキンパ・ヴィタは敵の一派に捕らえられ、反逆と異端の罪に問われ、死刑に処せられた。

男性が支配することが常識になっていた社会において、明らかにキンパ・ヴィタの権力志向は正統性に欠けていた。彼女は覇権をめぐって生じた危機的状況の中で、非合法的に頭角を現した多くの権力者のひとりにすぎなかった。この危機的状況は、ヨーロッパとの貿易の拡大、内政へのポルトガル人の介入、国家を建設してこの地域を支配しようとする試みなどから生じたものである。コンゴに上流階層による支配を再建しようとした彼女の試みは、こうした危機的状況が、ごく少数の卓越した女性にチャンスをもたらしたことを示している。しかし、その他の大多数の女性にとっては、ヨーロッパ人が新種作物を導入し、支配的な上流階層が奴隷と平民から大量の貢納品を搾取しようとするにつれて、ますます労働の負担が増加したにすぎなかった。

第五章　一九世紀の西部スーダーン地域

ハウサランド（ナイジェリア）の政治状況は、一九世紀初頭にウスマン・ダン・フォディオに率いられたジハード（聖戦）によって劇的な変化を強いられた。教育を受けたフラニ人によって行なわれたこのジハードにより、都市国家はイスラーム首長国にとってかわられた。女性の地位について関心を持っていたウスマン・ダン・フォディオは、しばしば女性の正しい扱い方について言及している。つまり、女性は夫によって隔離され統制されるべき存在であるというのである。しかし、同時に彼は女子教育を提唱し、女性は、教育の機会を与えない夫や、アッラーの教えに正しく従わない夫には服従しなくてよいと命じた（Ogunbiyi 1969）。この信念にもとづいて、ウスマン・ダン・フォディオは、自分の妻や娘を教育した。フォディオ一家は、少なくとも五世代にわたり女性のインテリを輩出している。彼女たちは、フラ語・アラビア語・ハウサ語で作品を書き、それらは今も保管されている。彼女たちの作品は、新たに台頭した首長国の理念を擁護しつつ、同時代の人々が直面したいくつかの重要な問題に焦点を当てている。ジーン・ボイドは次のように論じている。

彼女たちは意志的に、かつ目的意識を持って、時には燃えるような情熱の中で執筆した。そして、教え、説教し、叱り、警告し、勧誘し、嘲った。彼女たちは記録された出来事を整理し、整頓した。また、死者の謙虚さ、信心深さ、学識の豊かさ、謙遜さ、寛大さ、親切心といったような美徳を褒め称える挽歌を作った。しかし、彼女たちは、美、富、衣装のエレガンス、権力、肉体的な力、武術といったことには言及していない。（Boyd 1986, p. 130）

ジハードは、ダン・フォディオが予測しなかったような影響を女性の生活に与えた。例えば、ジハードによって社会が不穏になると、多くの女性は奴隷化の危険にさらされた。しかし、平和が回復すると、奴隷狩りの危険が遠のき、女性たちはそれを歓迎した。その一方で、外部から奴隷がもたらされるようになり、首長国の奴隷制が劇的に拡大した。こうした奴隷のほとんどは女性だった。女奴隷は、小さな農園で主人と一緒に働くか、十数人から千人規模のプランテーションでの労働に従事させられた（Lovejoy 1988）。こうして、スーダーン地域の西部一帯では奴隷制プランテーションが展開し、自由民の女性の仕事に影響を与えた（Klein 1997）。例えば、一九世紀に奴隷はこうした女性たちにかわって塩の製造に携わり、域内の増大する需要に対応した（Lovejoy 1986）。また、この時期、貴族層のマラカ人女性は、奴隷によって農作業から解放され、インディゴ染めの布の生産を拡大することができた。それゆえ、女性たちは、莫大な利益をもたらしてくれる奴隷労働力、なかんずく、自分たちの労働を代行してくれる女奴隷への需要をますます高めた。しかし、綿布生産には男性の奴隷を使用した。厳格な性別分業の境界を越えて男性の奴隷が女性の仕事を行なうことは、この地域では珍しいことではなかったのである（Olivier de Sardan 1997; Roberts 1984）。

貴族層のマラカ人女性にとって不幸だったのは、男性所有の奴隷による生産が、自由民の女性の生産と競合しはじめ、その経済資源を脅かしたことであった（Roberts 1984）。女奴隷と異なり、自由な外出を禁じられていた上流階層の女性は、日没以降にのみヴェールをつけて外出できた。奴隷と上流階層の女性との違いは、カノとバウチの間にあるチェディヤという町のイマームが一八六五年に書いた次の詩の一節からも窺える。「農場の仕事は、知っての通り、妻にはふさわしくない。妻は自由民であり、［奴隷のように］草刈り仕事をさせてはいけない」(Lovejoy 1981, p. 220)。

とはいえ、すべての女奴隷が農耕に従事していたわけではない。富裕な男性交易人や学者の中には何百人にものぼる奴隷の妾を抱えていた者もいた (Klein 1997)。こうした女奴隷は、やがて、主人の子供を産むと解放されるというイスラームの規律を知ることになるが、もちろん、すべての主人がこの規律に従ったわけではない (Oliver de Sardan 1997)。

ハウサ人のジハードもまた、ハウサ女性の隔離を強化し、その結果として都市部における女性の労働に変化をもたらした。畑での労働ができなくなると、女性たちは手工芸品や食品加工の技術を発展させ、子供や親族のネットワークを利用してそれを販売した。こうした活動からの収益が、女性の個人的な富を増加させることもあった (Coles/Mack 1991)。しかし、隔離が女性の事業の拡大を妨げた。女性たちは織物産業のほぼ全領域を掌握していたにもかかわらず、男性のように労働力を効果的に組織したり動員したりすることができなかった。そのため、女性の織物産業はソコト王国（ヌペとイロリン）の南部地域にとどまっていたが、男性はその中北部に大規模な企業を展開することができたのである (Kriger 1993)。

一九世紀の政治的変化も、上流階層の女性と国家権力との関係に大きな影響を与えた。新しい政治体制が出現すると、女性は実質的にその行政組織から排除された。例えば、バウレ王国（コート・ディヴォアール）の設立後、王（サルキ）は王母（マガジヤ）による介入を遮断した。それゆえ、王母の地位はフラニ人の台頭後六〇年もの間空席になっていた。その結果、支配層の女性たちは行政におけるもっとも権威ある地位を失うことになった。後にこの地位は復活するが、もはや王母が王の決断を拒否する権限を取り戻すことはなかった。彼女の主な役割は、王族女性の最初の結婚と出産時の儀礼を司ることに限定された。イヤはボリ信仰を通して、離婚した女性を統制し続けたが、この信仰自体も国家宗教としてのイスラームの影響力が増大するにつれて権威を喪失した（Smith 1978）。

以上述べてきたように、概して、ソコト王国が権力を確立するにつれて、フラニ主導のジハードが女性に与えたインパクトは多様かつ矛盾したものだったといえるだろう。支配層の女性は政治的・宗教的権力を失ったが、この変化の源は過去六世紀におよぶ国家体制の変容にあったのである。こうして、次第に女性隔離が普及していった。しかし同時に、ウスマン・ダン・フォディオは妻たちを公正に扱い、娘たちに教育を受けさせるよう指導もした。ジハードが終わると平和がもたらされ、ハウサランドの女性たちは奴隷化される危険から解放されたが、そのかわり王国の外部で行なわれた戦争が、多くの女奴隷をもたらした。この地域の経済が拡大するにつれ、女奴隷は、ますますプランテーション労働に従事させられるようになっていったのである。

第六章　一九世紀の西アフリカ沿岸部とその後背地

西部アフリカの沿岸地帯に住む人々にとって、一九世紀は混乱の時代だった。重要なことは、この時期、ヨーロッパとの貿易の主要な商品が奴隷から食料品へ変化し、それがこの地域の社会内部の発展と結びついて、奴隷狩りの増大をもたらしたことである。それ以前、奴隷商人は捕らえた男性をヨーロッパ人に売り渡し、女性を家内奴隷として手元に置いていた。やがて大西洋奴隷貿易の衰退とともに、奴隷の男女比は均衡化した。しかし、女性は男性よりもやはり奴隷にされやすかった。男性は略奪の時に殺されたからである。女性はますます弱い立場に置かれたが、小商品生産部門で頭角を現す女性も多くいた。このパターンは一九世紀に出現しはじめ、植民地時代に顕著になった。特に小商品取引きは、多くの女性に普通では入手できなかった自立のチャンスを与えた。女性にとっての唯一の選択肢であったこの取引き部門が、実は、発展の見込みのない経済領域であることは、二〇世紀になってから明らかになる。

1　交易と生産

自給経済を担っていた女性は、流通に活動領域を広げることによって、一九世紀の貿易の活性化に対応した。家族を養う義務を負っていたため、女性は流通からの収益に引きつけられたのである。

その結果、女性は農耕だけに依存していた時より多くの収益を親族に提供できるようになった。ひとたび家族を養う義務を果たすことができるようになるや、女性は収益を自分のために使うようになった。現在のナイジェリアに住むイボ人の中には、そうした女性が収益を投じて相応のタイトルを購入することもあった。女性も男性もこうしたタイトルを持つことができたが、男性のほうが富へのアクセスが容易だった分、女性より有利だった。アマディウメがンノビ・イボ人について論じているように、「妻の入手、富の取得、権力と権威の行使の間には直接的な関係があった」（Amadiume 1987, p. 42）。男性は女性と結婚することによって自由に使える労働力を増やすことができた。妻は夫の土地で働き、娘を産み、その娘から男性は婚資を入手した。しかし、成功した女性もまた女性を妻として迎え、その労働力と子供を支配することができた。イボ人は女性が「男性」になれるという柔軟なジェンダー構造を持っていたため――つまり、この女性は通常男性が行なうとされた役割を演じることができたため――「女性婚」は彼らのジェンダー観念や性別分業を混乱させることはなかった。アマディウメは、「女性夫」に関する議論の中で、生物学的な性と、社会的に構築された性とを混同しないよう読者の注意を促している。性別分業はイボ社会の特徴ではあるが、女性が男性のアイデンティティを持つこともあったのである。

ジェンダー構造におけるもうひとつの柔軟性の事例は、アマディウメが「男性娘」（male daughter）と呼ぶ現象である。それは、父親に溺愛された娘や男性の相続人がいない家族の娘が、幸運にもリネージの長となり、土地やその他の財産を男性にかわって相続する場合に見られた。こうした幸運な父系リネージの娘は、そのリネージの妻たちにたいしては男性であるかのように振舞った。父親と娘と息子との間に存在する絆が、リネージの娘を妻よりも権威ある地位に押し上げたからである。アマディウメは女性になった男性の事例を紹介していない。それは男性が女性より価値があるとされる社会において、男性が有利な立場に位置づけられていたことの証である。

一九世紀、妻を娶りタイトルを入手することのできた女性の数は、この地域の階層分化が進展するにつれて増加した。このような階層分化は、交易が自由民の女性の主要な職業であった農耕にとってかわりはじめたヨルバランドでも見られた。男女の奴隷が女性のかわりに農耕を担ったからである。この変化をもたらしたのは、ますます進行する都市化と新種作物の導入などによる農業部門の近代化であった。奴隷人口の増大もまた、自由民の女性を家事と農耕から解放した。アフォンジャが記しているように、農業からの女性の撤退は、女性が農耕と流通をリンクさせていた農村地域より都市部で急速に展開した（Afonja 1981）。

しかし、一般的に言って、一九世紀に女性が換金作物交易に参入するようになると、女性の交易規模は拡大した。換金作物の重要性の増大は、ヨーロッパとの貿易の変化を反映していた。この変化は、とりわけ、イギリス人が沿岸部の商人から入手していた奴隷にかわって食料品や果樹作物への需要を高めるにつれ加速した。アフリカ人は、この変化にアブラヤシ生産の拡大によって対応した。それは土着の社会構造に大きな影響を与えたに違いない。アフォンジャが論じているように、換金作物生産は、土地、労働、資本といった生産手段の価値を変化させたからである。こうした変化は植民地時代を通じて一層明確になるのだが、その源は、リネージが土地と家族労働に対する支配権を失った一九世紀に発しているのである。個人所有が父系リネージのメンバーによる土地支配にとってかわると、土地が資本蓄積の中心となり、自給用作物の需要はもはや農業の核心部分ではなくなった。多くの女性がこの土地をめぐる新しい競争の中で不利益を蒙った。土地を相続するのは男性であったし、それが男女間の不均衡な権力構造をますます増大させたからである。

2　女性の組織

ジェンダー・イデオロギーが女性に不利な状況を作り出していた中で、女性は組織を通して自分たちの声を発信していた。例えば、ンノビ・イボ人の社会（ナイジェリア）では、父系リネージの娘がウヌ・オクプという組織を構成していた。その主導権を握っていたのは、最年長の娘であった。ウヌ・オクプはリネージ内の紛争を調停する補助的役割を演じたり、女性たちが公正に扱われているかどうかを確認したりもした。一方、妻たちはイニョム・ディを組織していた。この組織は、結婚を通して参入した父系リネージへの責任を果たせるよう妻たちを支援することを目的としていた。同時に、この組織は女性の協力と団結の必要性も強調した。そして、妻であろうと娘であろうと、すべての女性は女性評議会イニョム・ンノビの支配下に置かれていた。ウヌ・オクプとイニョム・ディとは対照的に、この女性評議会の指導者は年齢よりむしろ経歴や個人の資質によって選ばれた。評議会は女性の福祉を業務としていたが、同時に罰金を課すことによって女性に正しい振舞いを強要した。評議会は夫の暴力から女性を守ったり、男性の長老が女性の利益に反するような決定をした場合に、女性の味方になった。必要とあれば、日常的な仕事を遂行することを拒否するよう女性たちにストライキを呼びかけることもあった。このように、三つの組織が協調して女性の利益を守っていたが、しかし女性の利益に対立するような方向に働くこともあった。父系リネージの娘と妻の利害が対立する場合があり、そんな時には女性の評議会も手出しできないことがあったからである。

加えて女性評議会は、男性から女性を守ると同時に、女性に正しく振舞わせることにも責任を負っていた。

シエラ・レオネの秘密結社ブンドゥも同様に、プラスとマイナス両方向のインパクトを女性に与えた。このことを検証しようとした研究者がいる。例えば、ホッファーは、いかにブンドゥが女性に政治的権力を与えたかを論じる一方（Hoffer 1972; MacCormac 1975）、ブレッドソーはブンドゥが年配の女性にのみ権力を与え、若年層の女性を抑圧していたと論じる（Bledsoe 1980）。実際、すべての女性が参加し、女性の生活の全領域を統制していたこのブンドゥが、男性と年配の女性に若い女性への支配権を付与したと同時に、すべての女性の利益にも資し得た制度であったとしても驚くに当たらない。

ブンドゥはシエラ・レオネのメンデ人社会では、大きな政治的・社会的組織だった。一六世紀のポルトガル人旅行家も、こうした女性の連帯組織が存在していたことを報告している。この地域に最初に移住したと思われるマネ人が、ブンドゥによく似た入会式をもたらし、それが、一八～一九世紀に土着の社会に織り込まれたと思われる。ブンドゥは、その男性版であるポロと同じく、すべての自由身分の女性が加入することができたが、その組織は階層化されていた。組織の頂点には指導力に秀で、哲学や医療に関する一連の知識のテストを受け、それにパスした女性たちがいた。最下層には、通過儀礼で勇気・力・村落史についての知識を試された新しいメンバーがいた。若い女性がブンドゥに入会するためには、このテストにパスし、処女性のテストとクリトリス切除の証明が必要だった。こうした秘密組織に参加した女性のみが、村落社会に参入できたのである。ブンドゥの長老女性の承認なしに、女性が結婚することはあり得なかった。しかるべき男性との結婚を準備するのは、これら長老たちだったからである。このようにブンドゥに関する研究は、ブンドゥが女性全員に同等な利益をもたらすものではなかったことを明らかにしている。明らかに、成功を収めた女性の長老は、若く相対的に無権利状態に置かれていた妻よりはるかに多くの利益を得ていた。

3　女性と一九世紀の国家

一九世紀を通じて、奴隷貿易を支配しそれに参入しようとする試みが、西部アフリカ一帯の軍事化を推進した。例外はあったものの、国家機構における軍事力の重要性は、相対的に女性の地位を低下させた。多くの女性が、奴隷狩りの拡大によって引き起こされた不安定な状況の中で無権利状態に陥った。支配層に属する女性の中にも、国家権力にアクセスする権利を失った女性がいる。しかし、以下に述べるように、男性の権力者たちが政治権力を掌握する際に直面した軍事的あるいは経済的危機を利用して、頭角を現した女性も少数ながら存在した。

例えば、アサンテ人（ガーナ）は、女性が政治権力に参入する余地のほとんどない中央集権化した膨張主義的国家を発展させた。その中での例外は、男性の王アサンテヘネと権力を分有したアサンテ連合の王母アサンテヘマーであった。アイドゥーは王母の地位について次のように述べている。

国家の行政評議会のメンバーであり共同議長でもあった王母は、国家の重要事項が決定されねばならない時にはいつも出席を要請された。王母は、国家への神聖なる宣誓を含むすべての裁定を傍聴する義務があった。また、女性の評議員や役人に補佐された独自の法廷を持ち、それを取り仕切ってもいた。この独立した裁判権は、女性や王族のメンバーに関するすべての民事に関わるものであった。しかし、男性訴訟人が首長の法廷から王母の法廷に民事裁判を移すよう提訴する場合もあった。王母の法廷の方が、料金や罰金が安かったからである。(Aidoo 1981, p. 66)

明らかに王は王母より大きな権力を行使していたが、王母は王の候補者を任命する権限を持っていた。王母はアサンテ連合を形成している首長たちの承認を得る試みを三回行なうことができたのである。アイドゥーは、有能な王母の権力は、男性の指導力が混乱に陥った国家的な危機の中で増大したと論じている。通常の状況の下では、王母の権力はいくつかの要因によって制限されていた。第一に、王母は、自分を支えてくれるような関係を他の女性たちとの間に持っていなかった。つまり、王母は他の女性に対する支配権をもっていたが利害関係がなかったため、女性の集団的権力に支えられていたわけではなかったのである。第二に、王母は、男性の闘争性は評価するが、閉経前の女性の闘争性を評価しないという文化の中にいたことである。このように、閉経前の女性は、きわめて重要な軍事的場面からは排除されていたのである。第三に、このアカン人の母系社会が、女性は母親あるいは姉妹として尊敬されていたにもかかわらず、月経中の女性を恐れ、その公的活動を制限するという文化を持っていたことである。アイドゥーが指摘するように、戦闘に参加した王母はすべて閉経後の女性だった。このように、王母は例外的な女性として権力を行使し、しかも厳しい制約の中で活動せねばならなかった。

こうした制約にもかかわらず、何人かの王母は、イギリス帝国主義がアサンテ勢力に挑戦をいどんだ一九世紀に重要な役割を演じた。人々によって愛情をこめてアキャーワと呼ばれていたヤー・キャーという名前の偉大なる王母は、一八二〇年代、オセイ・ヤウ王とともに南方の戦場に赴いた。アクラのバーゼル・ミッションの宣教師C・C・ラインドルフは、すでに五〇歳に達していた彼女を、オセイ・ヤウ軍によって行なわれたイギリス軍からの戦略的撤退を承認しなかった「男まさりの女性」として描写している（Wilks 1988）。アキャーワは、この戦闘における王の戦略を公然と批判する権限を持っていた。閉経後の女性に付与されていたこの役割は、宗教的にも容認されていたと思われる。彼女は、その結果、アサンテとイギリスとの仲裁者として重要な役割を演じ、両者間の和平条約を実現させた。アキャーワの影響力は、アサンテ王国が沿岸部における貿易の支配権を失いはじめた時の混乱期を反映していたとも言えよう。

一八八〇年までに、アサンテの首都クマセは深刻な内政危機にみまわれた。その原因の一端は、アサンテがイギリス帝国主義に対抗できなかったことにあった。こうした軍事的敗北と宮廷クーデタの混乱期に台頭したのが、崩壊しつつあった王国の支配権を掌握しようとしたもうひとりの王母ヤー・アキャーであった。クマセを拠点とした有能な実業家であったヤー・アキャーは、政治家を買収し、戦争をしかけ、王母と王の支配権を簒奪する闘争を指揮した。彼女は母親を失脚させて王母の地位に就き、まだ幼なかった息子のプレムペ一世を即位させた。ヤー・アキャーの兄弟たちがこれに反対したため、兄弟たちの支持者が大勢命を落とすことになった（Aidoo 1981）。

事実上アサンテの支配権を掌握したにもかかわらず、ヤー・アキャーはイギリスの勢力に対抗することができなかった。イギリス人は常に彼女の「強い意思と決断力」（Aidoo 1981）をうっとうしく思っていた。彼女がクマセのイギリス人エイジェントを軽蔑することもしばしばあった。イギリス人が一八九六年にプレムペ一世を廃位するチャンスを摑んだ時、イギリス人はヤー・アキャーこそが真の実力者であるとして、両者をセイシェル諸島に追放した。この直接的な帝国主義の介入によって、強大な権力を誇った狡猾な王母の経歴に終止符が打たれた。彼女は一九一七年、七五歳で追放先のセイシェル諸島で死去している（Aidoo 1981）。前任者であるアキャーワと同様、彼女も混乱期に頭角を現した女性のひとりであった。このように、上流階層のアサンテ女性は一般的に一九世紀を通して政治的権力を喪失したが、上流階層の男性が国家権力の地位から脱落しはじめた時に権力を掌握することができた女性も少数ながらいたのである。

　一八八五年から一九〇五年にかけて、シエラ・レオネ後背地のメンデ人の首長であったマダム・ヨコは、奴隷狩りと軍事的攻略の中で国家権力を掌握することに成功した例外的な女性である。夫の死後、彼女はメンデ人の最大の分派であるクパー・メンデ人の支配権を掌握した。沿岸部のシエラ・レオネ植民地を拠点としたイギリス人を巧妙に操作することによって、彼女は権力の座に就くことができたのである。しかし、権力掌握の背後にイギリス人の役割が大きく関わっていたため、マダム・ヨコの支配の正統性については研究者の間で議論が分かれている。アブラハムは、メンデ人の他の女性支配者と同じく、彼女はほぼ全面的にイギリスの植民地支配に依存していたと論じる（Abraham 1978）[*]。一方、ホッファーは、首長に就くことを含めて、メンデ人の女性は、政治的場面でさまざまな活動をしてきた長い歴史を持っていることを強調する（Hoffer 1972）。つまり、マダム・ヨコのたぐい稀なる政治権力は、女性の秘密組織であるブンドゥに基盤を置いており、それゆえ、彼女の台頭は、女性集団の支持を得ていなかった王母の権力とは一線を画すべきであるというのである。

［＊文献リストに欠落］

マダム・ヨコはクパー・メンデ人の間にブンドゥの人気を高め、新しいブンドゥの入会式を発足させた。入会した若い女性の結婚を支配することによって、同盟関係を形成してゆくという彼女の能力は、明らかに政治的な効力を発揮した。クパー・メンデ人の権力者は娘をこの入会式に送り込み、中には娘を彼女の屋敷の一角に住み込ませる者さえいた。マダム・ヨコは、部下を増やすために男性の権力者が行なったような一夫多妻婚を利用することはできなかったが、そのかわりにブンドゥを活用したのである。ホッファーが示唆しているように、「マダム・ヨコは男性の大首長が行なえなかったことを行なった。つまり、彼女は、少女たちをブンドゥに取り込み、そして、彼女たちを夫に送り出すという両刀使いによって、政治的に重要な同盟関係を作っていったのである」(Hoffer 1972, p. 162)。したがって、ヨコの権力には社会構造に内在した支持があったと言えるかもしれない。

それにもかかわらず、沿岸部からもたらされるイギリス人の影響力は、マダム・ヨコがクパー・メンデ人の支配領域を拡大するにつれて、彼女に決定的な影響を与えたに違いない。この影響は、イギリス人がシエラ・レオネ後背地に非公式の帝国を拡大していった一世紀にわたる状況の中で、分析される必要があるだろう。明らかに、多くのアフリカ人支配者が、イギリス人を紛争に巻き込んでその軍事的支援を得たり、その財政的補助金に期待したりするようになったからである(Skinner 1980)。

軍事的拡張と内部抗争は、ジェンダー・イデオロギーと絡み合って、ナイジェリアのヨルバ人女性の生活にも影響をあたえた。女性たちはヨルバ内戦中、軍隊に食料を提供するために動員され、しばしば戦線の背後にマーケットを設営した(Ajayi/Smith 1964)。例えば、マダム・ティヌブは一八六四年のダホメーとエグバ間の戦闘中、エグバ人に食料を提供するという重要な役割を果たした。そもそも彼女が商人兼政治家としてラゴスで勢力を拡大したのは一八五〇年代のことだった。彼女は一時、イギリスに抵抗して追放されたが、一八六〇年代初頭のイジャエ戦争に乗じて再起を果たす。そして、その功績に対してイヤロデのタイトルを授けられ、一八七八年に没するまで重要な経済的・政治的権力者の地位を維持したのである（Mba 1982）。

戦乱期に設立されたふたつの新しい町ニュー・オヨとイバダンでは、その発展にともなって女性の権力を低下させるさまざまな変化が見られた。ニュー・オヨの王（タイトルはアラフィン）は、オールド・オヨよりも戦闘力に勝る中央集権的な国家を設立した。女性にとって不幸なことに、女性の利益を代弁するイヤロデの権力は、中央集権化された王の行政支配が確立するにつれて衰退した。王族の母親や宮廷の女性司祭たちは、女性の利害に関する決定権を持つようになったが、王族の女性たちと他の女性たちとの接触はオールド・オヨのイヤロデより縮小した。このようにして集団としての女性の利権は打撃を受け、イヤロデは集団的な女性の権力から切り離され、王母に近い存在になった（Awe 1977）。

しかし、イバダンのイヤロデは行政機構において重要な役割を演じるようになった。そこでは、ヨルバ人の難民が世襲より功績に依存した新しい行政機構を樹立したため、イヤロデは他の役人と同じように、町の軍事的成果に貢献することによって官職に就いたからである。軍事的拡張はニュー・オヨやアサンテで見られたように、総じて女性の国家権力へのアクセス権を低下させたと言えるかもしれない。しかし、イバダンやシエラ・レオネ後背地における女性の事例は、域内の軍事紛争に参加し、そこから利益を得た女性がいたことを示唆している。

4　台頭する買弁階級の女性たち

この地域の女性が直面した変化は、国家の分裂といった内的展開に起因していたが、外的要因が介在していたことも明らかである。とりわけ重要だったのは、大西洋奴隷貿易を抑圧しようとしたヨーロッパ人の試みと換金作物貿易の拡大、そして沿岸部におけるヨーロッパ人の貿易拠点の出現であった。こうした展開は、沿岸部の人々とヨーロッパ人商人や宣教師、あるいは役人たちとの接触をもたらした。それが、新しい買弁階級（ヨーロッパ人と協力し、そこから利益を得る実業家）を登場させたのである。女性はこの買弁階級の形成に重要な役割を演じた。

シエラ・レオネでは、きわめて複雑、かつ発展した買弁階級が生み出された。西欧をモデルとした植民地建設にとりかかっていたイギリス人は、工業化したイギリス社会の女性と同じような役割を、入植してきたアフリカ系のイギリス人やアメリカ人の女性（訳注―シエラ・レオネに送り込まれたアメリカやイギリスからの解放奴隷）に担わせようとした。ところが、イギリス人が驚いたことに、植民地に移住させられた多くのアフリカ人女性は、生活の糧を求めて交易に参入していったのである。経済領域への女性のこの積極的な参加は、女性隔離が進行していた社会からやってきたヨーロッパ人入植者や宣教師にとって懸念すべき事態だった。しかし、女性たちはヨーロッパ人商社との関係を利用し、一九世紀初頭には利潤の多い交易を展開するために、後背地に住む人々とのネットワークを樹立していった。イギリス人が連れてきたこれらアフリカ系の女性入植者たちは、フリータウンの人口増加を利用して、後背地との米や野菜や魚の取引きを拡大していった。一九世紀中葉までには、こうした女性入植者の多くが内陸部に交易所を設立し、同じくフリータウンに入植してきた男性交易人と対等に渡り合うようになった。また、フリータウンに拠点をおき、セネガンビアのような北西部やフェルナンド・ポーのような南東部にまで広がるディアスポラのゆるやかな交易ネットワークの中に参入していった女性入植者もいた。一九世紀末までに、フリータウンの入植者女性はシエラレオネとガンビア間の沿岸部のコーラ交易を独占するまでになった。

交易ネットワークを構築するにつれ、アフリカ系の女性入植者は、西欧や土着の文化的要素から、ディアスポラとしての凝集力を引き出した。なかんずく、かなりの数のムスリム女性は、他のムスリムとの間に交易関係を樹立していったし、正統性を確立するために、内陸部の男性と結婚する女性もいた。こうした交易人が女性秘密結社のメンバーになることによって、失った親族の絆のかわりに、かけがえのないコネクションと保護を入手することもあった。ブンドゥは、このようなよそ者の交易人が、商業関係において信頼され得ることを証明すると同時に、彼女たちがその地域の標準的な振舞い方から逸脱するのを防ぐ役割を果たしていたと思われる（White 1987）。

アフリカ系の女性入植者は、ブンドゥや結婚を通じて交易関係を拡大したが、時にはこうした入植者の女性交易人とその顧客との間で、対立抗争が起こることもあった。その結果、女性の交易人は、取引き先の土地の権力者が行なう略奪や放火、あるいは地域一帯を混乱させた紛争に起因する奴隷化を警戒しなければならなかった。彼女たちが直面した問題には、少なくとも二つの要因が関係していた。第一の要因は、彼女たちが男性の入植者と同じく、イギリス人との問題の多い関係を保持していたことである。そのため、時を経て、アフリカとヨーロッパとの関係が次第にヨーロッパ人に有利に展開すると、植民地の後背地に住む人々は次第にイギリス人やその代理人、あるいは買弁階級の入植者や宣教師と敵対するようになったのである。

第二の要因は、後背地に進出したアフリカ系の女性入植者が、ひそかに、既存のジェンダー関係を脅かすような行動をとったために引き起こされた軋轢である。つまり、彼女たちは、ある種の自律性をもって交易に従事したり旅をしたりしていたため、地元の男性支配者は、このライフスタイルが、そういうことを許されていなかった自分たちの社会の女性に影響を与えるのではないかと恐れたのである。実際、地元の女性の中には、家出をして、ディアスポラの女性交易集団に参加する者もいた。

女性交易人は、植民地の後背地からヨーロッパへの原料輸出の拡大に重要な役割を果たしていたが、イギリス人商人や政府の役人や宣教師たちは、こうした女性の存在を快く思わなかったようである。アフリカ系の入植者は、買弁階級の商人として大西洋奴隷貿易と競合する植民地建設を支え、アフリカとヨーロッパの関係がヨーロッパ人によるアフリカ人の奴隷化を基盤とすべきではないことを示してきた。しかし、植民地は創設者が望んだようなイギリス社会のモデルとは似ても似つかぬものだった。たしかに、入植者の多くがキリスト教に改宗して後背地の宣教師になった。読み書きの能力も、入植者社会にとって重要な要件となった。しかし、ごく一部のエリート女性を除き、入植者の女性がヨーロッパ的な役割モデルを模倣することはなかった。ほとんどの女性は、公的な男性の空間から排除されて家庭に閉じ込められるよりむしろ、植民地独特の活気にあふれた交易に参入することを選んだからである。こうした女性の中には、セネガンビアからフェルナンド・ポーにまで交易ネットワークを広げた者もいた。

女性の入植者がこのような自立を成し遂げることができた背景には、奴隷貿易によって引き起こされた混乱があった。一九世紀にアフリカ系の入植者社会が拡大した時、西部アフリカ一帯の男性は、かつての女性への家父長的支配権を再び取り戻すことができず、その結果、家族の絆は相対的に弛緩し、女性が自由に移動するチャンスを生み出したのである。

それと対照的に、近隣のケープ・パーマス（現在のリベリア南東部）では、キリスト教に改宗した女性が現地の人々から距離を置こうとして、交易や農耕から離脱した。送還されてきたアフリカ系アメリカ人の入植者やキリスト教宣教師たち、あるいは現地住民はすべて、西欧化されたキリスト教徒からなる「文明化」された特権的カテゴリーと、土着の「原住民」からなる非特権的カテゴリーという区分を受けいれていた。こうしたカテゴリーの具体的な意味内容は、この階層構造のどこに位置するかによって、かなり多様だった。「文明化」された文化や社会の規範は、ヨーロッパ船と交易し、ヨーロッパ船で働くクルーマンと呼ばれた男性によってまず導入された。そうした規範を確かなものとしていったのは、初期のアフリカ系アメリカ人入植者だった。彼らの多くは、シエラ・レオネの初期の入植者に共通して見られたように、「農村のプランテーション奴隷制を特徴とした人々でも、西アフリカの新しい文化的要素を特徴として備えた人々でもなく、むしろ、中間層の、ビジネス志向を持つ都市文化を身につけた人々」だった（Moran 1990, p. 58）。ジェンダー構造が、この特権的階層社会の出現とその再生産に重要な役割を演じた。「文明化」した女性は「文明化」した男性より厳しい行動規範に縛られた。しかも、下方向への社会的移動を経験する女性は男性より多かった。上方向への社会的移動さえ、女性にとっては犠牲をともなった。というのは経済的に生き残るために、女性は以前にも増して男性に依存しなければならない状況に陥ったからである。この場合、買弁階級の台頭は、女性に矛盾した変化をもたらしたと言えるだろう。

西欧教育を受け、キリスト教に改宗したラゴスやアベオクタのエリート層の出現は、ヨルバ人の間にも買弁階級が台頭したことを示していた。この新興階級は、シエラ・レオネの解放奴隷を主たるメンバーとしており、サロ人という名で知られるようになる。奴隷という過去とイギリス人宣教師の影響は、サロ人の女性たちを、他のヨルバ人女性とは全く異なる生活環境の下に置くことになった。むしろ、サロ人の女性たちは、シエラ・レオネ沿岸部のエリート層の入植者女性たちと多くの共通点を持っていた。フリータウンで見られたように、イギリス人との親密な接触を通して、サロ人はキリスト教とヨーロッパ的結婚制度を知ることになる。そして、エリート層の女性たちは、イギリス人が説くよりよい生活に惹かれて、一夫多妻制と婚資を破棄し、キリスト教的な結婚に惹きつけられていった。とくに既婚女性は、妻や子供たちに夫の財産を相続させるイギリス法に惹かれたのである。ところが、この法律は、慣習法の下に置かれた一夫多妻制下の妻や婚姻届けをしていない妻やその子供たちにとっては、けっして歓迎できるものではなかった（Mann 1985）。

しかし、キリスト教に則った結婚は、エリート層のヨルバ人女性やイギリス人宣教師が期待したようには展開しなかった。やがて、結婚の絆はいたってゆるやかなことが明らかになり、サロ人は、他のヨルバ人に比べても簡単に結婚・離婚を繰り返した。一夫一婦制にたいして懐疑的なエリート層の男性の中には、しばしば妾や慣習法上の妻を入手することによって、キリスト教的な結婚の規律を無視するものもいた。女性の中にも、夫に依存しすぎるヨーロッパ的な結婚に抵抗するものがでてきた。夫がしばしば家族の扶養義務を怠ったからである。捨てられた妻や、他の女性に貢物をする夫を持った女性は、生活の目処が立たなくなった。イギリスで多くの女性を憂き目に合わせてきたこの夫婦関係は、ヨルバランドでは特にもろいことが判明した。この夫婦関係を支えていたイデオロギーが、一夫多妻制や婚資の交換によって作り出される強い親族の絆、あるいは女性の自律的な経済活動などを含むヨルバ人の主流文化と対立したためである。さらに、一九世紀を通じ、独自の階級を確立しようとしてサロ人が制定した社会規範は、多くのヨルバ人女性にとって生き延びる手段だった交易への女性の参加を制約しようとしていた。一九世紀末になると、女性は自分たちの立場を強化するため、より大きな経済的自立を要求しはじめた（Mann 1985）。こうしたエリート層の女性たちは、明確な文化的標章を発展させ、経済的利益を追求することによって階級形成の一端を担うことになる。多くの女性が、エリート層の文化を発展させ、経済的な自立を手に入れるために女子校の設立に貢献した。また、市場や公道で物売りをしなくてもよい取引きの方法を見出した女性もいた。

このように、西部アフリカの沿岸地域とその後背地における買弁階級の成長は、この地域の階層分化が一層進展したことを示している。それまでも、女性という明確な利害関係を持ったひとつの集団があったわけではないが、女性の間の格差は、一九世紀になるとますます増大した。行商や換金作物の普及は、一部の女性に他の女性より大きなチャンスを提供したからである。イボ人（ナイジェリア）の中には、タイトルを手に入れて女性を妻に娶るようになった「女性夫」もかなりいた。しかし、大多数の女性は、豊かさとは無縁な状態に置かれ、家内奴隷制の展開の中で苦難の時を強いられた。男女の人口比は以前より均衡がとれてきたとはいえ、奴隷の多くは、相変わらず女性だったからである。

同時に、ニュー・オヨのイヤロデのような上流階層の女性たちは、集団としての女性の力を無視した集権的軍事国家の発展によって疎外され、政治権力を失った。しかし、アサンテのアキャーワやヤー・アキャーのように、上流階層の男性の権力基盤に生じた混乱に乗じて、国家機構の支配を掌握した女性もいた。

一九世紀を通じ、女性は自分たちの利益を代弁する組織を形成し、自分たちが統制するネットワークを設立した。イボ人の女性評議会やメンデ人のブンドゥのような組織は、女性たちにプラスとマイナスのインパクトを与えた。こうした組織は権力に勝る男性に対抗して女性の利益を保護したが、結局は、集団としての女性の不利益に資するシステムに女性を投げ込むことになったからである。そして最終的には、女性の利害が一致していなかったため、こうした組織は若い女性より年配の、しかも成功した女性の利益を代弁することになった。

第七章　一九世紀の中西部アフリカ

一九世紀を迎えた時、中西部アフリカの沿岸部一帯は、まだアフリカ人とヨーロッパ人による奴隷貿易によって支配されていた。その後、奴隷狩りの主要な地域が北方へ移行するにつれ、奴隷貿易が入り込んでいなかったこの中西部もその影響を受けるようになった。こうした変化は、特に女性に重大な影響を与えた。交易は、沿岸部の商業センター人口の圧倒的多数を占める男性によって支配されるようになり、そこでは男性が生活必需品を妻に依存せずに、購入できるようになった。コンゴ地域（コンゴ共和国）における社会的地位は次第にビジネス上の成功やコネクションに依存するようになり、それへのアクセスは男性に有利だった。こうした状況下で、上流階層の女性たちは、権力と影響力を失っていったのである。彼女たちは商館の別棟に住み、公的な行事から排除されることが多くなった。また、一般女性と結婚するよりむしろ女奴隷を購入することを選ぶ男性が増大した。その方が、親族への義務を生じなかったからである（Broadhead 1997）。

しかし、新しいチャンスが女性に開かれなかったわけではない。一九世紀前半、女性は食料生産者として、大規模な奴隷密貿易事業に食料を提供した。奴隷にかわって換金作物がヨーロッパとの貿易に登場すると、多くの女性がそれに参入した。しかし、自給農業から換金作物栽培への移行は、地域によっては食料不足の原因となった（Broadhead 1997）。

女性の間に一般的に見られた階層分化は、一九世紀に縮小した。ヨーロッパ人は上流階層の女性が権力を失うにつれ、奴隷と自由民との格差が縮小したとの観察記録を残している。ほとんどの女性が農耕に従事するようになり、一八世紀に多くの女性が享受していたような余暇のあるライフスタイルを維持できた女性はほとんどいなかった。ドニャ・アナ・ダ・ソーサといったような女性交易人が頭角を現したこともあったが、政治的領域は男性によって支配されるようになり、女性は自給部門に閉じ込められた。

中西部アフリカの北東地域でも、ヨーロッパとの貿易の展開によって女性はさまざまな影響を受けた。コンゴ川流域の女性たちは、キャッサバ生産の拡大にもかかわらず、概ね、以前とほぼ同様の労働に従事していた。流域の交易も既存の性別分業にもとづいて組織されていた。男性は六〇人ほど収容できる奴隷狩り用のボートに水夫として乗り組み、余暇には魚を獲った。女性にはこの交易から富を集積するチャンスがほとんどなかったが、キャッサバ生産を拡大することによって膨張し続ける交易システムを支えた。奴隷狩りは、その副産物として、この地域に家内奴隷の劇的な増加をもたらした。とりわけ、ヨーロッパ人が経営していた奴隷市場が閉鎖されると、その数は目に見えて増えた。奴隷狩りのシステムが奴隷を生産し続け、奴隷の値段を引き下げ、奴隷でさえ奴隷を購入することができるようになった。こうして、奴隷とその所有者が重複するような複雑な社会構造が出現した（Harms 1997）。西部アフリカの諸地域と同様に、奴隷の多くは女性であった。

　やがて、母系社会の男性は、めんどうな姻戚関係を生じない女奴隷との結婚が有利であることに気づくことになる。こうして男性は、父系の内婚制に依拠した交易会社を組織し、奴隷化された女性を妻として獲得していった。その結果、保護者である親族を持たない女性が増加した。富を蓄えた男性が形成した父系集団は、それ自体では再生産することはできない。ヨーロッパ人は、大勢の成人と不自然に少ない子供という歪んだ人口比を記録に残している（Harms 1997）。

　奴隷所有者と奴隷は、子供の数を抑制することに関心を持っていた。子供、特に男の子を生産性の高い家族メンバーに育て上げるためには長い時間がかかり、それが、奴隷の所有者と奴隷の双方にとって安い奴隷の輸入による再生産をさらに魅力的なものにしていた。女奴隷は、もっぱら、余剰生産の手助けとなり、かつ労働を軽減してくれる作業グループの人数を増やすことに関心があった。さらに、彼女たちにとって、子供を産むことは意味がなかった。子供は所有者のものであり、長じて母親の世話をしてくれることもなかったからである。加えて女奴隷は、出産する子供の数を制限することによって強制結婚に抵抗した（Coquery-Vidrovitch 1997; Miller 1983）。

西アフリカ中部の女性に関するこの時期の資料は、ほぼすべて、奴隷貿易が女性の生活にどのようなインパクトを与えたかに焦点があてられている。ヨーロッパとの貿易が拡大し、これまで影響を受けていなかった地域を巻き込むにつれ、女性は国家権力と大規模なビジネスから排除された。上流階層の女性の地位は低下し、それにともない、女性の間の格差は縮小した。一方、奴隷狩りの展開が、この地方における女奴隷の数を増やした。男性は、婚資を提供してくれる年長の男性の手助けによって妻を手に入れていた昔の家父長的な親族システムから離脱し、奴隷狩りのシステムを通して妻を入手するようになった。奴隷の妻は、保護してくれる親族を持たなかったために非常に弱い立場に置かれていた。富を入手する手段を手に入れた男性は、結婚の古い形態につきものだった姻戚関係の絆から解放されることを選んだのである。

第八章　植民地支配初期——一八八〇～一九二〇年——

二〇世紀への転換期、植民地支配者は、まだ、獲得したばかりの領土にたいする支配権を確立していなかった。一般的に言って、植民地国家は脆弱で、軍事力を用いることによってかろうじて維持されていた。多くの女性は、植民地支配の導入によって、当初、不安定な状況に置かれた。例えば、シエラ・レオネでは、イギリスの保護領が後背地に拡大するのに反対して一八九八年にメンデ人が反乱を起こした時、奴隷状態から解放されて帰還した女性入植者の多くが大損害を蒙っている。女性入植者がメンデとシェルブロ地域で行なっていたコーラ交易が、この反乱によって停滞に追い込まれたからである。反乱で夫と交易品を失ったプリシラ・A・ジョーンズは、反乱の調査を担当した弁務官に次のような報告を行なっている。

私はコーラの実を運んでは綿花やタバコや酒などと交換しています。トンベイ町の首長は、一般にビーチ・ボーイと呼ばれています。彼はいつも私の夫をたずねてきていました。夫は、首長宛ての県知事からの手紙を読んであげていたのです。その手紙は、小屋税に関して三カ月の猶予を与えてくれるかどうかということに関するものでした。サミュエル・コール（彼女のボート・キャプテン）は、私の夫が殺され、財産が略奪されたことを知らせてくれました。（White 1987, p. 57）

この記録からは、弁務官がプリシラ・ジョーンズの訴えを親身になって聞いたかどうかは分からない。というのは、イギリス人は独立を失った人々の正当な訴えを無視し、反乱を煽動したとして入植者を非難していたからである（White 1987）。多くの沿岸部の交易人が同じような苦境に立たされた。オニチャ近郊のオッソマリのオム・オクウェイが夫を失ったのは、王立ニジェール会社が、競争相手である彼女の夫やブラスの町からやってきていたその他の交易人をニジェール川上流から強制的に排除した時のことだった。イギリス人は一八九二年と一九一〇年の間に流域の町々を攻撃して制圧し、この競争を一段落させた。元奴隷だったブワニクワは、宣教師にすすめられて書いた自伝の中で、一八九〇年代のコンゴ自由国の登場によって、奴隷として生きてきた国家は消滅し、彼女は以前より一層肉体的暴力に晒されるようになったと報告している。なぜなら、生活を保障してくれていた所有主の保護が奪われたからである（Wright 1997）。

植民地に支配権を確立したヨーロッパ人は、奴隷制を廃止しようとした。域内奴隷交易と奴隷制の終焉は、結果的に、多くの女性にとって生活の安全を保障し、自分たちの生活を自律的に営む機会を提供した。しかし、奴隷制の廃止は、女性の解放奴隷より男性の解放奴隷に有利だった。男性は自分自身で経済的保障を手に入れる機会が多く、女性よりも所有主のもとを離れやすかったからである（Miers/Roberts 1988; Northrup 1988; Smith 1981）。

植民地官僚は、元奴隷だった女性が主人のもとを離れるのを諦めさせるために、妻と女奴隷、なかんずく妻と妾との間の区別があいまいな点を利用した。妻は夫に所属するものだとヨーロッパ人は主張したのである。奴隷制が大規模に展開し、ほとんどの奴隷が女性だった地域では、解放奴隷が所有者のもとを離れることは、入植者が事業を展開させるために必要だった経済的、社会的関係を崩壊させかねないことを意味したからである（Miers/Roberts 1988）。ところが、ナイジェリア北部を征服したイギリス人は、妾が以前の所有者から逃亡し、その結果、かつての所有者が自分で畑仕事をせざるを得なくなった複数の事例を目撃している。このことは、妾がその境遇に満足していたと考えていたイギリス人を驚かせた（Hogendorn/Lovejoy 1988）。

ニジェールのマラディ地域に住む上流階層の男女は、元奴隷を支配し続けるために結婚制度を利用した。こうして解放後も、農耕に従事させられ続けた若い妻や妾たちは、結婚の儀礼やヴェールの着用や隔離の重要性を主張することによって、これに対抗した。そうすることによって、女性たちは自分たちの価値を主張し、労働の一部を軽減する手段を見出そうとしたのである（Cooper 1994, 1997）。

フランス領のスーダーン地域一帯で見られたように、解放奴隷の農村を形成しようとした男性に合流した女性たちもいた。彼女たちは、当時の社会の特徴だった性別分業を無視して、畑で一緒に働かされた。リチャード・ロバーツがインタヴューした解放奴隷の子孫は、公正なジェンダーの役割を無視して、いかに重労働が元奴隷に強制されたかを語っている。それは、奴隷制時代と同じ状況だった。

解放が始まると、新しい村落に定住させられた解放奴隷は、新たな生活を創造せねばならなかった。その目的のために、全精力が投入された。この時期、組織化［すなわち、奴隷制のもとでの分業］が観察された。つまり、男性も女性も同じ仕事に従事したのである。しかし、時が経つにつれ、生活水準が向上した。女性は食事の準備や家事を行なうようになった。しかし、どの［女性］も、奴隷がかつて自分の畑に対して持っていたと同じように、「夜の畑」（訳注―「自分の畑」と同義）に対する権利を保持していた。（Roberts 1988, p. 295）

労働力を維持するために、かつての奴隷所有者は新しい衣服の支給、食料の割増、より良い労働条件といったインセンティヴを元奴隷に提供した。そうした奴隷所有者の中で、奴隷制廃止によってもっとも損失を蒙ったのは女性であった。奴隷制廃止は、農業の生産性の向上を奴隷に依存していた上流階層の女性から、主要な労働力源を奪い去ったからである。今や、男性も女性も、労働力を増やす主要な方法として、リネージの絆に目を向けざるを得なくなった。しかし、リネージの労働力や妻の労働力を入手しやすい有利な立場にいたのは、女性ではなく男性であった（Robertson 1997a; Wright 1983）。

労働力確保のため親族の絆に依存しようとした長老たちのこの願望は、多くの若い女性の抵抗を招いた。というのは、この時代、家父長的支配権が及ばない女性の生活領域が出現していたからである。奴隷制の崩壊によって、家族の規制はますます厳格になったと思われるが、そうした抑圧的な家族の規制から逃れるために、多くの女性が、都市化が生み出したチャンスに飛びついたのである。例えば、アベオクタ（ナイジェリア）の若い女性の中には、イギリスの支配力の浸透が婚姻法の規制緩和をもたらしたことに気付き、可処分所得のある若い男性を結婚の相手に選ぶ者もでてきた（Byfield 1996）。しかし、都市の生活は女性に限られた選択肢しか提供しなかった。売春婦のような非合法労働に従事した女性も多かったが、大部分の女性は、生きるために小商いを始めた。にもかかわらず、こうした新しい女性の生き方は、リネージによる女性労働力の支配権とリネージの意思決定権を低下させた。この植民地支配の初期的段階は、若い女性にリネージの支配から逃れる道を提供することによって、男性と年配の女性の主導権を掘り崩すきっかけをつくったといえるだろう。この主導権は、長老たちが労働力の増強のためにもはや奴隷制を利用できなくなり、それゆえ若い女性に対する統制を強化しようとしたこの時期、特に重要だった。

税金を支払い、消費物資を購入し、割り当てられた労働義務をこなすために、男性が賃労働に従事したり換金作物栽培に乗り出すと、女性は男性の不在を埋め合わせるための過重労働を押しつけられた。換金作物の普及は、土地の私的所有が広がる中で男性に有利な状況をもたらした。私有財産が重要性を増した時代、西部および中部アフリカ一帯の男性が土地所有権を入手する機会に恵まれたのに対し、女性はそのチャンスを失った。

植民地支配が浸透する以前の百年間に見られたように、商品化が交易のチャンスを拡大するにつれ、西部アフリカにおいて女性の階層分化が進展した。オム・オクウェイの生涯は、植民地初期の女性が直面したいくつかの問題を照らし出している。第一に、彼女の成功は、交易が展開した時代に、その経済的可能性が女性にも開かれたことを示している。しかし、オクウェイは成功したが、失敗した女性も多かった。夫がイギリス人商人によってニジェール川上流から強制的に追い出された女性や、オクウェイのように幸運や忍耐力に恵まれなかった名もない女性の苦しみを想像することは難しくない。さらに、オクウェイの成功は他の女性を支配することに依拠していた面もあった。オクウェイは抵当に入れられた娘を養子にしたり受け取ったりすることによる擬似奴隷制の下で、彼女たちを、オニチャの銀行のマネージャーやアタニの王立ニジェール会社のスタッフといったヨーロッパ人商人やアフリカ人商人と結婚させることによって同盟関係を構築した。こうした同盟関係は、オクウェイがビジネスを有利に展開するのに役立った。加えて、彼女は手に入れた召使をブラス、ポート＝ハーコート、ワリといったニジェール・デルタ地域の港々の代理人として利用した (Ekejiuba 1967)。

オクウェイのビジネス上の利権は、他の女性交易人の利権とは必ずしも同じではなかった。彼女は、オニチャの町の評議会メンバーだった男性との関係を利用し、女性評議会が町の評議会に川辺のマーケットの統制権を譲り渡した後も、自分の利権を守ってもらったからである。町の行政府が拡大する商業に介入するようになるにつれ、集団としての女性は統制力を失っていった。しかし、オクウェイは、マーケットの統制権が女性評議会から男性主導の町の評議会に移行したことを有利に利用できる立場にいたのである。

オクウェイは、階級形成のプロセスに参入しようとしていた。ところが、市場への参入をねらうヨーロッパの商社と外部勢力に支配された国家権力が、劇的な貿易の拡大と結びついて、この階級形成のプロセスに介入してきた。オクウェイは富裕かつ強大な権力を持ったプチブル商人にはなったが、植民地主義時代に、その域を越えることは厳しく制約されたのである。さらに、この時期、比較的上手に立ち回っていた彼女だったが、植民地支配によってもたらされた変化が、女性としての彼女の運命を決定した。オッソマリは彼女を女性評議会のオムに任命したが、この時期のオムの権力は、すでに、経済的変化と敵対的なイギリス植民地権力によって低下していた。イギリス人商人の中には彼女の能力を高く評価する者もいたが、植民地国家は政治的権力を行使する女性を偏見の目で見ていた。川辺のマーケットの統制権が女性評議会から町の評議会に移行したことは、女性に対するこの敵意を象徴している。それゆえオッソマリのオムの地位がオクウェイの死後空席になったことは驚くにあたらない。彼女の経済的な成功は彼女に政治的権力を掌握する機会をもたらしたが、それは、オムの地位がそれほど大きな影響力を持たなくなった時のことだったのである。

オムが権力を喪失したのは、ひとつにはキリスト教宣教師による執拗な攻撃の結果でもあった。切っても切れない関係にあったキリスト教と西欧教育は、植民地化以前の文化と複雑に絡み合いながら、女性の生活に影響を及ぼした。例えば、宣教師は、西欧の家族イデオロギーのもっとも保守的なモデルを引き合いに出すことによって、女性にふさわしいジェンダーの役割の考え方に影響を与えはじめた（Amadiume 1987）。コンゴ自由国（コンゴ民主共和国）では、宣教師がリネージの長老と結託して、若い女性の独立志向を非難している（Wright 1983）。宣教師は、若い女性を質入する慣行をもしばしば攻撃した。これは、上流階層の女性に労働力を入手する手段を提供していた慣行だった。

さらには、経済的に成功する機会を女性から奪うプロセスが進行した。例えば、ラゴス（ナイジェリアの港湾都市）の女性は男性より土地所有権を入手するチャンスが限られていた。そのため、一九世紀末に土地が商品化されにつれ、資産を蓄積することを制約された女性たちが、経済的変化に順応してゆくことは困難になった。ラゴスの人口が劇的に増加し、土地の商品化が展開すると、家族のネットワークの中で従属的役割を振り当てられていた女性が、家族の財産を処分することは不可能になった。このように、土地が重要な私的商品になるにつれ、女性は、ローンを確保するために土地を利用することができなくなったのである。

クリスティン・マンは、多くの女性が経験したことを次のようにうまく纏めている。

> 植民地初期のラゴスへのヨーロッパ商業資本の流入は、土地保有と財産権の新しい形態を導入した。領土の併合後に展開した土地つき財産をめぐる争奪戦の中で、処分可能な個人所有の土地や家を手に入れた女性は男性よりはるかに少なかった。この損失は、土地が少なくなり稀少資源となるにつれ、それ自体が重要な意味をもった。しかし、このことは女性のクレジットへのアクセス権や交易に必要な資本へのアクセス権をも制約した。土地を手に入れることができなかったことは、女性を、男性に比べて一段と不利な状態に置くことになった。（Mann 1991, p. 705）

以上のように、植民地初期の女性への影響は、経済やリネージ構造における女性の地位に大きく依存していた。もちろん、すべての男女がヨーロッパ人による支配の被害者だった。しかし、実際に女性が蒙った影響は多様だった。例えば、多くの女性が奴隷制から解放された一方、一部の上流階層の女性たちは奴隷制の廃止によって労働力を入手することが不可能になった。すべての女性が、ヨーロッパ人が導入した西欧の保守的な家族観によって苦痛を強いられたが、宣教師の攻撃は、とりわけ権力を持った女性に向けられたため、ある者は他の者より大きな痛手を蒙っている。総じて、この時期は商品化が拡大し、女性の階層分化が大きく展開した時代だったし、オム・オクウェイのような限られた女性が世紀転換期の厳しいビジネス世界で成功した時代でもあった。

第九章　植民地全盛期——一九二〇〜一九六〇年——

一九二〇年までに、ヨーロッパ人はアフリカ大陸全域に実質的な支配を確立した。もっぱら男性の領域である換金作物栽培の拡大と都市や鉱山地帯への男性の出稼ぎによって若い男性の労働力を奪われた女性たちは、それまで以上に自給農業を孤立無援で支えなければならなくなった。家族を養い、男性の低賃金を埋め合わせるために、女性は農業に精を出し、その農業を補うために小商いに参入した。

植民地時代の初期が女性に対する家父長的支配の弛緩という潮流によって特徴づけられるとしたら、この時期はこの潮流が部分的に逆流した時代だった。女性の自立を妨げる要因としては、女性は男性の支配下に置かれるべきであるとする植民地支配者の態度、リネージの長老や首長の家父長権の強化、農業生産を増加させようとした植民地国家と外国人商人の利権、女性の自立を妨げようとしたリネージの長老の思惑などが挙げられる（Wright 1997）。しかし、植民地支配者もリネージの長老も、親族関係における変化を制御することはできなかった。例えば、多くの場合、新たに入手した賃金を用いて、若い男性がかつてより早く妻を娶るようになった。しかし、収入が少なかったため二番目以降の妻を娶るにはかなりの年月が必要だった。都市部に定住したのは、女性より男性が多かった。都市部に移住した女性の経済的選択肢は、相変わらず売春か小商いに限られていたからである（White 1984）。

一般的に言って、植民地支配者は、法的に女性の政治参加を認めていない社会からやってきていた。ひとたび西部および中部アフリカを支配下におくや、植民地支配者は女性が植民地化以前の社会で持っていた制度化された権力を無視したのである。これが女性の政治権力の後退を引き起こし、宣教師による在来宗教への攻撃がさらにそれに追い討ちをかけた。女性はこうした状況を何の抵抗もせずに受けいれたわけではない。彼女たちは男性とともに反植民地運動に参加し、自分たちの置かれた状況を変えるために女性の組織化を進めたのである。

1　女性の経済的・政治的権力の衰退

象牙海岸（コート・ディヴォワール）のバウレ人社会では、植民地勢力の侵入が女性の自律性と権力の後退をもたらした（Etienne 1980）。特に綿布の商品化が、植民地化以前の比較的平等なジェンダー関係を混乱させた。もともと植民地化以前の交易中心地や沿岸部に出現した強大な国家から離れて居住していたバウレ人は、小さな中央集権国家を形成し、地域間交易を行なっていた。交易の主要商品は、男女の協業によって生産された綿布であった。女性は一般に、男性が開墾した土地で綿花を栽培した。女性は綿花のごみを取り除き、梳いて糸に紡ぎ、インディゴで染色した。このプロセスが完了すると、女性は綿糸を男性に渡し、男性がそれを編んで縫い合わせた。男性は生産過程で重要な役割を演じたが、バウレ人は女性がこの綿布の所有者であると考えていた。時には妻と夫の協力関係が、夫が妻以外の女性から綿糸を入手したり、妻が夫以外の男性の労働を充当したりすることによって変化することがあった。こうした変化が、互酬的かつ相互依存的な妻と夫の関係を決裂させる可能性を生み出していた。

実際、植民地勢力は、植民地化以前のこうした決裂に介入し、比較的平等だった夫婦関係を混乱させている。その混乱の舞台は、綿花生産の拡大をねらってフランス人が一九二三年にボウアク近郊にゴンフレヴィユ製綿工場を開設したことによって整った。工場の開設は現金と資本主義的商品経済の展開を促し、綿布生産における従来の女性の役割をすっかり変えてしまった。すなわち、フランス人は、バウレ人の男性に換金作物として綿花を栽培するよう要求し、農業関連の代理人は男性の綿花生産者を支援対象に選んだからである。ボスラップが論じたように、植民地支配者は、往々にして植民地化以前の生産における女性の役割に気づかなかった（Boserup 1970）。さらに、男性が耕し女性は家に留まるべきだという西欧の考え方をアフリカに持ち込んだ彼らは、象牙海岸における換金作物生産において男性を最終的な生産物の所有者に仕立て上げ、女性にはその補助的役割を割り当てた。このようにして、女性はもっとも重要なバウレ人の生産品への支配権を喪失したのである。今や、ゴンフレヴィユ製綿工場から糸を購入することができるようになった男性は、もはや綿糸の供給を妻に依存する必要もなくなった。経済の商品化につれ、工場製の綿が手製の綿布にとってかわった。手製の綿布は儀礼の場や権威の象徴に追いやられ、バウレ人は日常的に工場製の布を使用するようになり、工場で生産された布との競合によって、女性の綿製品市場での支配権はますます低下した。

女性が綿布生産領域で保持していた支配権は、一九五〇年代に、ゴンフィレヴィユ製綿工場がバウレ女性を雇いはじめると、さらに低下した。製綿工場の労働者になることによって、女性は実質的に製品への支配権を喪失し、その労働は生産過程から疎外された。同時に、女性は消費者となり、生産における役割から完全に排除されたのである。

バウレ女性が反植民地闘争に参加することによって、こうした状況に抵抗したことは驚くにあたらない。植民地主義者と対決する中で、彼女たちは植民地化以前の抵抗様式である象徴的儀礼アジャヌを用いた。それには、言葉での侮辱と裸になることを含めた視覚的な侮辱とが含まれていた。一九四九年に行なわれた女性たちのデモは、グラン＝バッサムの政治犯を解放することを目指していた。フランス人は暴力でこれに応え、多くの女性が負傷した。にもかかわらず、女性たちは悪化した自分たちの状況とグラン＝バッサムの政治犯との関係をはっきり認識していた。

西部および中部アフリカの女性たちは、植民地勢力の侵入によってもたらされた変化に、もっと余裕をもって向き合うことができた。特に小規模な商品市場の展開は女性に新たな交易のチャンスを提供した。こうしたチャンスは、しかし、複雑な影響をもたらした。例えば、商品化は、西部および中部アフリカのさまざまな地域のジェンダー関係に思いがけない危機をもたらしている。植民地支配者を驚かせたことは、経済の変化が女性に対する家父長的支配権を脅かしはじめたことであった。性に対する既存の寛大な態度と商品経済の進展とは、ナイジェリアのクロス・リヴァー盆地における売春婦の劇的な増加をもたらした。交易活動で成功した女性が結婚せずに生き残るために必要な物質的資源を入手するようになるにつれ、いたるところで離婚も増加した。男性に従属せずに生きてゆく充分なお金を女性が稼ぐようになるにつれ、女性たちは自分のセクシュアリティに対する支配権を掌握するようになったからである。こうした女性の中には夫への性的義務や、生産および妊娠・出産という再生産義務から解放されたものもいた。このような女性の自立は、リネージの長老や植民地国家、あるいは土着の国家の利益に反するものだった。女性が結婚しないということは、夫が他の活動に従事することを可能にした自給用食料の提供を女性たちが行なわなくなったことを意味し、それが、換金作物生産と賃労働者の供給を脅かしたからである。

植民地権力が男性の労働力を支配するためには、家族の領域を統制することが必要だったことを多くの文献が明らかにしている。例えば、カタンガでは、食料や子供を生産する女性の能力が、地元の鉱山への安定した労働力を保証した。カタンガのユニオン・ミニエール社が提供した定期的な妊婦への相談、追加的食料割り当て、子供への贈り物などは、同社が労働者の妻を事業にとって極めて重要な存在として位置づけていた証拠である（Dibwe 1993）。ザンビアの産銅地帯では、男性の植民地官僚と伝統的な指導者が、結婚制度の定義や再定義を行なうことによって、女性の労働とセクシュアリティを支配しようとやっきになった（Parpart 1994）。同様に、フランス軍の黒人兵士たちを故郷から離れた場所に駐屯させた時、当局は軍隊を安定化させ脱走を防ぐことができると信じて地元の女性に料理人や愛人や妻の役を割り当てた。しかし、当初この政策は成功したが、結局は兵士たちが家族を形成して土着化したため、当局の目的は裏切られることになった（Thompson 1990）。

植民地当局が、婚姻上の地位によって女性を分類し、女性に課税しようとしたベルギー領中央アフリカ（ブルンディおよびルワンダ）では、シングル・ウーマンの定義の変化がブジュンブラでの反乱を引き起こした。事の発端は、「キリスト教徒で植民地教育を受けた正規の市民である男性」の間で行なわれていた「カモフラージュされた」、あるいは隠蔽された一夫多妻婚を禁止しようとして、当局が公布した一九五〇年の反一夫多妻法にあった。この法は一夫多妻婚を売春関係と再定義し、その妻たちに都市部での居住権を認めなかった。一夫多妻婚の妻、寡婦、売春婦はすべてシングル・ウーマンと規定され、ベルギー当局によって課税対象にされた。これに怒ったムスリム女性は、副総領事に請願書を提出するとともに、訪問中のベルギー王の車列に抗議の手紙を投げつけたのである（Hunt 1991）。このように、地方のアフリカ人支配者や植民地当局はともに、女性の移動や自立を結婚制度の強化によって制約しようとしたのだった。

西部アフリカでの植民地当局によるこのような試みは、ゴールド・コースト（ガーナ）西部のセフウィ・ウィアウソ国においても見られた。この地域では、国家評議会が一九二五年から三二年の間に一連の慣習法の改正を行なうことによって、ジェンダー関係の危機に対処しようとした。この危機をもたらしたのは、経済の変化であった。すなわち、二〇年代にこの地域にココア生産が導入される以前、夫と妻はそれぞれ独立した経済空間で相互補完的な生活を営んでいた。男性は妻のために土地を開墾し、肉と魚を供給した。女性は夫が提供した土地を耕し、夫や妻の家で労働奉仕をする夫の親族に食料を供給した。離婚は比較的簡単に行なわれ、子供を産んだ女性が夫へのさらなる労働提供や妊娠・出産を避けるため、実家に引きあげるということも珍しくはなかった。

ところが、ココア生産がこの相互補完的な夫婦の関係を破壊した。というのは、男性が奴隷労働の代替として妻たちをココア農場の労働に振り向けたからである。しかし、多くの女性たちは、そうした労働に対して正当な報酬が支払われているとは思っていなかった。夫がココア農場を分与したり、均等に財産を配分することを拒否したことに妻が不満をもつと、しばしば離婚に至った。

一九二〇年代末のココア市場の崩壊と、セフウィ・ウィアウソ国における鉱山都市や運輸に特化した町の発展によって、状況はさらに複雑化した。男性賃金労働者に売る食用作物を増やすことによって、女性はこうした変化に対応した。この商売は、多くの女性に結婚にかわる選択肢を提供した。アフリカ人権力者の観点に立てば、男性の保護者のいない女性は家父長的な家族にとっての脅威だった。特に彼らは、男性が結婚を通じて女性の労働力を統制できなくなったことを憂慮した。このような「自由な女性」と呼ばれた女性は、娘の結婚と離婚を管轄することによって女性の交換に介入することさえあった。また、自立した女性の増加は性病をひろめ、その蔓延と闘うための反妖術闘争を展開させた。

国家評議会は、男性の長老が危機とみなしたこうした問題に対処するため、売春婦を収容し、離婚に歯止めをかけることによって結婚を安定させ、婚資の上昇をくいとめるための法律を制定したのである。しかし、国家評議会には、このような展開をくいとめる力はなかった。女性を支配しようとする試みは、結局、商品生産の発展によって失敗に終わったのである。というのは、交易が女性に自立の機会を提供したからである。

商品化は、女性とりわけ年配の女性に新しいチャンスを提供したが、その後の世界経済の拡大は、結局のところ、多くの女性を窮地に追いやることになる。農業を捨て交易を選んだ女性たちは、交易が植民地時代の初期にもっていた経済一般における重要性の低下に直撃されることになったからである。このプロセスは小説家のブチ・エメチェタが『母性の喜び』(Emecheta 1979)の中で描いている。主人公ンヌ・エゴは夫につき従ってラゴス(ナイジェリア)にゆく。そこで夫は家事奉公人として働いている。第二次大戦中、夫がイギリス植民地軍に強制的に入隊させられると、ンヌ・エゴは子供を抱えてひとりで生きて行かねばならなくなる。小規模な商いだけでは家族を養い子供の教育費を支払うに足る収入は得られず、売春がよりよい生活を提供してくれるかに思えた。しかし、ンヌ・エゴの価値観はこの選択肢を受けいれない。何度か、薪をひろっては売るようなどん底にまで落ち込む。エメチェタは、ンヌ・エゴがなけなしの資源で子供への義務を果たそうとする姿を通して、小商いの最低レヴェルにまで落ち込んだ女性の苦難を感動的に描いている。一方、娘たちは伝統的な親族の絆に縛られない未来を見つめているが、彼女たちの経済的なチャンスを考えてみると、その実現は難しそうだ。

アクラ(ガーナ)に住むガ人の女性商人は、自分で結婚を決めたり、結婚の絆を絶ち切ったりする新しい自由を経験した。しかし、女性が手に入れることができた自給自足生活にかわる唯一の選択肢は交易だった。男性の多くは、私的な土地所有権を独占することによって、労働力への支配を資源への支配に転換することができた。しかも、男性が賃金労働に参入し、国家行政に参画するにつれ、女性は労働市場でも差別に直面した（Robertson 1990）。

植民地主義とそれに付随して展開した資本主義は、さまざまな方法で、既存の社会構造に影響を与えた。植民地支配者は、植民地を統治しやすくするためには社会の安定が必要である一方、資本主義の侵入を容易にするためには社会を変えねばならないというジレンマに直面していた。サラ・ベリーがヨルバ人の経験について分析しているように、植民地支配者は財政的・政治的な足場を固めるために、既存の制度と権力者を利用しようとした。「歴史的経過の中で、資本主義の浸透と植民地支配は植民地化以前のヨルバ人社会を壊すことも包摂することもせず、それらを再生産するとともに変革した」と彼女は述べている（Berry 1985, p. 12）。

女性を支配しようと考えた植民地支配者が最大の関心をはらったのは、おそらく親族組織という社会単位だった。彼らは既存の親族関係を温存するとともに、女性がヨーロッパ人のイメージするジェンダーの役割にふさわしくない振舞いをした時には、それを変えようとした。例えば、セフウィ・ウィアウソ国で見られたように、長老男性と植民地支配者は女性を親族組織の支配下に置くために慣習法を成文化した。

西欧的な教育もまた、女性の行動規範を設定するのに利用された。植民地支配者は、エリート男性の良き妻を養成するための学校を設置した。フランス領西アフリカの総督ジュール・デ・コペイは、副官に「原住民の教育」と題する回状を送付した。ダイアン・バーテルが指摘しているように、女子教育の目標は「健康と育児に関するヨーロッパの理想を教え込むこと、フランスで教育された男性エリートにふさわしい妻を育てること、フランスの社会的慣習や文化によって次世代を社会化すること」(Barthel 1985, pp. 145-46) にあることを総督は明らかにし、次のように述べている。

家庭科教育と衛生教育を柱とする実践的な女学校は、農村部の普通教育を補完するものである。それは、共通の原則にのっとり、同じ組織を持ち、同じ目標を掲げている。原住民女性の教育は、家族を進化させるもので、教育を個人レヴェルに限定しない。最終的には、これから何世代にもわたり、教育によって修得した新しい習慣を根づかせ、永久に、原住民社会にわれわれの実績を残すことになるだろう。(Barthel 1985, p. 146)

西欧教育を受けた少女のほとんどが、新たに教育を受けたエリート層の娘たちだった。西欧教育を受けた父親が、娘への教育の機会が不充分であるとして、植民地当局に改善を強く要望したのである。その背景には、父親が、息子の結婚相手として西欧的なジェンダーの役割を身につけた女性を求めたという事情があった。そういう女性なら、自分たちの社会的地位を維持できるような子供の養育ができるだろうと考えたからである。一九二〇年以降、植民地支配者も、エリートの入植者にふさわしい妻を育成する重要性に気づきはじめた。しかし、それ以上に、植民地行政官は、教育を受ける機会を与えられなかった女性が反抗的になることを恐れた。例えば、一九二一年、フランス領西アフリカの教育視察長官だったジョージ・ハーディは、もし少年のみが教育され、少女が学校から排除されたままだとしたら、「ココナツの樹の下のリシストラータ」(訳注―アリストファネス作の喜劇「女の平和」の中に登場する女性の反乱をもじったもの) が展開するかもしれないと心配している（Barthel 1985, p. 145）。

ガ人（ガーナ）の女性が直面した不利益は、教育歴の面できわだっている。男性は女性より教育を受ける機会が多く、それは、新たな経済状況の中で女性を不利な立場に追いやったからである。ベルギー領コンゴ（コンゴ民主共和国）の女性も同じ問題に直面した。コンゴの西欧教育はほとんどが宣教師によって提供されていた。宣教師は、学校は家族と仕事に重点を置いた保守的な西欧の価値観を植民地の住民に植えつけるべきだという植民地支配者の考えを共有していた。第二次大戦前、女性も男性も西欧化を伴わないキリスト教化という限定的な教育を受けた。ベルギー人は、シエラ・レオネで見られたような自己主張の強い西欧化した階級の出現を恐れたからである。正しい母親役を通してキリスト教的価値観をアフリカ文化に注入するだろうという希望を抱いて、宣教師は、クリスチャンの妻や母親になるべくアフリカ人女性を訓練したが、植民地経済への参入に役立つような技術は教えなかった。そうすることによって、彼らはただ単に白人と黒人の間に一線を画そうとしただけでなく、アフリカ人の間に階級格差を導入しようとしたのである（Hunt 1990）。第二次大戦後、青少年の教育は賃労働と行政事務向けの人材を養成する方向に変化した。しかし、独立まで女性がカトリックのシスターか小学校の教員以外の職業に就くことはまれだった。植民地時代に、この限られた教育さえ受けることができた女性はごく少数だった。一九六〇年の独立前夜、中等教育を受けた女性は四パーセントにも満たなかったのである（Yates 1982）。

教育は明らかに、帝国主義者の文化を普及させるための重要な手段であった。西欧イデオロギーは教育のプロセスと教育の日常に埋め込まれた「隠れたカリキュラム」だったのだ（Masemann 1974）。すべての生徒は、時間と官僚制に関する西欧イデオロギーの洗礼を受けた。もちろん宣教師とヨーロッパ人教師は、少女たちが学ぶことをすべて統轄していたわけではない。生徒の中には、主婦としての教育を受けたにもかかわらず、男性の領域である専門職に就いたものもいた（Barthel 1985）。また、アデレード・スミス・ケイスリー・ヘイフォードのように、教育を受けたエリートのひとりとして、自立した国民国家をめざして民族運動に参加した者もいた（Cromwell 1986）。

まさに、西欧の帝国文化の普及は、ヨーロッパ人女性が植民地化の過程で演じた役割を分析してみればわかるように、複雑かつ矛盾したプロセスだった。ヘレン・キャラウェイが指摘しているように、ヨーロッパ人の行政官は当初、植民地の仕事はもっぱら男性の領域であり、女性にはふさわしい場所ではないとみなしていた。しかし、それでもヨーロッパ人の女性は植民地に赴いた。彼女たちは、敵意に囲まれながらも、男性の行政官によって作られた植民地的階層関係を安定化させる重要な役割を演じた。西部および中西部アフリカの植民地のヨーロッパ人女性は、一方ではヴィクトリア朝的な女性像を支持しながら、他方ではまず宣教師として、次に看護婦や教師として、そして最終的には行政官として植民地事業に積極的に参加することによって、そうした女性像に傷をつけた。この矛盾を明らかにしたのはマーガレット・シュトローベルだった。彼女は、「天職を持つこと自体がそうした「家事や女性の従属に関するヴィクトリア朝的な」観念への挑戦を意味したにもかかわらず、キリスト教宣教団の女性は、家父長的なイデオロギーと教会の官僚的体制を受容し、従来のヨーロッパ人のジェンダーの役割をアフリカ人やアジア人の女性に奨励していた」と指摘している（Strobel 1998, p. 390; 1991）。この矛盾は、表面的にはうまく機能していたかにみえた性差別と帝国主義との緊張関係を象徴していた。植民地主義と家父長制は分かちがたく結びついているように見えたが、帝国主義の協力者としてアフリカに渡ったヨーロッパ人女性の関与は、このふたつの制度の間に混乱と矛盾を作り出したのである。

第二次大戦によって男性が戦争に狩り出されると、多くのヨーロッパ人女性が植民地にやってくるようになった。植民地ナイジェリアにおけるヨーロッパ人女性の研究の中で、ヘレン・キャラウェイは、第二次大戦とそれに続く脱植民地化の時代を植民地文化の女性化の時代と定義している。ヨーロッパ人が植民地の支配権を失うにつれて、男性は女性に場所を譲りはじめたからである。もはやアフリカは、若者がその男性性を証明する場ではなくなったのだ。キャラウェイによれば、

（新たに登場した女性の役人たちは）このようにして、男性の威信を支えたふたつの別々の構造、つまり撤退しつつあったイギリス植民地側の役人集団と、出現しつつあった中核的なナイジェリア人政治家や公務員との間の〝緩衝〟集団を形成した。……このような状況の中で、ナイジェリアにおける行政官としての［ヨーロッパ人女性の］存在の意味は、「王」に名誉ある退路を提供する一時的かつ非脅威的な集団を提供したことにあり、「女性にとっての機会均等」などと解釈されるべきではない。（Callaway 1987, p. 144）

キャラウェイは、帝国主義時代の終焉に果たした役割を認められるべき植民地の女性たちは、帝国の「喪失」、あるいは人種間の距離の拡大をもたらしたとの不当な非難をうけることが多いと主張する。彼女たちは、直接的な植民地主義にとってかわった新植民地的関係の意味をカモフラージュすることにも手を貸したと言うことができる。

植民地支配は、それに参加したヨーロッパ人女性に利益をもたらすこともあったが、多くのアフ

リカ人女性にとっては、政治権力の喪失と行政への参加に対する新たな制約を意味した。西部アフリカのイギリス人やフランス人は、しばしば植民地化以前の女性の政治的役割を無視し、男性を通じてすべての指令を出した。例えば、マーケットを統制したり、女性たちの抗争を処理したりしていたオム、つまりイボ人の「母」は、このようにして男性支配者であるオビへの権力委譲を余儀なくされた。イギリス人は、オムには支払われなかった月給をオビに支払うことによってその支配権を合法化したのである（Okonjo 1983）。独立までに、イボ人の多くの町からオム職が消えた。このような形での女性の地位の低下が、女性の抵抗を引き起こしたのである。

2　抵抗

西部および中西部アフリカの女性たちは、植民地支配に対してあからさまな敵意を抱き、反乱すら組織して、交易人としての経済的権益を守ろうとした。植民地時代に政治権力を奪われたことに対して抗議した者もいる。また、植民地化以前のジェンダー関係を基盤とした団結を組織化の拠り所とした者も多かった。イボ人とイビビオ人の女性たちは、一九二九年、イギリス人が「アバの反乱」と名づけた「女の戦争」を起こして、植民地支配者とそのアフリカ人協力者に闘いを挑んだ。彼女たちは、女性のネットワークを利用して何千人もの女性を組織し、地域一帯の原住民行政に抵抗した。さらに、アフリカ人権力者を侮辱し、女性に対する課税だとされた計画に抵抗するために、「男性の家に押しかけて揶揄する」という手段を用いたりもした。女性の敵対心は、自分たちの土地と身体が豊穣性を失いつつあったことへの恐怖心によっても油を注がれた。しかし、この反乱は単なる象徴的行為ではなかった。女性は一六もの原住民法廷を襲い、そのいくつかを破壊したからである。イギリス人は反乱に参加した何千人もの女性に対し、武力で応戦し、五〇人以上を殺害し、少なくとも同数の女性を負傷させた（Amadiume 1987; Ifeka-Moller 1975; Mba 1982; Van Allen 1976）。

同様の反乱が、一九五八～五九年にカメルーンでも勃発した。一九二〇年代初頭、カメルーンの女性は、女性たちを怒らせるようなことをした男性を罰するためのアンルという植民地化以前のやり方を制度化していた。それは、女性の権利を守るためのローカルな支部を持った階層組織に発展した。そのアンルが、一九五〇年代末の一連の大衆デモで、延べ七〇〇〇人にものぼるコム人の女性を動員することに成功したのだ。その背景には、イボ人の場合と同じく、自分たちの権益が脅かされているとのコム人女性たちの不安感があった。とりわけ彼女たちは、植民地政府が自分たちの土地をイボ人に与えるのではないかという恐怖心や、首長たちがフラニ人牧畜民の牛から作物を守ってくれようとしないことに対する不満を抱えていた。しかし、イボ人の「女の戦争」とは対照的に、植民地支配者が武力を用いなかったため負傷者はでなかった（Ardener 1975）。

ラゴス（ナイジェリア）では、八千～一万人の女性がアリモトゥ・ペレウラに率いられた「ラゴス・マーケット女性協会」に加盟した。その多くは読み書きのできない貧しい女性たちだった。彼女たちは女性への課税に抗議し、第二次大戦中に導入された価格統制計画に反対した。この組織は、一九四五年に召集されたゼネストに参加することによって、反植民地的立場を明確にした。同じ頃、中間層の女性たちを組織化しはじめたのがオインカン・アバヨミである。「ナイジェリア青年運動」の指導者と結婚したアバヨミは、一九二七年、後に「女性進歩クラブ」となる「英領西アフリカ・ガールズ・クラブ」を創設した。この組織は、西欧化したキリスト教徒の中間層という限定された女性メンバーから構成されていた。メンバー数は、五〇〇人から二〇〇〇人だったと推定されている（Johnson 1981, 1986; Mba 1982）。

スーザン・ガイガーとジェーン・トゥリティンは、女性が反植民地闘争に与えた影響を分析している。ガイガーは、「(アフリカ人ナショナリスト指導者）の関心は、女性の完全な政治的権利を含む西欧的民主主義と平等という開明的擁護者の役を演じることだった」と指摘している（Geiger 1990, p. 227）。しかし、トゥリティンは、近代化のプロセスを歩んでいた男性エリートは女性性を後進性と結びつけて見ていたため、彼らが二重に抑圧されていた女性の状況に対応することは難しかったと述べている（Turrittin 1993）。

こうした中で、多くの文献がさまざまな抵抗活動、特に「辱め」や「下品」な行動といったような女性特有の抵抗形態に焦点を当てはじめた。また、個々の女性活動家に関する文献が増えてきたことも、ナショナリスト運動に対する歴史研究者の見解を変えはじめている（Geiger 1990）。

フンミラヨ・ランサム＝クティによって創設された「アベオクタ女性同盟」は、おそらくもっとも成功した脱階層的組織のひとつである。一九二〇～三〇年代、彼女は、マーケットで働く女性を対象とする読字教育を熱心に推進した。彼女の活動は、マーケットで働く女性たちとともに課税に反対し、普通選挙権と被選挙権を要求する闘争に加わることによって、四〇年代に過激化した。のちに「アベオクタ女学校」の校長に就任したランサム＝クティは、ミーティングに出る時にはヨルバ人の衣服を身につけ、ヨルバ語を話すように気を遣った。それによって、支配層のイギリス人の仲間ではなく、女性同盟の仲間であることをアピールしようとしたのである。このように、女性同盟は間接統治に反対し、明確に親ナショナリストの立場と女性の経済的権益を擁護する立場を打ち出していった（Johnson-Odim/Mba 1997）。

ウスマン・センベーヌは、第二次大戦後にセネガルで行なわれた鉄道ストライキを題材に、『神の木の刃』（Sembene 1982）という小説を書いている。そこでは、低賃金で働く男性を支えた女性の重要な役割が明らかにされている。つまり、女性が自給自足部門を担っていたために、フランス人は労働者に最低賃金にも満たない給与しか支払わないで済んだのである。この本のハイライトは、女性たちがストライキ参加者の要求を支持して、ティーズからダカールに行進する場面である。セネガルの女性たちと同様に、カタンガの女性たちも、一九四一年のマノノ炭鉱夫のストライキを支えたウォッチ・タワー（訳注―ものみの塔、あるいは「エホバの証人」として知られるキリスト教の一派）運動において重要な役割を演じた（Higginson 1992）。

一九六〇年代と七〇年代初頭のギニア・ビサウでの女性の抵抗は、もっともドラマチックな事例のひとつに数えることができる。アンゴラを除く西部および中西部アフリカのすべての国家が独立を達成する中で、ギニア・ビサウの人々はポルトガル支配を終焉させるべく武装闘争に立ちあがらねばならなかった。一方「ギニア・カボヴェルデ独立アフリカ人党」（ＰＡＩＧＣ）は、ポルトガルからの独立を社会主義社会への移行の一段階と位置づけていた。闘争に欠かせないのは、ジェンダー関係を含む国内の社会関係の変革だったからである。「ギニア・カボヴェルデ独立アフリカ人党」の指導部は、この目標を達成するためには、女性が男性支配を終わらせるべく主導権をとらねばならないと主張した。党の指導部が表明したように、女性たちは「ポルトガルの植民地主義と男性の植民地主義というふたつの植民地主義と闘わねばならなかったのである（Urdang 1979, p.15）。この両面闘争が多くの女性を独立闘争に惹きつけた。女性たちは、そこに、女性への抑圧を終焉させる可能性を見出したのである（Urdang 1979）。

「ギニア・カボヴェルデ独立アフリカ人党」は、女性が独立闘争に貢献できると考えていた。実際、女性は攻撃的な戦闘にこそ参加しなかったが、防御的な部署での任務を遂行し、党組織においては確実に重要な政治的役割を演じるようになっていった。しかし、もっとも重要だったのは、「ギニア・カボヴェルデ独立アフリカ人党」のメンバーによって表明されたフェミニズムであり、それが解放闘争に深みを与えた。英語圏の西欧に「ふたつの植民地主義との闘い」というイデオロギーを紹介したステファン・アーダングは、指導的な女性党員のひとりが革命の中で生まれた新しい女性像について語った次のような一節を引用している。

解放された女性とは、社会における責任を明確に意識し、経済的に自立した女性であると私は思う。解放された女性とは、差別を受けることなく社会的なすべての仕事を遂行できる女性であり、学校教育を受け、指導者になることのできる女性であると私は思う。現在、女性が解放闘争をたたかっている一方で、新しいシステムが出現し、それが次世代の若者の誕生を準備している。そして、この新しいシステムは自由や解放、あるいは家族や社会の構成員間の共存についての考え方を変えようとしている……。

われわれが、搾取なき社会の建設をめざすとすれば、もちろん、その社会において女性は解放されねばならない。民族解放の闘いは、女性を解放するひとつの方法である。なぜなら、男性と同じ仕事に従事し、国土の解放に携わることによって、女性は男性と同じ仕事ができることを確信するからである。そのプロセスで、女性は自分たちにも多くのことを成し遂げる能力があるということを学ぶだろう。それは、以前には考えられないことだった。また、われわれの党には最高の指導的地位に就いている女性がいること、女性はさまざまな生活領域で働いていることも学ぶだろう。自分たちには能力があるということを女性が確信し、その能力を男性に示すことは重要である。（Urdang 1979, pp. 258–59）

明確に打ち出されたこのような目標は、解放闘争をたたかっている世界中の女性に勇気を与えた。

おそらく植民地時代における最大の皮肉は、ヨーロッパ人が植民地支配を正当化する一助として、アフリカ人女性の生活改善という戦略を用いたことだった。植民地支配と資本家の参入は、実際には、多くの女性を貧困に陥れたからである。例えば、バウレ人の女性は、商品化の進行によって、象牙海岸（コート・ディヴォワール）の居住地に持っていた綿布市場の支配権を失った。新しい植民地都市に住む多くの女性は、エメチェタのンヌ・エゴのように、資金も資源もなしに一族のメンバーとしての義務を果たさねばならない状況に直面した。さらに、植民地支配者たちはリネージの長老と結託して、女性の自立や自主性を制限しようとした。女性たちが、自給部門を縮小することによって植民地経済に打撃を与えるのではないかと恐れたからである。また、ヨーロッパ人入植者は、女性の政治権力への伝統的な回路を支持するどころか、しばしばエリート女性の政治権力を意図的に低下させた。こうしたヨーロッパ人の態度や政策にもかかわらず、経済的・社会的自立を勝ち得た女性もいたし、ストライキやナショナリスト運動という直接的行動を通して低下する地位に抵抗した女性たちもいた。ナイジェリアのイボ人やギニア・ビサウの事例のように、それが反乱にまで展開したこともあった。しかし、一般的には、家族の了承なしに都市に移住し、可能ならば経済の商品化の波にうまく乗って自立への第一歩を踏み出す女性が多かった。

第十章　独立後の時期

西部および中西部アフリカの住民は、大きな期待を抱いて独立後の時期を迎えた。新興独立諸国の政府は、脱植民地化の時期、教育改革や職場の拡充、あるいは西欧型の開発を促進することによってこの期待に応えようとした。しかし、残念ながら、それはさまざまな理由で失敗している。人々の期待を打ち砕いた要因の中では、限られた資源をめぐる競争と国際経済における新興国家の脆弱な立場とによって引き起こされた内紛がもっとも重要である。もうひとつの主要な要因として、政府の腐敗をあげることもできるだろう。そのような政府が西欧によって支えられている場合もある。

現代に関する女性関連文献の多くは、こうした展開を考察し、独立後、女性の地位は向上したのかそれとも低下したのかとの疑問を投げかけている。しかし、この設問はあまりに単純すぎる。女性の間で展開した階級格差の現実を無視しているからだ。そこで研究者の中には、ジェンダーと独立後の変化との相互作用が、いかに女性の生活に影響をあたえているか、という問いかけを始めた者もいる。これは、集団としての女性が階級、年齢、地位によって階層化されていること、そして女性にとっては損得両面の可能性が存在するとの認識に立った設問である。

1　農村部の女性

農村部における女性の生活は、ジェーン・ガイヤーが述べているように「片や企業と自立、片や貧困と過労」を特徴としている（Guyer 1995, p. 19）。この相対立する状況は、拡大する商品生産と女性の生活を支配してきたローカルな文化システムとの複雑な相互作用から生じている。農村部のアフリカ人女性に関するガイヤーの文献サーヴェイによれば、商品生産は農村女性に次の三つのルートを通して影響を与えている。第一は、小規模農家による輸出用作物生産の発展に支えられた国際市場向け生産の拡大、第二に、国内および地域間貿易の拡大、第三は、小規模農業部門外での工業および大規模農業事業における賃金労働の展開である（Guyer 1995）。

　こうした商品経済の展開によって、多くの農村女性はますます周縁化された土地で、しかもわずかな男性親族の手を借りながら家族を養わねばならなくなった。中には、商業活動を広げることによって、小商いを劇的に拡大した女性もいた。ガーナ南部のココア生産地域の女性は、しばしば夫のココア農場を手伝いながら家族に自給用食料を提供し続けた（Okali 1983）。女性の中には自分でココア生産に参入した者もいるが、一般的には小規模にとどまっている。こうした女性の農場は、ココア農場全体の五パーセント以下にすぎない（Guyer 1995）。一九六〇年代にココア・ブームが過ぎると、男性は女性と家族を残して都市に移住しはじめた。こうして、女性のみに自給部門を託すという植民地時代に始まったこの傾向は、独立後にも引き継がれた。ココア農民はこの不況期にも最上の土地を独占していたから、女性はますます劣化する土地で家族を養わねばならなくなった。

多くの女性が農業、小商い、食品加工、賃労働を組み合わせて窮状をしのいできたのである（Guyer 1995）。

ヨルバ人（ナイジェリア）の女性も、ココア生産の拡大によって同じく窮地に追い込まれた。ガーナ南部と同様に、相続などを通して自分のココア農場を手に入れた女性もいたが、土地の商品化は一般に土地や家族労働への支配力を持たない女性に不利な影響を与えた。女性は自分の農場より夫の農場で働くことが多い。植民地時代と同様、ヨルバ人女性は小商いの活動を拡大することによって、こうした状況に対応してきた。彼女たちの仕事場はあいかわらず露天のマーケットだったが、男性の領域である小商店経営に参入する女性も増えた。商店経営のためには、通常より大きな資本を必要とした（Afonja 1981, 1986）。それゆえ、商品経済の発展は農村女性の間に、複雑な階層分化をもたらすことになった。

農業に関する最近の研究は、性別分業の研究の精緻化と、その歴史的考察の深化に寄与してきた。それらは、農村女性が、積極的に新しい労働需要に抵抗し、経済的自立のための方策を模索していたことを示している。例えば、ジェーン・ガイヤーによるカメルーンのベティ人社会に関する研究は、植民地化以前の農業が作業別分業の傾向を示していたのに対し、新しい換金作物が導入されると、作物や畑のタイプにもとづいて分業化されるようになったことを明らかにしている。このような生産形態の変化は、輸出用作物生産の発展とそのプロセスに対する女性の対応を反映している。つまり、男性が換金作物栽培に巻き込まれた結果、女性は土地と「男性」作物へのアクセス権を失い、「男性労働に依拠しない農業活動を拡大すること」によってこれに対抗したのである。また、女性は、食品の加工や酒造り、あるいはビールの輸入といったその他の活動を通して、換金作物から得た男性の収入を吸い上げようともした（Guyer 1991）。

ガンビアの稲作農業に関する研究は、作物のジェンダー化が世帯内の分業と権力関係の中で進展しつつあることを指摘している。ジュディス・カーニーとマイケル・ワッツによれば、植民地官僚がガンビアの米の生産量を増やそうとして失敗したのは、性別分業のせいだったというのである。つまり、男性が「女性作物」の栽培を拒否すると、女性は米作に費やす日数を増やせなくなったからである。同様に、一九八〇年代に実施されたある開発プロジェクトでは、米作用地と財産へのアクセス権を失うことに抵抗した女性がストライキを起こしている（Carney/Watts 1991）。最近では、果物と野菜の値段の上昇がさらに農村部の分業形態を変化させた。果物や野菜などの「換金作物」からの女性の収益が男性の収益を上回りだすと、女性は以前より自立性を高めた。その結果、多くの女性が男性の権威に抵抗しはじめ、家事の一部を放棄したからである。このようにしてジェンダー関係が変化しはじめ、夫婦関係の見直しが進展した（Schroeder 1996）。

指摘しておかねばならない重要なことは、西部および中西部アフリカの農村部の発展が、すべての女性に同じような影響を与えたわけではなかったことである。ルーシー・クリーヴィーは、農村部の女性が男性との関係で地位を低下させたというステレオタイプ的な見解とは異なるマリの事例を紹介している（Creevey 1986b）。このステレオタイプ的な見解は、男性が植民地下では支配者から、独立後には開発専門家から農具や助言を受け、換金作物に転向したりプランテーションや南部の町に移住したと主張する。しかしクリーヴィーは、男性であろうと女性であろうと、大部分のマリ人は農村部にとどまっていることに気づいた。男性による移住はほとんど見られず、全世帯に占める女性世帯主の割合は一四パーセントにすぎなかったのである。この地域では、定期的な旱魃や沙漠化がもたらす危機的状況にもかかわらず、こうした安定性が維持されてきたとクリーヴィーは論じている。彼女はマリ人の農業に見られる男性と女性の持続的な相互依存関係について次のように述べている。

バンバラ人の男性は畑を切り開き、少年たちは家畜の糞でその畑を肥やし、男性が貯蔵小屋を建てて貯蔵穀物を管理する。女性が管理できるのは家族用の余剰穀物のみである。バンバラ人の女性は男性の畑で働いて現金収入を得る。さらに、バンバラ人の男性は畑地を開墾して女性の手助けをする。バンバラ人の女性の畑は食用作物に限定されておらず、ピーナッツのような換金作物も育て、このようにして入手した現金で家族の必需品を買ったり好きな物を買ったりする。（Creevey 1986b, p. 58）

クリーヴィーはさらに、出身民族、年齢、宗教、家族の富裕度が女性の役割に影響を与えていると考える。そして、マリ農村部の女性が多くの問題に直面しているとしながらも、商品化の進展と経済発展のみがこうした問題の原因ではないと主張している。この事例が特別なのか、もしくは他の事例に見られる同様の資料に関してもクリーヴィー独特の解釈が該当するのかどうかは不明である。

2　都市経済の中の女性

西部および中西部アフリカにおける農村部の危機は、チャンスの多い都市の魅力とも結びついて、男女の都市部への移住を引き起こした。アドゥポジュが指摘しているように、移住そのものは、アフリカでは決して新しい現象ではない（Adepoju 1983）。戦闘、交易、福音伝道、旱魃、肥沃な土地探し、奴隷貿易など、すべてが植民地化以前のひんぱんな人口移動を支えてきた。こうした移住は、通常、集団移住の形式をとった。植民地化以前と対照的なのは、植民地期と独立後の時期には女性より男性の移住が増大したことである。一九八〇年代に子供のいない未婚女性の移住が見られ、もう一度、植民地時代および独立後の人口学的パターンを変化させる原因となったが、それでもなお男性は賃金労働に就く機会が多く、女性は相変わらず自給農業部門で重要な役割を演じ続けている（Sheldon 1996）。

それにもかかわらず、次第に多くの女性が都市部に移住するようになった。スダーカサは、こうした女性のほとんどが商業のチャンスを求めていたと論じている（Sudarkasa 1977）。西部アフリカで商業目的の移住を独占してきた四つの集団、つまりハウサ人、デュラ人、イボ人、ヨルバ人の中では、ヨルバ人移住者に占める女性の割合がもっとも高く、それはヨルバ人男性の移住人口をもしのいでいる。その他、夫に同伴して町や都市に移住した女性も多い。賃金労働に就こうとする女性の数はますます増加しているが、教育レヴェルの低さと就職のチャンスの制約により、商業を生業とせざるをえない状況にある。若い女性の中には町の親戚の家に移住し、家事をしながら教育費を稼いでいる者もいる。

農村部と同じく、都市部でも、中心となって家族を養っているのは女性である。これは、おそらく、女性の生活に共通して見られる現実である。したがって、国勢調査官が彼女たちを労働力として計上するにしろしないにしろ、実際にすべての女性が経済活動に従事していると言ってよい。いずれにせよ、調査官は、常に女性の労働人口を少な目に計上している。工場労働や工場の職員を含め、次第に多くの女性が賃金労働に従事するようになってはいるが、圧倒的多数の女性が都市経済の中で生き残るために自営業に参入している（Robertson 1997a）。また、女性はインフォーマル部門で都市部の土地を利用して食料を生産し、地元の労働者や住民に売って儲けることによって、都市に農村的要素を持ち込んでもいる（Freeman 1993）。

小商いや食品加工といった自営業は、多くの女性に自立のチャンスを提供した。しかし、この職業を選んだかなりの女性が、乗り越え難い障壁にぶつかり、快適な暮らしを手に入れられずにいる。ましてや、女性が自営業以外の職業に就くチャンスは、男性より少ない。賃金労働への就業率が男女間で異なるのは、教育レヴェルの差に原因がある。女子は男子より教育を受ける機会が限られており、学校に行ったとしても、初等レヴェルどまりのことが多いからである（Rbertson 1997a）。とはいえ、独立後の教育制度の改善にもかかわらず、西部および中西部アフリカの識字率は男女を問わず低い（Ware 1983）。

女子教育の低迷という現象は、都市でも農村でも同じである。母親が娘に家事や農園や市場での手伝いを要求するからである。普通、家族は息子に対するような期待を娘に対して持たない。だから、家族が学校の授業料を払えない時には、娘が犠牲になる（一九七五年の国連アフリカ経済委員会の調査報告）。都市経済においては、同じ教育を受けたとしても女子は男子より仕事を見つけにくいという現実が、さらに、この男子優先主義を支えている。初等教育もしくは中等教育を受けたとしても、女性はその教育を賃金労働に就くために生かすことができず、自営業への参入を余儀なくされているのである。

エニド・シルドクラウトは、ハウサ人が娘を学校に行かせたがらない別の理由を挙げている（Schildkrout, 1983）。ナイジェリア北部では、多くのハウサ人が娘の教育に抵抗しているのだが、その理由は、最初の結婚の時に処女であることを保証するために、思春期を迎えるや否や娘を結婚させたがるからであるというのである。加えて、ムスリムのハウサ人は、西欧教育を、キリスト教と学校における道徳的放縦さに結びつけて考えている。これは、西部アフリカ諸国に共通して見られる現象である。

西欧教育の普及は、実際に学校に行くことができたか否かにかかわらず、都市部に住む女性の生活に影響を与えてきた。教育歴が職業構造における地位を決定する重要な要因となるにつれ、こうした教育システムは単に存在するだけで、町や都市における経済的な階層分化を促進しているからである（Fapohunda 1983）。しかし、女性へのインパクトも、複雑かつ多様化している。独立後の教育機会の増大により、このシステムに参入できる女性も増え、識字率も上昇した。例えば、コート・ディヴォワールでは、中等レヴェルに達する前に学校を辞める女性も多いが、最上級のエリート教育を受けるチャンスを手にした女性も少数ながらいる。このエリート教育は、西欧では男子にのみに開かれていた専門的な訓練を女子にも提供している。カメルーンなどその他の国では、コート・ディヴォワールより中等教育や高等教育を受ける女性が多いが、一般に、西欧の女性が就くような職業教育に限定されており、限られた経済的機会しか提供されていない（Clignet 1977）。女性を対象とした農業訓練や技術訓練に力を入れている国はどこにもない。農業における女性の重要な役割を考えると、この事実がいかに皮肉であるかを指摘している研究者もいる（Boserup 1970; Ware 1983）。

エメチェタの小説『ふたつのくびき』（Emecheta 1982）の中で、ンコはアフリカで高等教育を受けた女性が遭遇する多くの問題に直面する。ンコは対立する期待の間で立ち往生している。ボーイフレンドが、黙って夫の意思を尊重する理想的な農村女性の役割を全うすることを彼女に期待している。その一方で、彼女は自立した知的生活を営む高学歴のエリートに魅力を感じているのだ。重要なことは、教授と寝ることに同意しなければ大学を卒業できないと彼女が信じ込んでいることである。それは、彼女が望むことではない。教育はンコに新しい機会と、新たな、しかし非常に恐ろしいジレンマの両方を突きつけているのだ。

都市の女性たちは、経済的保証と老後の世話を期待して娘に教育を受けさせようとしている。しかし、この戦術の結果は複雑だ。学校にいる間に、女の子は女性商人や他の自営業の女性に弟子入りするという重要なチャンスを失うことになるからである。この損失は、学校教育の年月にかかわらず、ほとんどの女性がいずれは自営業に参入せねばならないことを考えると、見過ごしにはできない。さらに、学校教育がこうした失われた年月を、例えば経理の技能訓練によって埋め合わせてくれることはめったにない（Robertson 1997a）。結局、娘を学校に行かせた女性は、商売に必要なアシスタントを奪われ、自分の労働負担を増やすことになる（Schildkrout 1983）。

都市部での教育システムが、職業にもとづく階層分化を拡大させると、女性の階層分化も進展した。このシステムの中で経済的に成功するのは、ほんの少数の女性だけである。しかも、大成功をおさめるのは、特権的な家族に生まれることによって人より先んじて人生のスタートを切ることができる女性だけである（Barthel 1975）。研究者は西部および中西部アフリカの少数のエリート女性に注目してきたが、その関心は男性との性的関係や婚姻関係に絞られている。そのことについては、次節で詳しく紹介しよう。

3　親族関係・結婚・宗教

親族構造と結婚に見られた最近の変化が女性に有利な展開だったかどうかは、研究者の多くが注目してきた論点である。ほとんどの女性はいつか結婚する。娘を十代で年配の男性と結婚させる家族も多い。それゆえ、女性が早く大人の仲間入りをすることは、植民地化以前から植民地時代にかけてこの地域の人々が持っていた理想といってよい。しかし、次第に多くの女性が、男性と同じく二〇代まで結婚しないようになってきた。この変化は、若い男女が植民地化以前の社会よりずっと自由にパートナーを選べるようになったことを示している。かつて親族集団間の同盟を意味した結婚は、むしろ個人的な好みを表現する機会にとってかわったと言えるだろう（White 1984）。

さらに、離婚は、西部および中西部アフリカ一帯でかなり一般的に行なわれていると思われる。離婚後の男性との関係は、慣習的な結婚とも西欧的な結婚とも異なる形態をとることが多い。例えば、ガーナのアサンテ人が「恋人結婚」と呼ぶ形式である。これは、結婚という公的なセレモニーなしに、男性との長期的な恋愛関係に入る形態を指している（Abu 1983）。女性世帯主の増加という現実が示しているように、すべての女性がこうした関係を選択するわけではない。いずれにせよ、マイケル・ヴェルドンは、伝統的な結婚とキリスト教的結婚は、第二次大戦後のガーナ南部のエウェ人社会から消えたと主張している（Verdon 1982）。第二次大戦前でさえ離婚は一般的だったが、それは、女性が母系親族の絆を通して土地の権利を入手し、子供たちの保護者の役割を続けることができたからである。しかし、第二次大戦後の婚姻儀礼の消失は、労働移動と学校教育の普及の中で、娘たちへの両親の支配権が低下したことから生じている。その上、結婚の契約は、もはや男性と女性の領域に橋を架けるという経済的機能を果たさなくなった。結婚の絆は、増大する移動性と都市化のもとでますます脆弱化している。

こうした脆弱な結婚の絆は、女性の生活に対して複雑かつ矛盾した影響を与えている。ルイス・ホワイトが示唆しているように、「労働移動と農村の貧困は女性の労働負荷と不安を増大させたが、選択の可能性と女性が支配できる多様な社会関係を提供してきた」(White 1984, p. 63)。一方、多くの女性が、夫や親族の絆があればもっと楽になるはずの経済的責任をひとりで引き受けざるをえない状況に直面している。同時に、こうした女性の中には、文化的に容認されるケースは少ないが、恋人に経済的支援を求めざるを得ない者もいた。都市部に住む女性は、家族や親族の絆を断ち切られ、かつては存在したと思われるリネージの支援も受けられなくなっているからである。例えば、女性が子供の世話を家族のメンバーや僚妻と分担することはますます困難になっている。一方、柔軟な異性関係と弛緩しつつある親族の絆は、明らかに女性が自立しやすい状況を生み出している。今や、女性は多くのことを自分自身で決定しなければならなくなっているが、たとえそれが経済的負担の増加を意味しようと、女性はこの状況を歓迎している。

アフリカ人女性を主題とした多くの現代文学や大衆の知恵は、夫婦や親族の絆の弛緩がもたらした不安を暴いてきた。婚姻関係を自在に利用する女性の能力は、往々にして男女間の関係が経済的利害にもとづいているため非難されることが多い。マンが示唆しているように、アフリカ人女性の多くは男性との関係を手段と考えるようになってきた。女性は家族関係や性的関係を、資源を手に入れたり、チャンスを摑んだり、個人的な社会的経済的野心を満たす手段として利用しているのだ。目的が成就されないような関係なら、女性はそれを解消し、もっと旨みのあるパートナーを探すだろう。（Mann 1985, p. 110）

他の地域と同様にアフリカでも、歴史的に見れば、長い間、異性間の結びつきは経済的要因が絡んでいた。目新しいことは、異性間の結びつきが資源と機会の源であるということではなく、結婚が作り出してきた親族集団間の絆が消失したことだった。こうして、女性も男性も、パートナーを選んだり関係を解消したりする自由を手に入れることになる。しかし、これは、自立を望むが男性の支えなしに生きてゆく資源を持たない女性にとっては、両刃の剣であった。このような状況の中で、強制結婚や一夫多妻婚、あるいは離婚規制に反対するギニア・ビサウの「ギニア・カボヴェルデ独立アフリカ人党」の立場は注目に価する（Urdang 1979）。独立後の諸国家は、一般に女性への家父長的支配を弱めるより、むしろ支持する傾向があったからである。

フローラ・ンワパは、ナイジェリア人の女性を主題とした小説の中で、結婚と家族生活に対するフェミニスト的批判を展開している（Nwapa 1998）。彼女は、『エフル』（1966a）、『一度で充分』（1981）、『イドゥ』（1966b）の中で、伝統的束縛が女性の生活に与える悪影響を強調する。彼女の小説に登場する人物の多くは子供がなく、それゆえ家族によっていじめられている。しかし、ンワパは近代社会にも批判的である。社会の期待が女性に不利益をもたらしているからである。たいていの女性は、不幸な結婚に縛られるか、不運にも子供を産めない場合には自分で身を守るしかない。

ヴィーダルがアビジャン（コート・ディヴォワール）の事例で示しているように、異性間の結びつきの変化は階層を越えて起こっている（Vidal 1977）。専門職の女性は、気に入らない結婚をするより独身を選ぶようになった（Dinan 1977）。教育を受けた高所得の女性は、一夫多妻婚に反対する傾向がある。夫の資源を他の僚妻と共有することを望まないからである。エリート女性にとっての理想的な結婚像は、（忠実な）夫と責任を分担できるような一夫一婦の関係である。しかし、多くの場合、現実は理想と違っている。例えば、男性は核家族の要求に抵抗し、しばしば外に妻を持ったり愛人を持ったりするようになる（White 1984）。また、オポングは、近年、エリート女性が夫と一緒に住む傾向を強め、母方親族との断絶によって苦しんでいると分析している（Oppong 1974）。同時に夫婦関係の安定は、夫が外に持った妻や夫の母方親族からの夫への要求によって脅かされている。このような状況の下で、多くの専門職の女性は結婚を差し控えたり遅らせたりして、都市経済の中で生き残りかつ成功するために必要な資源を与えてくれる男性と、実利的な関係を持つようになっている（Dinan 1977）。

ンワパが『一度で充分』（Nwapa 1981）の中で示したように、未婚のままでいる決意はしばしば女性を不品行とか不道徳といった告発にさらすことになる。マリアマ・バは、『かくも長き手紙』（Ba 1981）の中でこの問題をとりあげている。この小説は、ふたつの結婚に焦点をあてている。ひとつはモドゥとラマトゥラエ、もうひとつはマウドとアイサトゥである。ラマトゥラエは夫によって捨てられても貞節な妻であり続けることを選ぶ。一方、アイサトゥは夫のもとを去る決心をする。女性の生活を抑圧するセネガル社会の性差別と闘う中で、ラマトゥラエはひとりで子育てをすることにともなうさまざまな問題に直面する。バとンワパは、女性問題を提起したアフリカの独立後の声を代表している。とはいえ、その声は、すべてがフェミニストであることを明示的に宣言しているわけでもなく、中には西欧のフェミニストと距離を置いている場合もある。小説家の中には、エメチェタが描いた伝統的思考と同時代的現実という二重のくびきにとらわれた女性にもっと大きな自主性と自立を、というアフリカ人フェミニストの関心に声を与えてきた者もいる。また、アフリカ人の性差別の源に、ヨーロッパの帝国主義と植民地支配を置くンワパやアマ・アタ・アイドゥーといった小説家もいる（Nwapa 1966a, 1966b, 1981; Aidoo 1970, 1977）。概して、アフリカ人女性作家の作品には、女性個々人の自由と家族や共同体の需要との間の緊張に焦点を合わせているものが多い。

小説家が、闘う女性の声をすべて代弁しているわけではない。フェミニスト人類学者であるフィロミナ・チオマ・ステディーは、アフリカのフェミニズムをフェミニズムのオリジナルな形として描いており、ヒューマニズムを女性の福祉と結びつけるアフリカ固有の女性の政治闘争の形態を認めるよう主張している（Steady 1987, 1985）。また、アワ・ティアムは、西部アフリカにおける女性の苦しみを強烈にしかも挑戦的に描いている（Thiam 1996）。彼女はその中で、西部アフリカの大部分で今も行なわれているクリトリス切除に対する批判を展開した。オラインカ・コソ＝トーマスもこの批判に同調したひとりである（Koso-Thomas 1987）。彼女は、女子の成人儀礼を文化的コンテキストの中に位置づける一方、西欧で訓練された医者として、多くの女性の命を奪ったそのやり方を告発する。彼女の作品は、この慣習に起因する損傷を見てしまった者の情熱、医者としての権威、内側の人間としての繊細さで貫かれている。

アカデミックなフェミニストが結集しはじめたのは、少なくとも、西部アフリカの女性知識人が

「調査と開発のためのアフリカ女性協会」（ＡＡＷＯＲＤ）を結成した一九七七年以降のことになる。この協会に参加した女性たちは、イギリス嫌い、あるいはフランス嫌いの西部アフリカ出身者だった。彼女たちは独立したフェミニストの足場を確保し、アフリカ人女性の生活に関するさまざまな問題を提起していこうとしているのである。このような組織を基盤として一九八五年に設立された「女性の調査と記録センター」（ＷＯＲＤＯＣ）は、イバダンのアフリカ研究所を拠点として、西部アフリカ史やナイジェリア史に関する活発で有意義な調査を行なっている（Awe/Mba 1991）。

西部および中西部アフリカの女性個々人の生活もまた、さまざまな宗教的経験の影響を受けている。例えば西部では、キリスト教が、ナイジェリア南部を除くすべての国でマイノリティの宗教となっている。キリスト教のかわりに、イスラームが劇的な勢いで普及したからである。しかし、地域ごとに文化が違うように、イスラームのインパクトも基層文化や伝播の時期によって異なった。例えば、ハウサランドでは、多くの女性がヴェールを着用し隔離されている（Callaway/Creevey 1993）。しかし、セネガルやガンビア、あるいはシエラ・レオネのようなその他の西部アフリカでは、女性の生活に対する身体的な制約はほとんど見られない。今後は、国際的な政治的イスラーム、つまりイスラーム主義の普及がいかに西部アフリカの女性の生活に影響を与えるかが注目される。

4　女性・開発・国家

女性史研究の立ち遅れを嘆きながらも、独立後の国家形成や国家への抵抗を研究する際、女性の視点を組み入れる文献が増えている。ナイジェリア人の女性は、第三共和制期に社会や家族のジェンダー関係を民主主義の定義に組み入れようと努力した。しかし、残念ながら、政府によって拒絶され、女性は何ら実質的な成果を収めることはできなかった（Shettima 1995）。

一般に、新興アフリカ諸国は、植民地支配からポストコロニアル国家への移行期に、国政への女性の参加度を高める真摯な努力をほとんど行なわなかった。それどころか、女性の政治的権利を無視する植民地時代そのままの態度を保持したのである。ナイジェリアの女性は、植民地化以前に持っていた政治権力のほんの一部を取り戻したにすぎなかったと、オコンジョは論じている（Okonjo 1983）。植民地化以前、女性は二重の性構造の中で文化的に認知された権力を持っていた。しかし、男性に有利なユニセックスの政治システムの展開は、女性を不利な状況に追いやった。女性は、かつてイボ人やヨルバ人の社会で見られたような、女性のための女性の政治システムを失ってしまったのである。公職に選出される女性はほとんどなく、高位高官の地位に就いている女性の任免権は、ほぼ男性が掌握している。

軍事体制はさまざまな顔を持っている。それは、「伝統」の外部に女性が新しい方法で公的に活動できる空間を創出することがある（Mba 1989）。また、上意下達によって事を容易にはこべるため、「慣習」にとらわれたり、女性に相談することさえせずに、女性の生活を急激に変化させることもできる。例えば、一九七六年に北部のイスラーム地域の女性に選挙権を与えたのはナイジェリアの軍事体制だった。その他の地域の女性が選挙権を獲得したのはそれより一〇年も後のことである。同様に、一九九〇年代初頭に女性性器切除の慣習を禁止したのもナイジェリアの軍事体制であった（Shettima 1995）。しかし、一般に、軍事体制は、女性を犠牲にするやり方でジェンダーを操作してきた。例えば、権力の座にいる男性が、女性を政府や資本主義的開発の失敗のスケープゴートにした事例もある。デニスは、短命に終わったナイジェリアの「連邦軍事政府」（一九八四〜八五年）がそれに該当すると論じている（Dennis 1987）。連邦軍事政府は、ナイジェリアがきわめて深刻な経済危機に直面した時に、クーデタで政権を掌握した政権である。その危機の背景には、石油からの歳入の減少があり、そのため、すでに一九七〇年代初頭には、石油にかわって換金作物が歳入の主要な源泉となっていた。加えて、国家は、石油ブームの時期に実施され、何の成果も生み出さなかった工業化と公共事業への大規模な公的資金の支払いをせまられていた。女性にとってもっとも重要なことは、独立後のナイジェリア政府が、食料生産、あるいは小規模な交易や商品生産を無視したイギリスのやり方を継承していたことである。しかも、こうした部門を支配していた女性は、国家と対立しながら、ほぼ孤立無援のなかで家族を養わなければならなかった。日常生活が次第に不安定になったため、人々の目には、経済危機が社会関係の崩壊を引き起こしたかのように映った。

この社会経済危機の背景には、デニスのいう「ナイジェリア社会と外部社会との間の構造的矛盾」と呼ばれるものがあった（Dennis 1987, p. 21）。しかし、国家とその資源をめぐるさまざまな民族ブルジョアジー集団間の抗争は、軍事政権が無視しようとした問題だった。政府はむしろ、この危機を「規律性の欠如と……特定の社会集団が期待される社会的役割を適切に遂行することに失敗し、社会が正常に機能することを妨害した」結果だと非難した（Dennis 1987, p. 19）。「規律を欠いた」集団を代表する女性の中には、子供を放置しているとみなされた働く母親と妻、男性を非行に導く売春婦であるとみなされた未婚女性、商品を買いだめし消費物資の危機を作り出したと非難された小商人たちがいた。これらをひっくるめると、ほとんどのナイジェリアの女性に該当する。

国家が女性を攻撃した背景には、複雑な要因が絡んでいた。トイン・ファロラによれば、ヨルバ人女性はしばしば市場の支配を通して権力を手に入れた。この「女性の空間」は、政治的な場であると同時に、ヨルバ社会の中心的制度のひとつでもあった。マーケットで働く女性は、市場をめぐって女性と競合する男性権力者を操作するために、この「女性の空間」の支配権を利用した。そのようにして、女性の小商人たちは、権力を拡張しようとしたのである（Falola 1995）。にもかかわらず、彼女たちは、容易に政府の標的になりやすかった。消費者が、極度なインフレと日常必需品不足の原因を女性のせいにしたためである。しかし、一般的に、市場の女性は食糧品の小売ネットワークのなかでは最も弱い立場にあったため、このような物価高の責任を取れるわけはなかった。彼女たちは、困難な時代に直面して、ただ単に家族を養うことに必死になっていただけなのである。ところが政府は、兵士を市場に派遣して商人を殴らせたり価格を下げるよう強制したりして、女性に不当な責任をなすりつけた。インフレは深刻な構造上の問題であり、このような行動が長期的解決に結びつくことはなかった。

小商人に対するこの攻撃は、連邦軍事政府の開発イデオロギーに沿ったものだった。つまり、政府は、ナイジェリアが伝統的で後進的な部門と近代的な部門とに分断されているという植民地時代に構築された考えを引き継いでおり、西欧のような都市部を抱えた産業社会を創設することを目標としていた。この開発の見取り図は、女性にとって重大問題だった。というのは、そこでは、マーケットで働く女性と自給農家は近代化を阻害する伝統部門に分類されていたからである。小商人は道路を占拠し、インフォーマルな経済部門を活性化することによって近代化の邪魔をしているというわけである。西欧教育と植民地経験の影響や、ナイジェリア北部の保守的なイスラームの台頭も徳に責任をもつべきだと考えたのである。

あって、軍人支配者は、女性にふさわしい居場所は家庭であり、女性は家庭にあって子供と夫の道徳に責任をもつべきだと考えたのである。

女性にとって、最大の不幸は、このイデオロギーが女性の生活の現実を無視していたことである。多くの女性は、経済危機の中で、やせた土地での耕作や職探し、あるいは下降線をたどる経済の中での商売を強いられ、周縁に追いやられた。しかも、資金や資源へのアクセスがますます困難になる中で、女性は、相変わらず家族の食料をまかなうことを期待された。連邦軍事政府が打ち出した「不規律との闘い」は、女性に、物的な幸せではなく、子供たちの道徳教育の責任を負わせるものであり、女性の伝統的役割に対する間違った見解にもとづいていた。その結果、教師や看護婦といった正規の職業に就くことができず、農耕にも期待できなくなった女性たちは、家族を扶養するために密造酒や売春といった無認可の労働に従事せざるをえなかったのである。皮肉なことに、女性に道徳や伝統の守護者としての役割を押しつけることは、連邦軍事政府が推進する近代化路線に矛盾していた。それによって、多くの女性をこの闘いの敗者という立場に置くことになったからである。

女性の行動を規制するため、架空の伝統に訴えるこうしたやり方は、子供を守るために労働市場に参入した女性が、子供をほったらかしにしていると非難してきた西欧社会の人々には馴染み深いものかもしれない。西部および中西部アフリカには、このような「伝統的」価値への回帰に見られる矛盾を無視してきた国家もある。例えば一九七〇年代に、ザイール（コンゴ民主共和国）大統領モブツ・セセ・セコは、「真正性」（authenticité）と名づけた政策の中で、伝統的価値への回帰を言明した。ネグリテュードとアフリカ・ナショナリズムに起源を持つ「真正性」はザイール人の心を捉えるとともに、独裁支配がアフリカ的価値にもとづくかのように思わせることによって、モブツ権力の正当化に役だった（Wilson 1982）。こうした「真正性」な価値には、支配者の完全統制下に置かれた男性主導の国家がふくまれていた。ウィルソンは、このイデオロギーが理想とした女性像とは、夫、親族、そして究極的には大統領に服従する母親であり主婦であったと述べている。

ナイジェリアの連邦軍事政府と同じく、「真正性」は女性に道徳上の責任だけを押しつけた。定められた役割を怠った女性は、洗脳され監視されねばならなかった。ここでも、ナイジェリアと同様に、この伝統への回帰は、食料生産部門の衰退と一般的な経済的停滞に直面した国家の正統性を示すのに役だった。その上、国家イデオロギーは、前植民地期の農業を後進的と特徴づけ、女性の農民を厄介者だとみなすという逆説的な矛盾を抱えていた。いうまでもなく、女性が従事する自給部門を改善しようとする努力はなされなかった。「真正性」もまた、モブツによる女性への抑圧を正当化しようとした。モブツは、彼の統治下の一九七〇年に、女性は完全に解放されたと宣言することによって、彼の女性政策に対する批判と女性たちの闘いを、我慢できない直接的な挑戦とみなした。同様に、モブツ体制を批判する人々は、女性を性的に搾取することには疑問を投げかけたが、社会内部の不均衡な権力関係という、もっと大きなコンテキストを問題にすることはなかった（Mianda 1995）。

多くの国家が女性は伝統部門に留まるべきだと考えていたことは、政府や非政府組織によって遂行された開発プロジェクトにも影響を与えた。一九七〇年代に開発戦略が批判的に議論されはじめた当初、政府や国際的援助機関は、生産における女性の役割にほとんど注意を払わなかった。その結果、計画立案者は、西欧の経験にのっとった開発計画をモデルとして、食糧生産の犠牲の上に、換金作物生産と産業化を推進した（Nelson 1981）。

デイが主張するように、中国や台湾のエキスパートも、女性の農業における役割を軽視した（Dey 1981）。デイは、台湾農業使節（一九六六〜七四年）と世界銀行の農業開発プロジェクト（一九七三〜七六年）、および中華人民共和国の農業技術団（一九七五〜八〇年）の三者によるガンビアでの開発計画を比較検討した。すべてのプロジェクトで、生産力、土地、労働、作物、金融を統轄する男性の世帯主が技術援助によってもたらされる収益を再配分する責任を持つのが当然だと考えられていた。しかし、こうしたプロジェクトやガンビア政府が掲げた食料生産の自給という目標は、まだ達成されていない。デイが議論しているように、

在来農業の複合性を考慮にいれず、女性を排除して男性に焦点を絞った灌漑稲作プロジェクトは、入手できる貴重な女性の専門知識を無駄にしたという意味で失敗だった。さらに、女性による天水と沼沢地を利用した稲作方法に多少の改善を加えれば、目覚しい成果が達成できたと思われたにもかかわらず、投資は相対的に資本集約的な灌漑計画に集中した。結局、このプロジェクトから排除された女性は、ますます不安定かつ変化する農村経済の中で、余剰食糧と換金作物を掌握する男性への依存度を高めている。（Dey 1981, p. 122）

とはいえ、開発プロジェクトは女性にさまざまな影響を与えた。ヴェネマは、セネガルで生じた複雑な結果を明らかにしている（Venema 1986）。彼は、世帯主が開発計画からの利益を等しく分配すると仮定するのは間違いだとのデイの見解に賛同する。そして、セネガルのウォロフ人は一様な生産単位の中で生活しているわけではないということを強調した。しかし、彼は、アフリカにおけ

る開発計画の研究に従事する他の研究者と違って、換金作物生産に従事していた女性の中には、国家の政策がもたらした変化の恩恵に与かったものもいたと主張する。とりわけ、ヴェネマは、牛と犂の導入によって、常に、女性は不利益を蒙ったとするエスター・ボスラップの見解に異議を唱えようとした（Boserup 1970）。ウォロフ人の女性は、機械化によってさまざまな影響を受けたというのである。ある事例によれば、男性が使用した種まきドリルの導入は、女性に不利益を与えたわけではなかった。というのは、それによって女性の耕作面積が増加したからである。しかし、別の事例によれば、粉挽き機の導入は女性の粉挽き集団の活動を浸食したため、女性の収入を減少させている。

アフリカにおけるフェミニスト運動と恒常的な食糧危機の中で、開発団体や政府はますます女性に注目するようになってきている（Lewis 1984）。ムビリニは、国際的な開発団体によって打ち出された「開発と女性」（ＷＩＤ）イデオロギーを批判し、農業における女性の役割についてこれらの団体が見落としてきた点を改善しようとした（Mbilinyi 1984）。彼女は、プロジェクトの多くが、階層分化を促進することによって、女性に分裂をもたらしたと指摘する。特に、開発プロジェクトに参加しているブルジョア女性や、そうしたブルジョア女性から利益を得ている少数の女性の関心は、貧困層の女性の利害と対立する方向に展開しているというのである。ムビリニは「女性はすべて同じではないし、同じ利益を分有しない」と指摘する（Mbiliny 1984, p. 14）。今後も、開発計画がアフリカの女性に与えるさまざまなインパクトに関する研究には、注目してゆく必要がある。

女性たちは、新たに独立した政府が、アフリカのフェミニストの掲げる要求を満たしてくれるだろうという大いなる期待を抱いて、独立後の時代を迎えた。新興独立国家は、教育や健康管理の提供、あるいは経済規模の拡大によってこうした要求に応えようとした。しかし、経済が停滞すると、女性の生活改善は、国家権力を掌握している人々にとっての優先課題ではなくなった。その上、新しいエリートの中には、国家や経済がもたらした制御できない問題の責任を女性に転嫁する方が好都合であると考える者もでてきた。

独立後も、ほとんどの女性は農村部に住み、農耕と小商いによって親族への扶養義務を果たし続けている。都市部に住む女性たちもまた、家族を食べさせるという重荷を背負い続けている。多くの女性が生存をかけて闘っている一方で、女性の階層分化が進んでいる。数百年前に始まったプロセスである。女性によって、教育、雇用、資本を入手する機会は大きく異なる。しかし、エリート女性でさえ、女性の選択肢を限定し、しかもほとんど実現できる女性がいないような理想の女性像を掲げるイデオロギーに苦しめられている。こうしたさまざまな問題に直面しながらも、女性は女性なるがゆえに受ける抑圧に抵抗し、世界経済に占めるアフリカの立場に敏感であるのみならず、彼女たちが直面しているジェンダー間の不平等を是正できるような政治的運動を展開してきたのである。

訳者ノート

本書は、「東部および南部アフリカ」と、「西部および中西部アフリカ」の二部構成になっている。それぞれ、歴史をできるだけ過去にさかのぼりつつ、現代にいたるまでの女性の活動やジェンダー関係の変化を文献サーヴェイを通して紹介している。ただし、第一部と第二部では、構成も叙述の仕方も異なっている。その違いについてコメントすれば第一部は時代を大きく二つに分けて二章立てとし、テーマ別の通地域的サーヴェイを行なっているのに対し、第二部は地域を大きく二つに分け、時代別の一〇章立てとなっている点に特徴がある。

その理由のひとつは、それぞれの地域的特性にある。つまり、第一部は、タイムラグはあるものの、対象地域がほぼ同じ歴史過程を経験しているのに対し、第二部では沿岸部と内陸部との歴史過程の違いが大きいことである。二つ目の理由は、著者のアプローチの違いである。第一部がなるべく多くの文献紹介に軸足を置きつつ、従来の時期区分とは異なる女性史の歴史過程を描き出そうとしているのに対し、第二部は、むしろ、従来の時期区分に沿った歴史の流れを重視しつつ文献紹介をしているからである。この違いは、第一部の対象地域が第二部より広く、かつそのほとんどが英領であり、したがって、英語文献が膨大な分量にのぼっているのに対し、第二部は地域が限られている上に、フランス領やドイツ領が多く、合衆国の学生に紹介できる英語文献が少ないことからくる技術的な問題とも関連していると思われる。

原書の出版と翻訳の出版との間には、どうしても時間的なずれが避けられない。本書の場合も、原書が出版された一九九九年からすでに五年近くが経過した。その間に出版された文献はテーマも対象も多様化し、かつ質量ともに拡充してきている。訳者の手の届く範囲で、以下にその一部を紹介しておきたい。

先史時代〜古代

先史時代や古代社会の女性やジェンダー関係に関する研究は少ない。それは、考古学におけるジェンダー分析が、歴史学や人類学より十年ほど遅れたこととも関連している。例外的にジェンダー研究が進んでいる古代エジプトが、対象地域外にもかかわらず、本書の第一部に挿入されているのは、そうした研究状況を反映している。

そのような中、サハラ以南のジェンダー考古学初の論集であるスーザン・ケント（編）『アフリカ先史時代におけるジェンダー』（Kent 1998）が出版された。本書の出版ぎりぎりの時点で纏められたため、この論集の成果は、本書には盛り込まれていない。

論集には一六篇の論文が収録されている。執筆者（一六人中男性は六人）はアメリカ、イタリア、イスラエル、ポルトガル、南アフリカ、イギリス、ボツワナを拠点として活動している研究者である。対象地域は、古代エジプト、南部アフリカの狩猟採集民、東部アフリカの遊牧民、ガーナやサハラを含む西部アフリカ諸地域を含み、石器時代を中心に分析が行なわれている。

考古学の中で、民族の社会関係を解き明かそうとする領域は「民族考古学」と呼ばれている。本論集では、それにジェンダーの視点を加え、両性の不平等を誘発してきた要因の発見に焦点が絞られている。分析に使われている資料は、岩絵・石器や道具・人骨や動植物の化石・陶器・遺跡の居住空間などである。こうした先史時代のジェンダー関係を読み解く作業は、アラブ人やヨーロッパ人の侵入以前のアフリカの過去を掘り起こし、現状を安易に過去に投影しないためにきわめて重要な作業であると、この論集の執筆者たちは考えている。

わずかな手掛かりにジェンダー史を語らせようとする考古学の試みは、相対的に見れば、膨大な民族誌的資料や植民地史料を駆使できる近現代史の領域に慣れ親しんでいる者には、空を摑むような作業に思われる。と同時に、ジェンダー分析がそこまで浸透していることに、アフリカや、欧米の研究水準の高さを改めて思い知らされる一冊でもある。とはいえ、先史時代と歴史時代を結ぶジェンダー史の空白は、この論集によっても埋められたとは言い難い。ようやく研究の糸口が見えてきた段階であると言えるだろう。

奴隷制

本書の構成を見ても明らかなように、奴隷制に関する叙述は、大西洋奴隷貿易の展開とも関連して、圧倒的に西部アフリカを扱った第二部の方が詳しい。第一部が対象としている南部や東部アフリカにも土着の「奴隷制」があり、とりわけ東部ではインド洋や紅海を経由した奴隷貿易が展開したが、沿岸部の社会をのぞけば、西部ほど研究は進んでいない。その理由としては、介入した商人が西部はヨーロッパ人で東部はアラブ人であったこと、運ばれた地域（西部からは新大陸へ、東部からはアラビア半島やインド亜大陸）への影響度の違いなどが考えられる。そんな中、本書の刊行後、奴隷制や奴隷貿易に関する論文がいくつか発表された。しかし、ジェンダーの視点から奴隷制に踏み込んだ研究ということになると、ロバートソンとクラインの論集（Robertson/Klein 1997〔1983〕）を越える力作は出版されていない。ここでは、ジェンダー分析を行なっている次の三点を紹介しておこう。

①ヤン＝ゲオルグ・ドイッチ「ドイツ領東アフリカにおける奴隷の解放――一八九〇～一九一四年の統計資料から」（Deutsch 1999）。

本論文は、植民地支配と奴隷制に焦点を絞った『アフリカにおける奴隷制と植民地支配』（Miers/Klein 1999）の論集の中で、唯一ジェンダー分析を試みている論文である。対象地域は、現タンザニアのドイツ領東アフリカ。ドイッチは、一八九〇年におよそ五〇万人と推定された奴隷が、どのように解放されていったかを跡づける中で、解放された奴隷の年齢、ジェンダー、民族などを労働や社会的地位との関連で分析している。その結果、農業労働に従事していた奴隷の多くが女性であったこと、スワヒリ語で「スリア」と呼ばれた「妾」の解放に要する代価は高額で、それを利用して、女奴隷を性的に搾取したドイツ人行政官がいたこと、などが明らかにされた。ドイツ植民地政府は下級官吏として登用した奴隷所有層の抵抗を怖れて、奴隷の解放には消極的であった。その結果、一九一四年の時点でなお一六万もの未解放奴隷がいたという。ちなみに、本論文は、ドイツ領東アフリカにおける植民地支配と奴隷制の問題に光を当てた数少ない論文のひとつである。

②フランシーヌ・シールズ「残された者たち――一九世紀ヨルバランドにおける女奴隷」（Shields

2000)。

本論文は、論集『奴隷制の影にひそむアイデンティティ』(Lovejoy 2000)に収録されている一二篇の論文の中の一篇である。他の論文がディアスポラを対象としているのに対し、シールズは、唯一、アフリカにおける奴隷に光をあてた。対象地域は、一九世紀後半のヨルバランド(ナイジェリア)。当時、ヨルバランドは戦争と植民地経済の浸透の中で、混乱状態にあった。一方で奴隷の供給源としての戦争、他方で植民地経済の展開による労働力需要の高まりが、奴隷制廃止の掛け声とは裏腹に、そのさらなる展開を招き、その中で、女奴隷の人口も増加していたのである。そのような状況下の女奴隷のアイデンティティを、シールズは、宣教師やイギリス植民地官僚が残した奴隷からの聞き書き史料によって考察している。本書第二部でもこのあたりの状況はかなり詳しく紹介されているが、シールズ論文の本領は、アフリカの家内奴隷制の温情的イメージを、女奴隷の証言によって覆したことにある。

一般に流布している「アメリカ大陸の奴隷制は非人道的」で「中東やアフリカの奴隷制は温情的」という言説を流布したのはいったい誰なのだろう。おそらく、奴隷制研究が、所有者や支配層からの視点に立って行なわれてきたからではないか。奴隷の経験が語られる場合も、男性の奴隷である場合が多かったこととも関係しているのかもしれない。その背後には、当然、アフリカ大陸内の奴隷自身が記録を残していないという状況もある。かつて奴隷だった人々も、すでに他界している。シールズ論文は、そのような資料の発掘や読み直しによって、奴隷制のジェンダー分析にさらなる事例を加えた点で評価できるだろう。本論文は、女奴隷のライフ・ヒストリーを丹念に掘り起こした先駆的研究であるマルシア・ライトの業績(Wright 1993)を継承するものとして位置づけることができる。

アメリカ型の奴隷制と中東・アフリカ型の奴隷制との比較研究が、今後、ジェンダー分析の中でさらに深められることを期待したい。

③ハンフリー・フィッシャー『ブラック・アフリカ史におけるムスリムの奴隷制』(Fisher 2001)。
この文献は、一〇世紀以降に展開し、一九世紀まで（地域によっては現在まで）続いたサハラ以南諸地域のムスリム社会における奴隷制を対象に、その実態の解明を行なっている。例えば、イスラーム法はムスリムを奴隷化することを禁じているが実態は決してそうではなかったこと、所有主と奴隷との関係も、温情的な絆が見られる事例から、逃亡を企てて殺される事例まで多様であったことなどである。先のシールズ論文の中でコメントしたように、奴隷制をあってはならないものとする立場からすると、「温情的」かどうかを分析の指標とすること自体の無意味さを感じざるを得ないのが正直な感想である。もっと違うアプローチがないものだろうか。

さて、奴隷とその性別役割に関しては、一〇章中五章を費やして描かれている「奴隷の生活」の中で紹介されている。とりわけ、イスラーム法で公認されていた「妾」としての女奴隷については一章が設けられている。使用されている資料は同時代の年代記やヨーロッパ人探検家の記録である。

調査・研究をする際、大きく分けて二つのアプローチがある。ひとつは、できるだけ客観的に対象社会の実態を解明しようとするアプローチ。もうひとつは、歴史的展開のある方向性を確認したり、検証したりする目的を持って資料を収集し分析するアプローチである。実態がまだわかっていない場合には、まずは前者のアプローチが必要となる。実態がかなり明らかになった時点で、さまざまな分析視点が導入される。実際には、この両者をブレンドしながら成果を出し、論文の形にまとめる。その際、前者に比重が置かれている論文から、もっぱら後者の分析が中心となっている論文まで、ブレンドのベクトルには幅がある。フィッシャーの場合は、前者、つまり実態の解明に重点が置かれており、「妾」の生活や家族内の地位については詳しいが、その歴史的分析や考察には至っていない。フィッシャーにはもともとそのような意図はなかったからである。それは、著書のタイトルが、「歴史の中の奴隷制」であって「奴隷制の歴史」ではないことからも明らかである。とはいえ、アフリカ社会の奴隷制の実態を明らかにする研究は、女性史やジェンダー研究の基盤を確固たるものにするために重要な作業であることにかわりはない。フィッシャーが明らかにした奴隷制の実態を、フェミニズムやジェンダーの視点からさらに分析し直したり、考察を加えたりする作業は、むしろ、われわれに課された責務なのかもしれない。その際、どのような概念的、理論的枠組を設定するかが、厳しく問われることは、言うまでもない。

植民地時代

本書において、植民地時代は第一部、第二部ともに充実した内容となっている。そのこと自体が、この時期の資料の蓄積状況と女性に与えた植民地化の影響の大きさを物語っている。当然、歴史研究者の注目度も突出しており、したがってこの時期を対象とした文献は、一九九九年以降、多数出版されている。ここでは次の四点を紹介しておきたい。

①テレサ・バーンズ『私たち女性は働き詰めだった――一九三〇～一九五六年の植民地ジンバウェ・

ハラレにおけるジェンダー・都市化・再生産』(Barnes 1999)。

このバーンズの文献は「アフリカ社会史シリーズ」の一冊として出版され、女性の仕事、植民地都市の発展、社会的再生産(social reproduction)、統合(cohesion)をテーマとしている。この四つのテーマをつなぐ分析視点として位置づけられているのがジェンダーである。著者の究極の目的は、ジンバブウェ社会に深く織りこまれたジェンダー関係のメカニズムを明らかにすることであると言ってよいだろう。つまり、男性から女性を区別するメカニズム、女性が女性を差異化するメカニズム、両性を結びつけるメカニズムである。その背後には、社会の再生産は、女性とその労働力の配置に依存しているとの著者のゆるぎない確信が見え隠れしている。

五八人の老人(男女)からの聞き取りと、植民地文書の読み直しから、ややもすれば、対立の構図で捉えられがちなジェンダー関係を多角的・重層的に解明し、それを切り口に、都市の女性たちが、いかに都市共同体の建設に重要な役割を演じ、ナショナリスト運動の展開に先行して、反植民地的態度を形成していったかを分析したこの文献は、バーンズが一九八〇年代後半から取り組んできた植民地都市研究の集大成でもある。ここに訳出したバーガーとホワイトの著書には、こうしたバーンズの過去の業績が反映されていない。バーガーが文献リストについてのコメントで述べているように、同書が、合衆国で入手可能な文献を中心に編まれていることに、その理由の一端があるのかもしれない。

ちなみにバーンズはジンバブウェを活動の拠点とし、現在、南アフリカのウェスターン・ケープ大学で教鞭をとっている。

②ドロシー・ホジソン、シェリル・マッカーディ（編）『アフリカにおける〝不道徳〟な女性とジェンダーの再編』（Hodgson/McCurdy 2001）。

この研究書もバーンズの文献と同じく、「アフリカ社会史シリーズ」の一冊として出版され、合衆国、南アフリカ、ウガンダ、カナダ、ナイジェリアを研究拠点としている一五人の研究者（女性一三人、男性二人）の論文が収録されている。執筆者の専攻領域は、歴史学、女性学、社会人類学、開発、医療人類学、地理学と多様であり、全編を通して学際的研究をめざしていることがわかる。

タイトルの「不道徳な女性」（wicked women）というアイディアは、一九九三年の「全米アフリカ学会」（ASA）年次総会の際、廊下で交わされた会話から生まれたという。そこには、「不道徳」というラベルを貼られた女性こそが、歴史過程におけるジェンダー変革の主体だったにちがいないという「発見」があった。こうして、女性が、「浮浪者」、「売春婦」、「気まま」、「強情」、「ふしだら」といったラベルを貼られるプロセスや、「不道徳」の実態、あるいは彼女たちの行動の影響などを検証するプロジェクトが発足した。

そこで明らかにされたことは、まさに「不道徳」とされた女性たちが、既存の行動規範の境界線を無視したり、乗り越えたりすることによって、ジェンダー化された権力関係を変化させてきたその歴史過程である。「抑圧」された「受身」のアフリカ人女性という従来のイメージは、本書の編者のねらい通り、大きな修正を迫られている。

ちなみに、本書の執筆者一五人のうち九人の論文は、すでにさまざまな雑誌に発表され、その成果はこの訳書にも反映されているが、それらが一冊に集大成されたことは、女性史やジェンダー研究の学徒にとっての僥倖であると言ってよいだろう。

③ジュディス・バイフィールド『藍色の手――アベオクタ（ナイジェリア）における女性染色師たちの社会経済史　一八九〇～一九四〇』（Byfield 2002）。

アフリカにおいて「伝統的」な織物産業は、きわめて複雑な性別分業に支えられていた。しかもその形態は、奴隷制が展開した時代から植民地時代を経て独立期にいたる過程でさまざまな変化を強いられてきた。その変化は、おおむね、男女の協業から、男性優位へ、そして工業化によって産業自体が衰退するというプロセスを辿ってきたと言ってよいだろう。ところが、このプロセスを辿らなかった事例があった。それが、ナイジェリア南部の染色産業だった。その拠点のひとつであるアベオクタでのフィールドワークを通して、その理由を歴史的に検証した成果が本書である。

本研究書では、染色産業を支える女性たちによるダイナミック、かつ柔軟な植民地支配と植民地経済への対応に光が当てられている。例えば、新しいインフラやクレジット、あるいはヨーロッパ製の布や技術への積極的な介入であり、大不況時における国家への働きかけである。にもかかわらず、国家の支援が、もっぱら男性主導のココア産業に向けられ、染色産業などの女性の領域は無視されたという経緯は、歴史のジェンダー化によってのみ認識し得る問題点である。

ちなみに、アベオクタやその他のヨルバ人の町で染色されているこのアディレ（Adire）と呼ばれる織物は、現在、単色から多色染めに変り、ナイジェリア全土はもちろん、西アフリカを越えてヨーロッパや合衆国にも広く輸出されているという。

④ジーン・オールマン、スーザン・ガイガー、ナカニイケ・ムシシ（編）『アフリカ植民地史にお

ける女性』(Allman/Geiger/Nakanyike 2002)。

本論集は、植民地下のアフリカ人女性が、いかにして日々、その複雑な政治的・経済的・社会的抑圧と向き合っていたかを明らかにすることを目的として編まれた。具体的には、仕事、セクシュアリティ、結婚、子育て、家族といったそれまでの基本的な規範が挑戦をうける世界で、女性たちがどのように自分たちの生活に意味を見出していったかが、植民地文書、聞き取り、裁判所の判例、新聞、ライフ・ヒストリーなどの多様な資料によって検証されている。対象は、農民女性(モザンビーク南部)、王母(ボツワナ、ブガンダ)、産婆(セネガル)、都市の女性(南アフリカ)、女性政治指導者(ジンバブウェ)などである。

論集には、宣教師による「他者」の構築といったポスト・コロニアルのアプローチも含まれているが、全体としては、アフリカ人女性の主体的な歴史への働きかけ(agency)を掘り起こすという潮流の一環に位置づけることができるだろう。このスタンスは、女性史からジェンダー史へとシフトしつつある最近の研究状況の中では、やや時代の波に乗り遅れていると思われる読者もおられるにちがいない。この点についての編者の次のコメントはきわめて傾聴に値すると思われるので、紹介しておきたい。

「女性史やジェンダー史は今、専門的な研究領域として市民権を得ている。名誉あるハースコヴィッツ賞を受賞した業績も輩出された。にもかかわらず、これらが従来の植民地史に与えたインパクトはきわめて小さいと言わざるを得ない。……そうした状況を克服するためには、フェミニスト研究者による女性史とジェンダー史の研究が続けられねばならない。ジェンダー史は、忍耐強い女性史の再構築なしには先に進めないし、女性史はジェンダー史なくして、基本的な欠陥を持つこれまでの歴史のパラダイムを変換することはできないからである。」(pp. 3-4)

なお、本論集の執筆者一三人は、合衆国、南アフリカ、カナダ、オーストラリア、ウガンダを拠点に研究活動を行なっており、その内の四名はこの訳書でも紹介されている。

以上の四冊の他に、本書の日本語版への序文でバーガーも紹介しているジーン・オールマンとヴィクトリア・タシュジアンの共著『わたしは石を食べない――植民地アサンテの女性史』(Allman/Tashjian 2000)、およびリン・トーマス『子宮の政治学――ケニアにおける女性・再生産・国家』(Thomas 2003) とローラ・フェアの『ザンジバル都市部の奴隷制廃止後の娯楽と政治――文化・コミュニティ、アイデンティティ 一八九〇～一九四五』(Fair 2001) を付け加えておきたい。前二者は本書でも紹介された論文の集大成であり、それぞれアサンテ女性史と女子割礼・中絶・出産・婚姻前妊娠の歴史を扱っている。後者は、音楽や踊りなどの娯楽を素材としたジェンダー分析を通して、植民地的経済搾取の真只中にありながら、ザンジバルの普通の人々がいかに自分たちの社会を変革し、自分たちの生活実践を行なっていたかを検証した力作である。私事にわたるが、フェアとわたしは、ほぼ同時期にザンジバルで調査を行なっており、現地での交流もあった。そして、彼女の著書がわたしの著書(富永 2001)と同じ年に出版されたのも、うれしい偶然であった。

なお、女性史の研究が、次第に上流階層や王族の女性研究から一般の女性や下層の女性へとシフトしてゆく中、ガーナの歴史学者でユネスコ編『アフリカの歴史』シリーズの編者のひとりでもあるアドゥ・ボアヘン著『ヤー・アサンテワーとアサンテ＝イギリス戦争　一九〇〇〜〇一年』(Boahen/Akyeampong 2003) が出版された。植民地支配に抵抗したヤー・アサンテワーはアサンテの諸王国のひとつであるエドウェソの女王。戦いに敗れ、セーシェルに追放された女王であるが、手元の『アフリカ史人名事典』(Lipschutz/Rasmussen 1986) には記載されていない。まだまだ歴史の中に埋もれている女性権力者がいるということであろう。

独立後

本書で詳述されているように、アフリカ諸国の「独立」は植民地時代の女性の問題を解決するきっかけとはならなかった。植民地からの「解放」の果実は男性の手に集中し、女性は「家庭」という私的な領域に閉じ込められたままの状況が続いてきた。そのような状況を変革しようとする気運が高まった背景には、一九七五年の「国連女性年」とその後の「国連女性の一〇年」によって展開した国際的なフェミニズムがあった。

国際的なフェミニズムの波は、アフリカ諸国の研究に複雑な影響を与え、現在、それが、女性やジェンダー研究のさまざまな潮流を生み出している。そのスタンスは、国際的な潮流と軌を一にするものから、アフリカ的なフェミニズムやジェンダー研究を模索するものまでさまざまである。しかし、植民地主義、西欧中心主義、あるいは帝国主義、といった非難にもかかわらず、国連から発せられる「フェミニズム」や「人権」概念とどのような折り合いをつけるかが、アフリカ人研究者に課された責務であるという現実は否定できない。同時に、そうしたアフリカの現実に根ざした研究成果によって、国際的な「フェミニズム」や「人権」概念を相対化する作業も必要となっている。

テーマに関して言えば、いわゆる社会・経済・政治の領域（例えば、Tripp 2000）から、フェミニズムや男女のセクシュアリティの領域（例えば、Baylies/Bujra 2000; Oyewumi 2003; Arnfred 2004）への展開が顕著である。一九九〇年代から廃絶運動が国際的にも展開している「女子割礼」（ＦＧＭ／ＦＣ）研究もその一環に位置づけることができるだろう（ＦＧＭの研究動向については、富永 2004 参照）。さらに、これまであまり注目されてこなかった、イスラームの家族法やアフリカ慣習法と制定法との関係にも、ジェンダーやフェミニズムの観点からメスが入れられはじめている（例えば、Wanyeki 2003; Bowman/Kuenyehia 2003）。多くのアフリカ諸国で、この三つの民法が並存し、男性に有利な援用が行なわれているからである。その他、歌や踊りを通してジェンダーやアイデンティティを分析しようとした著作も出版されている（例えば、Gunderson/Barz 2000; Ntarangwi 2003）。すべてがジェンダー分析を行なっているわけではないが、主題としてはシュトローベルのモンバサ女性史（Strobel 1979）を引き継ぐ業績として位置づけることができるだろう。なお、そのひとりであるンタランギは、ケニア人であり、しかも男性であることに注目したい。また、遊牧民に関しては、ドロシー・ホジソンが編集した『アフリカにおけるパストラリズム再考』（Hodgson 2000）が出版された。対象は、ケニア、タンザニア、ナミビア、西アフリカの遊牧民である。宗教学・人類学・開発援助・考古学・紛争研究といったさまざまな専門領域の研究者により、ジェンダーの視点から家父長社会の分析が行なわれており、パストラリズム研究に深みを与える一冊となっている。さらに、フランス語圏のアフリカ人女性作家の作品を素材とした研究書の英訳（Cazenave 2000）が出版され、本書には紹介されていない西アフリカ文学の新しい世代の新しい潮流を英語でフォローすることができるようになったことも付け加えておきたい。

ここでは、多くの研究業績の中から、タンザニアという国家のさまざまな側面にジェンダー分析を導入し、その全体像に迫ったコリン・クレイトン／C・K・オマリ（編）『タンザニアにおけるジェンダー・家族・仕事』（Creighton/Omari 2000）を紹介しておくことにする。

本文献は、一九八〇年代に発足したダル・エス・サラーム大学社会学科とイギリスのハル大学社会学・人類学科との共同研究の成果である。一九九五年に出版された『タンザニアにおけるジェンダー・家族・家庭』（Creighton/Omari 1995）の続編として位置づけることができる。一二人の執筆者はイギリス、合衆国、タンザニア、オランダを拠点として研究活動を行なっており、その七割が女性研究者である。そのうち、本書で紹介されている研究者は三人である。

論文ごとにタイトルからキーワードを拾ってみる。「人種と階級」、「一夫一婦と一夫多妻」、「親族組織と都市」、「家族とジェンダー」、「結婚と遊牧民」、「性差別と貧困」、「家族間関係と民主化」、「知識人とジェンダー」、「少女と苦境」、「開発と行商」、「伝統的灌漑とジェンダー関係」のほか、「男性と男性性」も登場した。本論集の意義は、少女や伝統的灌漑、遊牧民や男性性など、これまで手薄だった領域にもジェンダー分析が援用されていることにある。

階級や民族と同じく、ジェンダーが分析概念のひとつとして定着してきたとの実感を与えてくれる論集である。

＊　＊　＊

この原書が出版された一九九九年以降、以上のように多くの研究書が出版され、それはかなりの量にのぼっている。ここで紹介したのはほんの一部にすぎないが、それらを概観しただけでも、容易に、テーマの多様化とそれに呼応した専攻領域の学際化、さらに執筆者の多国籍化がますます進展したことを見てとることができる。このことは、女性やジェンダーを研究対象とする場合でも、多様な専門領域の研究者による国境を越えた共同研究が当たり前の時代がやってきたことを示している。とりわけ、アフリカの社会や文化の中で育った研究者の存在は欠かせない。非アフリカ圏の研究者は、アフリカ社会からの発想を真摯に受け止め、概念や理論を常に鍛え直してゆく必要があるからである。

訳者あとがき

本書は、アイリス・バーガーとE・フランシス・ホワイトによる『サハラ以南アフリカにおける女性』(*Women in Sub-Saharan Africa.* Indiana University Press, 1999)の翻訳である。「歴史への女性の復権」(Restoring Women to History)というシリーズ名が示すとおり、本書は文献を通して、古代から現代までのアフリカ史を女性やジェンダーの視点から再構築するという画期的な作業の結果生まれた。扱っている文献は三〇〇を越えている。

アイリス・バーガーは、ニューヨーク州立大学アルバニー校の歴史・アフリカ研究・女性研究担当教授であり、南部および東部アフリカを研究対象としている。「全米アフリカ学会」(ASA)の会長をつとめたこともあり、合衆国における最先端のアフリカ女性史研究を率いるリーダーのひとりである。二〇〇三年に国立民族学博物館地域研究企画交流センターによって開催されたシンポジウムの折に来日、翻訳に際しての疑問点や文意を確認する機会を得た。

E・フランシス・ホワイトはニューヨーク大学の Gallatin School of Individualized Study の教授であり、その学部長を兼務している。西部アフリカ、なかんずくシエラ・レオネにおける解放表している。

奴隷の入植者女性やアフリカ系アメリカ人のナショナリズムをテーマとした著書や論文を数多く発

ここで一言、翻訳の動機について触れておきたい。訳者は二〇〇〇年から四年間にわたり、国立民族学博物館地域研究企画交流センターの連携研究のコーディネーターとして「アフリカ女性史に関する基礎的研究」のプロジェクトに携わってきた。この連携研究は、世界の潮流から立ち遅れ、停滞している日本のアフリカ女性史研究に活力を吹き込み、新しい世代を掘り起こすことを念願として出発したものであり、したがって、その目的のひとつに、アフリカ女性史研究史のサーヴェイが盛り込まれていた。このサーヴェイの過程で出会ったのが本書だったのである。

翻訳は二〇〇一年にはほぼ終えていたが、種々の事情から四年の月日が経過してしまった。その間にも、アフリカや欧米におけるアフリカ女性史やジェンダー史研究は、めざましい展開を示し、第二世代ともいうべき若手の研究者が登場した。一方、それと軌を一にするように、アフリカにおけるフェミニズムやセクシュアリティの研究も進展した。その中から、主要な文献をいくつか取り上げ、一九九九年以降の研究状況のフォローを試みた。それが「訳者ノート」である。

研究の良し悪しは、テーマの良し悪しに大きく依存している。それを探し出すためには先人の研究サーヴェイが欠かせない。女性史やジェンダー史の領域における日本語文献が皆無といってよい状況の中、それを外国語の文献に依存せざるを得ない現状では、それだけでも大変な作業である。そうした作業にかかわる道案内として、本書を利用していただけるなら、訳者としてこれに勝る喜びはない。

今後さらに等身大のアフリカ人女性の足跡が掘り起こされ、それぞれの時代のジェンダー関係に光があてられることによって、これまでのアフリカ史の見直しが進むことへの期待を込めて、本書のタイトルを『アフリカ史再考――女性・ジェンダーの視点から――』とした。

『アフリカの女性史――ケニア独立闘争とキクユ社会――』（翻訳、一九九九年）、『ザンジバルの笛――東アフリカ・スワヒリ世界の歴史と文化――』（著書、二〇〇一年）に続き、今回も未來社と本間トシさんのお世話になった。多謝。

二〇〇四年六月

人口約200万。16～17世紀に西方から移住し、バントゥー系言語を話す人々の一部を同化吸収しつつ定着した。伝統文化に対する誇りと愛着が強い一方、都市居住者の中には、政治・経済・学術などの分野でキクユと並ぶ指導力を発揮している。

レンジャ　Lenja

ザンビアに広く居住するバントゥ系言語を話す農牧民。

ロヴェドゥ　Lovedu

主として南アのトランスヴァール北部に居住。人口約18万。言語的にはショナ語やソト語に近いが、物質分化や社会構造はヴェンダに類似する。19世紀には中央集権国家を形成しており、イギリスやオランダの侵略に強く抵抗した。

ングワト　Ngwato

ボツワナ、ナミビア、南アフリカに居住するツワナの下位集団。

に民族的起源を持つとされている。

マサイ　Masai（Maasai）

ケニアとタンザニアにまたがるサバンナ地域に居住するナイル系の牛牧畜民。人口約23万。

マネ　Mane

ギニア・ビサウに住む民族。人口は約4000人（1996年）。ほとんどがイスラーム教徒。

ムブティ　Mubti

中部アフリカのコンゴ盆地を中心に居住する「ピグミー」と総称される民族のひとつ。他にバカ、アカ、トゥワなどが挙げられる。狩猟採集を主な生業としつつ、農耕民との間で、ハチミツと農作物の交換なども行っている。

メル　Meru

ケニア中央高地に住むバントゥ系の農耕民。男女ともに割礼を行ない、年齢組を構成する。

メンデ　Mende

シエラ・レオネ沿岸部から南東部に居住。人口約 146 万（1987年）。一部（約 2 万人）はリベリアにも住む。男性はボロ結社、女性はサンデ結社を持ち、社会的・政治的権力を分有している。

ヤオ　Yao

マラウィ、タンザニア南部、モザンビークにかけて広く居住し、複数の小民族集団を含む。人口約 330 万。インド洋と内陸を結ぶ交易に従事、植民地時代以降は都市への出稼ぎが多い。イスラームへの改宗率は高いが、土着の宗教やキリスト教とも共存している。

ヨルバ　Yoruba

ナイジェリア南西部を中心に、隣接するベニン、トーゴなどに居住する。人口は約2000万（1991年）。王国を形成し、美術的にも優れた作品を残しているが、18世紀以降内戦に突入。その結果、膨大な人数のヨルバ人が奴隷として新大陸にもたらされた。現在、半数は都市に住み、キリスト教やイスラームを信仰している。

ルオ　Luo

ケニア西部とタンザニア西部に居住するナイル系言語を話す農耕牧畜民。

方言を話す。農耕と漁業を生業とする。

トゥンブカ　Tumbuka

マラウィ北部の高原に居住。一部はザンビア北部にも居住する。18世紀には緩やかな連合体を形成したが、南方からの多民族の侵入によって崩壊した。人口約40万（1996年）。

トンガ　Tonga

ザンビア南部に住むバントゥー系言語を話す農耕民。近隣のイラ、ロジ、カオンデ、北部のベンバ、ビサ、ララ、ランバとともに、アンゴラからザンビア、モザンビークに帯状に広がる母系ベルトに属している。

ナンディ　Nandi

南西ケニアの高原地帯に住む農牧民。1885～1906年、イギリスの侵略に抵抗。現在は茶の栽培がさかん。人口は約60万（1998年）。

ヌペ　Nupe

ナイジェリア北部に居住する農耕・漁労民。人口は約 100 万（1993年）。ムスリムが過半を占めるが、キリスト教徒や土着信仰の人もみられる。商業領域での女性の活躍は目覚しく、ハウサ商人を凌ぐともいわれる。

ハウサ　Hausa

主にナイジェリア北西部からニジェール南部にかけて住む一大農耕民族。人口約1000万。14世紀までに 7～8 の小国家が形成され、その後、マリ帝国からの影響でイスラーム化が進んだ。

バウレ　Baule

コート・ディヴォワールに住む最大民族集団。もともと東の現ガーナ方面からの移住者で、人口約 100 万。アカン系の言語を話す。仮面や彫像で名高い。

ハッザ　Hadza

タンザニア北部のエヤシ湖周辺に住む狩猟採集民。

フラニ　Fulani

西アフリカに広く居住するフルベの別称のひとつ。フルベはマンデ系の人々によってフラ、ハウサによってフラニ、アラブ系の人々からはフェラタなどと呼ばれている。人口は 800～1000 万。半農半牧を営む。

ベティ　Beti

カメルーン南部やガボン北部に住むバントゥー系民族の総称。より北方ラーズからの移民の末裔と考える人々が多い。彼らは、「シラジ」というアイデンティティを主張し、内陸部の人々との差異化を行ってきた。ザンジバルの政党に、シラジの名称が入っていたことがある。

ズールー Zulu

南アフリカの南東部を中心に居住し、人口約 600 万（1980年）。18世紀以降、中央集権化し、一大王国を建設した。1838年のオランダ人移民との「血の河の戦い」で敗北、1879年にはイギリスの支配下に入った。アパルトヘイト下で、各目的に自治政府を与えられ、安い出稼ぎ労働力として白人に搾取された。

スワヒリ Swahili

スワヒリは言語集団であり、一般的な意味での民族集団ではない。当初は、東アフリカ沿岸部に住み、アラブ人との交易に従事するアフロ・アラブ系のムスリムを意味したが、最近は、スワヒリ語を話すだけで、スワヒリ人ということもある。

ツォンガ Thonga（Tonga）

モザンビークを中心に南アフリカの北部に広く居住。人口約 300 万。そのサブグループには、シャンガーン、フレングウェ、ロンガなどが含まれる。19世紀初期、南方からの移民の影響を強く受けたとされている。

ツワナ Tswana

ボツワナ、ナミビア、南アフリカに居住。人口約 350 万。複数の下位集団に分かれる。1820年代からキリスト教に改宗、1870年代以降、かなりの人々がダイヤモンド鉱山で働いてきた。

デュラ Dyula

ガーナ北部に移住して商人の町を形成したマンデ系の言語を話す人々。

トゥゲン Tugen

ケニアの大断層崖とケリオ渓谷の間の狭い山稜に住むカレンジン群の農牧民。北のアロルと南のサモルの二群から構成されている。後者は農耕を主体とした生業を営んでいる。ケニア第二代大統領モイが所属する民族集団。

トゥンバトゥ Tumbatu

ザンジバル島北西部のトゥンバトゥ島を中心として、ザンジバル島北部やペンバ島南部に居住。シラジ起源を主張。スワヒリ語のトゥンバトゥ性別に応じて、40数個の名前を共有する命名体系と、「ハロ」と呼ばれる独特の互酬制度を持つ。

コイコイ　Khoikhoi

南部アフリカの先住民。1000年以上前から狩猟採集と牛や羊の飼育を生業としていた。言語的にもサンと共通点が多い。18世紀以降の疫病で人口は20万から２万に激減。また、白人男性との混血により「カラード」と呼ばれる集団を形成。17〜18世紀のヨーロッパ人によって「ホッテントット」と蔑称された過去を持つ。

コーサ　Xhosa

南アフリカのケープ州南東部に住む人口約380万（1980年）の農牧民。18世紀後半のオランダ人入植者との土地をめぐる争いは、100年以上続いた。アパルトヘイト後初の南ア大統領ネルソン・マンデラの出身民族。

コム　Kom

カメルーン北西部のバメンダ高地北部の王制社会。バントゥ系言語を話す焼畑農民。強力な秘密結社と一体化した王制社会を築き、独特の造形で知られる。

サン　San（Bushman）

南部アフリカのカラハリ沙漠に住む狩猟採集民。人口約８万（1980年）。男の狩猟、女の採集によって生計を立てている。平等主義が基本原理となっており、リーダーはいない。1970年代以降、国家の近代化政策の下で急激な変化に直面している。

シェルブロ　Sherburo

アメリカやヨーロッパからの解放奴隷が入植する前からシエラレオネの沿岸部に居住していた民族集団。ヨーロッパ人が到来すると、テネムやメンデ（現在のシエラ・レオネの２大集団）とともに、沿岸交易を競った。人口約14万（1989年）。

シャンバラ　Shambala（Shambaa）

タンザニア北部に居住するバントゥ系言語を話す農耕民。18世紀中葉、父系クランを基礎とする小首長国に分立していたが、南方から移住した狩人を初代の王として王国を創設した。

シラジ　Shirazi

島嶼部を含むケニアとタンザニア沿岸部には、自分たちをペルシアのシー

ウォロフ Wolof

セネガル人口の40%を占める主要民族。複数の小王国を形成して勢力を拡大し、カースト制度にも比せられる社会構造を発展させた。奴隷貿易にも従事したが、基本的には農耕民で、植民地期以降、落花生を栽培する人も多い。ほとんどがイスラームを信仰。

エウェ Ewe

ガーナ南東部、トーゴ南部、ベニン南西部に居住し、農耕・漁労・手工芸・交易を営む。人口約200万。ナイジェリアのオヨに起源をたどることができ、13世紀に移住してきたとされる。歴史的には、ヨーロッパ人商人に奴隷を供給する仲介者の役割を果たした。

オロモ Oromo

エチオピアとスーダン、ソマリア、ケニアとの国境付近に住み、14以上の民族集団の総称である。かつては、ガラと呼ばれていた。人口は1300万とも2000万ともいわれる。1991年にオロモ州が成立し、民族意識が高まっている。

ガ Ga（Gan）

ガーナ沿岸部の首都圏に居住する都市民。人口約50万（1995年）。生業は漁労・農耕・牧畜・狩猟・採集であるが、マーケット・マミーと呼ばれる女性たちの商売も家計を支えている。父系集団であるが、女性の保有する財産と役職は母系的に継承される。

キクユ Kikuyu（Gikuyu）

ケニア最大の民族。人口は446万（1989年）。バントゥ系言語を話す。ケニア山南西麓を中心に広い地域に住む。植民地下で農地を奪われ、独立闘争では「マウマウ」と呼ばれる軍事集団を組織して戦った。ケニアの初代大統領ケニヤッタはキクユ人。

ギリアマ Giriama

ケニア沿岸部に住むバントゥ系言語を話す民族。人口約100万。古来、アラブ人と内陸部の人々との間で行われてきた交易の仲介役を果してきた。現在では近隣の都市に出稼ぎに行き、現金収入を得ている人も多い。

クン ! Kung

ボツワナ北西部からナミビア北東部にかけて住む狩猟採集民。北方サン・グループの総称。1970年以降、一部が農耕牧畜に移行している。世代と

民族集団の概要

アサンテ　Asante（Ashanti）

17世紀末に弱小国家を糾合して連合王国を形成し、20世紀初頭までガーナの森林地帯を支配した民族集団。1901年、イギリス勢力に屈した。

アジャ　Aja

オヨ（ナイジェリア西部）起源のヨルバの下位集団に属する農耕民。13世紀頃に西方に移動して２つの集団に分裂し、ひとつはトーゴでエウェ（西アジャ）となり、他方はベニンでアラーダ王国やウィダー王国を創設した。両王国は、18世紀初頭に、同じくアジャを始祖とするダホメー王国に滅ぼされた。

アムハラ　Amhara

エチオピア高地に住む民族。先祖を南アラビアからの移民とする伝承がある。紀元後まもなくアクスム王国を形成し、アラブやギリシア、ローマとの交易で栄えたが、ペルシアに敗れ、暗黒時代に突入。13世紀にソロモン王朝を再興したが、1974年革命によって断絶した。現在、アムハラ語は公用語となっている。

イビビオ　Ibibio

ナイジェリア東部の東側沿岸部に住むセミバントゥ系の言語を話す人々。19世紀までは奴隷貿易で栄え、その後、椰子油の輸出で繁栄した。東部のイボの専横を嫌い、独立州を持つことを夢見てきたが、1987年にアクワ・イボム州の創設でその実現を見た。人口約 200 万。

イボ　Igbo（Ibo）

ナイジェリア南東部に居住。人口約1700万（1995年）。ハウサやヨルバとは対照的に、中央集権的な政治制度を持たず、大きな統一政治単位や中心都市を形成することはなかった。早くからキリスト教を受けいれ、植民地下で官吏や専門職の人材を多く輩出した。1967～70年に石油資源をめぐって勃発したビアフラ戦争により 150 万の犠牲者を出したといわれる。

独立教会　欧米のキリスト教宣教師の手をはなれ、アフリカ人の司祭・牧師によってアフリカ的な教義や儀礼がとり入れられてアフリカ化した教会。

年齢階梯制　特定年齢の男子、または女子の集団。青年期のイニシエーション（成人儀礼）の時に形成される年齢集団は、固有の名称と団結心を培い、各年齢階梯を一緒に移行する。

パス法　南アのアパルトヘイト政策のひとつ。出生地、民族名、現住所、写真、指紋、雇用者の署名などを記載した証明書。指定居住地を離れたり、都市で労働する時に携帯を義務づけられた。1986年に廃止。ケニアでも同様の政策が導入された。

フェミニズム第二派　フェミニズム第一派が19世紀後半からの女性参政権運動や廃娼運動を柱としたのに対し、第二派は1960年代以降に展開した家父長権からの女性の解放をめざすフェミニズム（ラディカル・フェミニズム）を指す。

ペンテコスタリズム　さまざまな原理主義的プロテスタント諸派が行う宗教実践の名称。しばしば精霊による直接的インスピレーションを強調する。

ポストコロニアル　人種・民族・セクシュアリティなどにおいて抑圧されてきた人々は、「中心」に対する「周縁」の「他者」として存在価値を否定されてきた。こうした「他者」自身による語りを主体化しようとする1980年代以降の潮流を指す。

ポストモダニズム　モダニズムに顕著な「単一性」「普遍性」に対し、「多様性」「歴史性」を強調する傾向を指す。建築用語として使われたのが発端。ポスト構造主義、多文化主義、ポストコロニアルなどの潮流を含む。

ホームランド　バントゥースタンとも呼ばれ、1959年のバントゥー自治促進法に基づいて創設された南アのアフリカ人自治地域。

マルクス主義フェミニズム　階級と家父長制からの同時解放を掲げるフェミニズム。マルクス主義ラディカル・フェミニズムと言われる場合もある。

リネージ　明確に認識されている共通の祖先を持つ単系出自集団。

歴史的言説　ポストモダニズムにおける社会科学的分析概念のひとつ。制度を分析対象とする立場に対し、言語学的分析方法をとる。

用 語 例

ガラスの天井　性差別の結果、女性が社会的自己実現の目標をどこに設定してよいか見えない状態に置かれていることのたとえ。

構造調整　1980年代以降、借款の条件として IMF（国際通貨基金）と世界銀行によって義務づけられた緊縮経済政策。しばしば価格の低下、輸入品価格の高騰、教育・健康・社会サービス予算の削減をもたらした。

コプト教　ナイル川のデルタ地帯から上流のヌビア一帯にかけて広く信仰されてきたキリスト教を指す。イエスは神であり、人としての性質を兼ね備えるものではないとする単性論の立場をとる。

クリトリス切除（→女子割礼）

婚資　新しい妻の親族への夫側からの贈物。伝統的には物品や労働奉仕を含むが、次第に貨幣に変った。しばしば花嫁の父と花婿の父との間で交換される。

ジェンダー　ヨーロッパ諸語の名詞に与えられる性から転化し、人間のさまざまな営みや性格に対して行われる性別の振り分けを指す。例えば、性別役割分担、女人禁制・男子禁制、男らしさ・女らしさなど。

ジハード　原義は“努力すること”。非ムスリムに対する戦争から、自己の信仰に対する内面的な努力にいたるさまざまな行動に対して用いられる。

女子割礼　クリトリス切除などを伴う性器変工。女性性器切除（FGM）とも呼ばれる。ファラオ式割礼もそのひとつ。起源は紀元前のエジプトに遡るとされる。目的や意味は地域によって多様。

スーダーン地域　サハラ南縁のサバンナ地帯を指すアラビア語の歴史的地名。ダール・フールを中心とする東部、カネム・ボルヌとハウサ諸国を中心とする中部、そしてマリ、ソンガイなどの西部に分けられる。

セクシュアリティ　性的な人間関係や心の動き。性の自認を含む。

低開発理論　1970年代に南米の研究者が提唱した理論。途上地域の貧困の背景には、先進地域による経済的搾取があり、それが不均等な発展を招いているとする。

1910	南アフリカ連邦の創設
1913	女性によるパス法反対キャンペーン（南アフリカ）
1928－1929	女子“割礼”論争（ケニア）
1929	“女性の戦争”（ナイジェリア）
1945	パレにおける女性の抵抗（タンザニア）
1949	ニヤサランドにおける飢饉（マラウィ）
1952－1956	“マウマウ”闘争（ケニア）
1956	女性によるパス法反対デモ（南アフリカ）
1957－1964	英領西・東・中央アフリカ諸国、フランス植民地、ベルギー植民地の独立
1958－1959	女性の抵抗（カメルーン）
1966－1968	南部アフリカ保護領の独立（レソト、スワジランド、ボツワナ）
1975	ポルトガル支配地域の独立（アンゴラ、ギニア・ビサウ、モザンビーク）
1980－1990	南部アフリカ諸国の独立（ジンバブウェ、ナミビア）
1994	南アフリカで初の民主選挙

年　表

1300 s 後半	オヨ王国の台頭（ナイジェリア）
1444	ポルトガル人による最初の奴隷狩り（モーリタニア）
1500 s 初頭	マネ人の移住（シエラ・レオネ）
1505	ポルトガル、東海岸に最初の基地建設（タンザニアのキルワ）
1576	ザザウのアミナトゥ女王即位（ナイジェリア）
1500 s	ソンガイ（ガオ）帝国の台頭（マリ、セネガル、ナイジェリア）．マリ王国の衰退（マリ）
1600 s	アサンテ連合王国の台頭（ガーナ）
1600 s－1700 s	オヨ王国の最盛期（ナイジェリア）
1625	ダホメー王国の建国（ベニン）
1630	セニョーラ・フィリパ、リュフィスクの交易拠点を支配（セネガル）
1652	オランダ人、喜望峰に基地建設（南アフリカ）
1700 s	メンデ人の移住定着（シエラ・レオネ）
1705	キンパ・ヴィタ（ドニャ・ベアトリーチェ）、サン・サルヴァドルに再入植（コンゴ共和国）
1787	シエラ・レオネの建国
1804－1811	ウスマン・ダン・フォディオによるハウサランドでのジハード（ナイジェリア）
1807	イギリス議会、大西洋奴隷貿易を禁止
1818－1828	シャカによるズールー王国の建設（南アフリカ）
1834－1841	アフリカーナー（オランダ系移民）によるグレート・トレック（南アフリカ）
1840－1893	ヨルバ内戦（ナイジェリア）
1856－1857	コーサ社会で“牛殺し”（南アフリカ）
1867	キンバリーでダイヤモンド発見（南アフリカ）
1878	ココア生産の導入（ガーナ）
1899－1902	南アフリカ戦争
1885－1905	マダム・ヨコ、首長としてメンデ人を支配（シエラ・レオネ）
1900 s 初頭	植民地各国で奴隷制廃止

年　表

（時代によっては、およその年代を示した）

年	紀元前
18000－7000	定住化の進展．野性の食物採集への依存．狩猟採集技術の改良
7000－5000	狩猟・採集から農耕・牧畜への移行期．ヤムイモ・稲・ソルガム・油ヤシ・雑穀を含む土着の栽培植物の出現
3100	ヌビア人王国の台頭（スーダン）
3100－2180	古王国時代（エジプト）
2080－1640	中王国時代（エジプト）
1570－1090	新王国時代（エジプト）
800－300	ナパタを拠点とするヌビア人のクシュ王国時代（スーダン）
500－200	ノク文化の興隆（ナイジェリア）
300－300 a. d.	クシュ王国、メロエに拠点を移す（スーダン）
	紀元後
1－700	アクスム王国の台頭（エチオピア）
350	アクスム王国、キリスト教を公認（エチオピア）
800－900	スーダーン（アフリカ大陸を横断するサバンナ地帯）西部へのイスラームの伝播
900－1000	ガーナ帝国の興隆（モーリタニア、マリ）
1000－1500	大湖地域（ヴィクトリア湖周辺）における初期国家群の形成（ウガンダ）
1100 s	ガーナ帝国の衰退（モーリタニア、マリ）．初期ヨルバ諸国家の統合（ナイジェリア）
1200 s	マリ帝国の台頭（マリ）
1200 s－1400 s	マリ帝国の最盛期（マリ）
1260－1270	イスラーム勢力によるヌビア制圧（スーダン）
1260－1400	グレート・ジンバブウェの建設（ジンバブウェ）

若杉なおみ　2004　「FGM の起源と文化―女性の健康とジェンダー・セクシュアリティの視点から」『地域研究』Vol. 6、No. 1、地域研究企画交流センター（国立民族学博物館）：119-220.
和田正平（編著）　1996　『アフリカ女性の民族誌：伝統と近代化のはざまで』明石書店.

石書店.
ショスタック、マージョリー（麻生九美訳） 1994 『ニサ―カラハリの女の物語』リブロポート.
シュトローベル、マーガレット（井野瀬久美恵訳） 2003 『女たちは帝国を破壊したのか：ヨーロッパ女性とイギリス植民地』知泉書館.
スコット、ジョーン（荻野美穂訳） 1992 『ジェンダーと歴史学』平凡社.
富永智津子 2001 『ザンジバルの笛：東アフリカ・スワヒリ世界の歴史と文化』未來社.
富永智津子 2004 「女子割礼をめぐる研究動向：英語文献と日本語文献を中心に」『地域研究』Vol. 6、No. 1、地域研究企画交流センター（国立民族学博物館）：169-198.
永原陽子 2004 「〈「女子割礼」/FGM〉問題の歴史的考察のために：南部アフリカの女子イニシエーションをめぐる最近の研究から」『地域研究』Vol. 6、No. 1、地域研究企画交流センター（国立民族学博物館）：251-274.
プレスリー、コーラ・アン（富永智津子訳） 1999 『アフリカの女性史：ケニア独立闘争とキクユ社会』未來社.
プレスリー、コーラ・アン（富永智津子訳） 2003 『ケニアにおけるジェンダーと政治闘争：1948-1998』JCAS 連携研究報告書 no. 18：地域研究企画交流センター（国立民族学博物館）.
ヘイズ、パトリシア（永原陽子訳） 2003 『エフンドゥーラと歴史：植民地化以前および植民地体制下の北部ナミビアにおける女性のイニシエーション』JCAS 連携研究報告書 no. 19：地域研究企画交流センター（国立民族学博物館）.
ヘッド、ベッシー（中村輝子訳） 1993 『力の問題』学藝書房.
宮本律子 2001 「ジェンダー研究の回顧と展望」『アフリカ研究』57.
宮脇幸生 2004 「国家と伝統のはざまで：エチオピア西南部クシ系農牧民ホールにおける女子“割礼”」『地域研究』Vol. 6、No. 1、地域研究企画交流センター（国立民族学博物館）：221-250.
ムビリニ、マージョリー（富永智津子訳） 2003 『女性史に関する議論：過去と現在―タンザニアの場合』JCAS 連携研究報告書 no. 18：地域研究企画交流センター（国立民族学博物館）.
モレマ、レロバ（楠瀬佳子訳） 2004 『南部アフリカにおける女たちの声―歴史の書き換え』JCAS 連携研究報告書 no. 22：地域研究企画交流センター（国立民族学博物館）.
ユネスコ 1988-92 『アフリカの歴史』第一巻、第四巻、第七巻 同朋舎出版.
ラヴェル＝ピント、テルマ（楠瀬佳子訳） 2004 『南アフリカの女たち―闘争と亡命の語り』JCAS 連携研究報告書 no. 22：地域研究企画交流センター（国立民族学博物館）.
ラーナー、ゲルダ（奥田暁子訳） 1996 『男性支配の起源と歴史』三一書房.
リキマニ、ムトニ（丹埜靖子訳） 1993 『ケニアの女の物語：パスブック・1950年代アフリカ独立の闘いに生きる』明石書店.

Wilson, Francile Rusan. 1982. "Reinventing the Past and Circumscribing the Future: *Authenticité* and the Negative Image of Women's Work in Zaire." In Bay, *Women and Work in Africa.*

Wilson, John A. 1951. *The Culture of Ancient Egypt.* Chicago: University of Chicago Press.

Wipper, Audrey. 1971. "Equal Rights for Women in Kenya?" *Journal of Modern African Studies* 9, no. 3: 429–42.

———. 1972. "African Women, Fashion and Scapegoating." *Canadian Journal of African Studies* 6, no. 2: 329–49.

———. 1975/76. "The Maendeleo ya Wanawake Movement in the Colonial Period." *Rural Africana* 29: 195–214.

Wright, John. 1981, "Control of Women's Labour in the Zulu Kingdom." In Peires, *Before and After Shaka.*

Wright, Marcia. 1983. "Technology, Marriage and Women's Work in the History of Maize Growers in Mazabuka, Zambia: A Reconnaissance." *Journal of Southern African Studies* 10, no. 1: 71–85.

———. 1993. *Strategies of Slaves and Women: Life-Stories from East/Central Africa.* New York: Lilllian Barber.

———. 1997. "Bwanikwa: Consciousness and Protest among Slave Women in Central Africa, 1886–1911." In Robertson and Klein, *Women in Slavery in Africa.*

Yates, Barbara. 1982. "Colonialism, Education, and Work: Sex Differentiation in Colonial Zaire." In Bay, *Women and Work in Africa.*

Young, Sherilynn. 1977. "Fertility and Famine: Women's Agricultural History in Southern Mozambique." In Palmer and Parsons, *The Roots of Rural Poverty in Central and Southern Africa.*

Yoyotte, J. 1981. "Pharaonic Egypt: Society, Economy and Culture." In Mokhtar, *Ancient Civilizations of Africa.*

邦語文献

アマン（高野裕美訳）　1995　『裸のアマン』早川書房.

井野瀬久美恵　2004　『植民地経験のゆくえ―アリス・グリーンのサロンと世紀転換期の大英帝国―』人文書院.

小川　了　2002　『奴隷商人ソニエ』山川出版.

楠瀬佳子　1999　『ベッシー・ヘッド：受容と拒絶の文学―アパルトヘイトを生きた女性たち』第三書館.

嶋田義仁　1998　『優雅なアフリカ：一夫多妻と超多部族のイスラーム王国を生きる』明

Wanyeki, L Muthoni, ed. 2003. *Women and Land in Africa: Culture, Religion and Realizing Women's Rights*. London: Zed Books.

Ware, Helen. 1983. "Female and Male Life-Cycles." In Oppong, *Female and Male in West Africa*.

Watterson, Barbara. 1991. *Women in Ancient Egypt*. New York: St. Martin's Press.

Wellesley Editorial Committee, eds. 1977. *Women and National Development: The Complexities of Change*. Chicago: University of Chicago Press.

Wells, Evelyn. 1969. *Hatshepsut*. Garden City, N. Y.: Doubleday and Co.

Wells, Julia. 1982. "Passes and Bypasses: Freedom of Movement for African Women under the Urban Areas Act of South Africa." In Hay and Wright, *African Women and the Law*.

———. 1983. "Why Women Rebel: A Comparative Study of South African Women's Resistance in Bloemfontein (1913) and Johannesburg (1958)." *Journal of Southern African Studies* 10, no. 1: 55–70.

———. 1986. "The War of Degradation: Black Women's Struggle against Orange Free State Pass Laws, 1913." In Crummey, *Banditry*.

———. 1993. *We Now Demand! The History of Women's Resistance to Pass Laws in South Africa*. Johannesburg, South Africa: Witwatersrand University Press.

White, E. Frances. 1987. *Sierra Leone's Settler Women Traders: Women on the Afro-European Frontier*. Ann Arbor: University of Michigan Press.

White, Landeg. 1987. *Magomero: Portrait of an African Village*. Cambridge: Cambridge University Press.

White, Luise. 1984. "Women in the Changing African Family." In Hay and Stichter, *African Women* (1st ed., 1984).

———. 1990a. *The Comforts of Home: Prostitution in Colonial Nairobi*. Chicago: University of Chicago Press.

———. 1990b. "Separating the Men from the Boys: Constructions of Gender, Sexuality, and Terrorism in Central Kenya, 1939–1959." *International Journal of African Historical Studies* 23, no. 1: 1–25.

Wilks, Ivor. 1988. "She Who Blazed a Trail: Akayaawa Yikwan of Asante." In Romero, *Life Histories of African Women*.

Wilmsen, Edwin N. 1989. *Land Filled with Flies: A Political Economy of the Kalahari*. Chicago: University of Chicago Press.

Wilson, Amrit. 1991. *The Challenge Road: Women and the Eritrean Revolution*. London: Earthscan.

Turrittin, Jane. 1993. "Aoua Keita and the Nascent Women's Movement in the French Soudan." *African Studies Review* 36, no. 1: 59–90.

UNESCO General History of Africa I–VIII. 1981–93. Berkekiy: California University Press. [一部邦訳あり]

Urdang, Stephanie. 1979. *Fighting Two Colonialisms: Women in Guinea-Bissau.* New York: Monthly Review Press.

———. 1983. "The Last Transition? Women and Development in Mozambique." *Review of African Political Economy* 27/28: 8–32.

———. 1989. *And Still They Dance: Women, War, and the Struggle for Change in Mozambique.* New York: Monthly Review Press.

———. 1995. "Women in National Liberation Movements." In Hay and Stichter, *African Women.*

Vail, Leroy, and Landeg White. 1991. *Power and the Praise Poem: Southern African Voices in History.* Charlottesville: University Press of Virginia.

Van Allen, Judith. 1976. "'Aba Riots' or Igbo 'Women's War'? Ideology, Stratification, and the Invisibility of Women." In Hafkin and Bay, *Women in Africa.*

van der Vliet, V. 1984. "Staying Single: A Strategy against Poverty?" Carnegie Conference Paper no. 116.

van Onselen, Charles. 1982. *Studies in the Social and Economic History of the Witwatersrand, 1886–1914.* 2 vols. New York: Longman.

Vansina, Jan. 1983. "The Peoples of the Forest." In Birmingham and Martin, *History of Central Africa.*

Vaughan, Megan. 1985. "Household Units and Historical Process in Southern Malawi." *Review of African Political Economy* 34: 35–45.

———. 1987. *The Story of an African Famine: Gender and Famine in Twentieth-Century Malawi.* Cambridge: Cambridge University Press.

Venema, L. B. 1986. "The Changing Role of Women in Sahelian Agriculture." In Creevey, *Women Farmers in Africa.*

Verdon, Michel. 1982. "Divorce in Abutia." *Africa* 52, no. 4: 48–66.

Vidal, Claudine. 1977. "Guerre des sexes à Abijan: Masculin, feminin, CFA." *Cahiers d'Etudes Africaines* 8, no. 1: 121–53.

Wachtel, Eleanor. 1975/76. "A Farm of One's Own: The Rural Orientation of Women's Group Enterprises in Nakuru, Kenya." *Rural Africana* 29: 69–80.

Walker, Cherryl. 1992. *Women and Resistance in South Africa.* 2nd ed., revised. New York: Monthly Review.

Press.

Strobel, Margaret. 1977. "Women and Migration in Contemporary West Africa." In Wellesley Editorial Committee, *Women and National Development.*

———. 1979. *Muslim Women in Mombasa, 1890–1975.* New Haven: Yale University Press.

———. 1991. *European Women and the Second British Empire.* Bloom-ington & Indianapolis: Indiana University Press. [邦訳あり]

———. 1995. "Women in Religion and Secular Ideology." In Hay and Stichter, *African Women.*

———. 1997. "Slavery and Reproductive Labor in Mombasa." In Robertson and Klein, *Women and Slavery in Africa.*

———. 1998. "Gender, Race, and Empire in Nineteenth- and Twentieth-Century Africa and Asia." In Bridenthal, Stuard, and Wiesner, *Becoming Visible.*

Sudarkasa, Niara. 1973. *Where Women Work: A Study of Yoruba Women in the Marketplace and in the Home.* Ann Arbor: University of Michigan Press.

Sweetman, David. 1984. *Women Leaders in African History.* London: Heinemann.

Tétreault, Mary Ann, ed. 1994. *Women and Revolution in Africa, Asia, and the New World.* Columbia: University of South Carolina Press.

Thiam, Awa. 1996. *Black Sisters, Speak Out: Feminism and Oppression in Black Africa.* London: Pluto Press.

Thomas, Lynn M. 1996. "'*Ngaitana* (I will circumcise myself)': The Gender and Generational Politics of the 1956 Ban on Clitoridectomy in Meru, Kenya." *Gender and History* 8, no. 3: 338–63. Also in Hunt, Liu, and Quataert, *Gendered Colonialisms in African History.*

———. 2003. *Politics of Womb: Women, Reproduction and the State in Kenya.* Berkeley: University of California Press.

Thompson, J. Malcolm. 1990. "Colonial Policy and the Family Life of Black Troops in French West Africa, 1817–1904." *International Journal of African Historical Studies,* 23, no. 3: 423–53.

Thornton, John. 1983. *The Kingdom of Kongo: Civil War and Transition, 1641–1718.* Madison: University of Wisconsin Press.

———. 1991. "Legitimacy and Political Power: Queen Njinga, 1624–1663." *Journal of African History* 32: 25–40.

Tripp, Aili Mari. 2000. *Women & Politics in Uganda.* Madison: The University of Wisconsin Press.

Turnbull, Colin. 1962. *The Forest People.* New York: Natural History Library.

———. 1981. "Mbuti Womanhood." In Dahlberg, *Women and Gatherer.*

Studies Review 38, no. 3: 61–98.
Shields, Francine. 2000. "Those Who Remained Behind: Women Slaves in Nineteenth-century Yorubaland," in: Lovejoy, *Identity in the Shadow*.
Shostak, Marjorie. 1983. *Nisa: The Life and Words of a !Kung Woman*. New York: Vintage Books. [邦訳あり]
Sikainga, Ahmad A. 1995. "Sharia Courts and the Manumission of Female Slaves in the Sudan." *International Journal of African Historical Studies* 28, no. 1: 1–24.
Simons, H. J. 1968, *African Women: Their Legal Status in South Africa*. Evanston, Ill.: Northwestern University Press.
Skidmore-Hess, Cathy. 1995. "Queen Njinga, 1582–1663: Ritual, Power and Gender in the Life of a Precolonial African Ruler." Ph. D. dissertation, University of Wisconsin-Madison.
Skinner, David E. 1980. *Thomas George Lawson: African Historian and Administrator*. Stanford: Hoover Institution Press.
Smith, M. G. *The Affairs of Daura*. 1978. Berkeley and Los Angeles: University of California Press.
Smith, Mary F. 1981. *Baba of Karo: A Woman of the Muslim Hausa*. New Haven: Yale University Press. First published 1954.
Southall, Aidan, ed. 1961. *Social Change in Modern Africa*. London: Oxford University Press.
Spaulding, Jay. 1982. "The Misfortunes of Some, the Advantages of Others: Land Sales by Women in Sinnar." In Hay and Wright, *African Women and the Law*.
Stamp, Patricia. 1986. "Kikuyu Women's Self-Help Groups." In Robertson and Berger, *Women and Class in Africa*.
———. 1995. "Mothers of Invention: Women's Agency in the Kenyan State." In Gardiner, *Provoking Agents*.
Staunton, Irene. 1990. *Mothers of the Revolution: The War Experiences of Thirty Zimbabwean Women*. Bloomington: Indiana University Press.
Steady, Filomina Chioma, ed. 1985. *The Black Woman Cross-Culturally*. Rochester, Vt.: Schenkman.
Stichter, Sharon. 1975–76. "Women and the Labor Force in Kenya 1895–1964." *Rural Africana* 29: 45–67.
Stichter, Sharon, and Jane Parpart, eds. 1988. *Patriarchy and Class: African Women in the Home and the Workforce*. Boulder, Colo.: Westview Press.
Strabo 1917–32, *Geography*, tr. H. L. Jones, 8vols. Cambridge: Harvard University

Schildkrout, Enid. 1983. "Dependence and Autonomy: The Economic Activities of Secluded Hausa Women in Kano." In Oppong, *Female and Male in West Africa.*

Schlegel, Alice, ed. 1977. *Sexual Stratification: A Cross-Cultural View.* New York: Columbia University Press.

Schmidt, Elizabeth. 1988. "Farmers, Hunters, and Gold-Washers: A Reevaluation of Women's Roles in Precolonial and Colonial Zimbabwe." *African Economic History* 17: 45-80.

———. 1992. *Peasants, Traders, and Wives.* Portsmouth, N. H.: Heinemann.

Schoenbrun, David L. 1993. "We Are What We Eat: Ancient Agriculture between the Great Lakes." *Journal of African History* 34, no. 1: 1-31.

———. 1997. "Gendered Histories between the Great Lakes: Varieties and Limits." *International Journal of African Historical Studies* 29, no. 3: 461-92.

Schroeder, Richard. 1996. "'Gone to Their Second Husbands': Marital Metaphors and Conjugal Contacts in the Gambia's Female Garden Sector." *Canadian Journal of African Studies* 30, no. 1: 69-87.

Schuster, Ilsa. 1979. *New Women of Lusaka.* Palo Alto, Calif.: Mayfield.

Scott, Joan Wallach. 1988. *Gender and the Politics of History.* Columbia University Press. [邦訳あり]

Seidman, Gay W. 1984. "Women in Zimbabwe: Post-Independence Struggles." *Feminist Studies* 10, no. 3: 419-40.

———. 1993. "'No Freedom without the Women': Mobilization and Gender in South Africa, 1970-1992." *Signs* 18, no. 2: 291-320.

Sembene, Ousmane. 1982. *God's Bits of Wood.* London: Heinemann.

Shaw, C. T. 1981. "The Prehistory of West Africa." In Ki-Zerbo, *Methodology and African Prehistory.*

Sheldon, Kathleen. 1991. "A Report on a 'Delicate Problem' Concerning Female Garment Workers in Beira, Mozambique." *Signs* 16, no. 3: 575-86.

———. 1992. "*Creches, Titias,* and Mothers: Working Women and Child Care in Mozambique." In Hansen, *African Encounters with Domesticity.*

———. 1994. "Women and Revolution in Mozambique: *A Luta Continua.*" In Tétreault, *Women and Revolution in Africa, Asia, and the New World.*

———. 1996. "Urban African Women: Courtyards, Markets, and City Streets." In Sheldon, *Courtyards, Markets, City Streets.*

Sheldon, Kathleen, ed. 1996. *Courtyards, Markets, City Streets: Urban Women in Africa.* Boulder, Colo.: Westview Press.

Shettima, Kole Ahmed. 1995. "Engendering Nigeria's Third Republic." *African* don: Monthly Review.

Richards, Audrey I. 1956. *Chisungu: A Girls' Initiation Ceremony among the Bemba of Northern Rhodesia.* London: Faber and Faber.

Robbins, Catherine. 1979. "Conversion, Life Crises and Stability among Women in the East African Revival." In Jules-Rosette, *The New Religions of Africa.*

Roberts, Richard. 1984. "Women's Work and Women's Property: Household Social Relations in the Maraka Textile Industry of the Nineteenth Century." *Comparative Studies in Society and History* 26, no. 2: 48–69.

———. 1988, "The End of Slavery in the French Soudan, 1885–1914." In Miers and Roberts, *The End Of Slavery in Africa.*

Robertson, Claire. 1990. *Sharing the Same Bowl: A Socioeconomic History of Women and Class in Accra, Ghana.* Ann Arbor: University of Michigan Press.

———. 1997a. "Post-Proclamation Slavery in Accra: A Female Affair?" In Robertson and Klein, *Women in Slavery in Africa.*

———. 1997b. *Trouble Showed the Way: Women, Men and Trade in the Nairobi Area, 1890–1990.* Bloomington: Indiana University Press.

Robertson, Claire, and Iris Berger, eds. 1986. *Women and Class in Africa.* New York: Africana Publishing Co.

Robertson, Claire, and Martin A. Klein, eds. 1997. *Women and Slavery in Africa.* Portsmouth, N. H.: Heinemann. First published 1983.

Robins, Gay. 1993. *Women in Ancient Egypt.* Cambridge: Harvard University Press.

Rodney, Walter. 1970. *A History of the Upper Guinea Coast, 1545 to 1800.* London: Oxford University Press.

Rogers, Barbara. 1980. *The Domestication of Women.* London: Tavistock.

Rogers, Susan G. [Geiger]. 1982. "Efforts toward Women's Development in Tanzania: Gender Rhetoric vs. Gender Realities." *Women and Politics* 2, no. 4: 23–41.

Romero, Patricia W., ed. 1988, *Life Histories of African Women.* London: Ashfield Press.

Rosenfeld, Chris Prouty. 1986. *Empress Taytu and Menilek II: Ethiopia, 1883–1910.* Trenton, N. J.: Red Sea Press.

Sacks, Karen. 1982. *Sisters and Wives: The Past and Future of Sexual Equality.* Urbana and Chicago: University of Illinois Press.

Salama, P. 1981. "The Sahara in Classical Antiquity." In Mokhtar, *Ancient Civilizations of Africa.*

terhood. Trinton: Africa World Press.

Packard, Randall. 1989. *White Plague, Black Labor: Tuberculosis and the Political Economy of Health and Disease in South Africa.* Berkeley: University of California Press.

Palmer, Robin, and Neil Parsons, eds. 1977. *The Roots of Rural Poverty in Central and Southern Africa.* Berkeley and Los Angeles: University of California Press.

Pankhurst, Richard. 1961. *An Introduction to the Economic History of Ethiopia.* Addis Ababa, Ethopia: Lalibela House.

Parpart, Jane L. 1986. "Class and Gender on the Copperbelt: Women in Northern Rhodesian Copper Mining Communities, 1926–1964." In Robertson and Berger, *Women and Class in Africa.*

———. 1994. "'Where Is Your Mother?' Gender, Urban Marriage, and Colonial Discourse on the Zambian Copperbelt, 1924–1945." *International Journal of African Historical Studies* 27, no. 2: 241–72.

Parpart, Jane L., and Kathleen A. Staudt, eds. 1989. *Women and the State in Africa.* Boulder, Colo.: Lynne Rienner Publishers.

Parreira, Adriano. 1990. *Economia e sociedade em Angola na epoca da rainha Jinga seculo XVII.* Lisbon: Editorial Estampa.

Peires, J. B. 1989. *The Dead Will Arise: Nongqawuse and the Great Xhosa Cattle-Killing Movement of 1856–7.* Bloomington: Indiana University Press.

Peires, J. B., ed. 1981. *Before and After Shaka.* Grahamstown, South Africa: Institute of Social and Economic Research.

Penvenne, Jeanne. 1983. "Here Everyone Walked with Fear: The Mozambican Labor System and the Workers of Lourenço Marques, 1945–1962." In Cooper, *The Struggle for the City.*

Porteres, R. and J. Barrau. 1981. "Origins, Developments and Expansion of Agricultural Techniques." In Ki-Zerbo, *Methodology and African Prehistory.*

Posnansky, Merrick. 1981. "The Societies of Africa South of the Sahara in the Early Iron Age." In Mokhtar, *Ancient Civilizations of Africa.*

Presley, Cora Ann. 1986. "Labor Unrest among Kikuyu Women in Colonial Kenya." In Robertson and Berger, *Women and Class in Africa.*

———. 1992. *Kikuyu Women, the Mau Mau Rebellion, and Social Change in Kenya.* Boulder, Colo.: Westview Press. [邦訳あり]

Ramphele, Mamphela. 1996. *Across Boundaries: The Journey of a South African Woman Leader.* New York: Feminist Press.

Reiter, Rayna, ed. 1975. *Toward an Anthropology of Women.* New York and Lon-

———. 1998. "Women and Creative Writing in Africa." In Nnaemeka, *Sisterhood, Feminisms, and Power.*

O'Barr, Jean. 1975/76. "Pare Women: A Case of Political Involvement." *Rural Africana* 29: 121–34.

Obbo, Christine. 1980. *African Women: Their Struggle for Economic Independence.* London: Zed Books.

———. 1986. "Stratification and the Lives of Women in Uganda." In Robertson and Berger, *Women and Class in Africa.*

Oboler, Regina Smith. 1985. *Women, Power, and Economic Change: The Nandi of Kenya.* Stanford: Stanford University Press.

Oduol, Wilhelmina, and Wanjiku Mukabi Kabira. 1995. "The Mother of Warriors and Her Daughters: The Women's Movement in Kenya." In Basu, *The Challenge of Local Feminisms.*

Ogot, Grace. 1966. *The Promised Land.* Nairobi, Kenya: East African Publishing House.

Ogunbiyi, I. A. 1969. "The Position of Muslim Women as Stated by Uthmān b. Fūdī." *Odu: A Journal of West African Studies* n. s., no. 2: 43–60.

Okali, Christine. 1983. "Kinship and Cocoa Farming in Ghana." In Oppong, *Female and Male in West Africa.*

Okeyo, Achola Pala. 1980. "Daughters of the Lakes and Rivers: Colonization and the Land Rights of Luo Women." In Etienne and Leacock, *Women and Colonization.*

Okonjo, Kamene. 1983. "Sex Roles in Nigerian Politics." In Oppong, *Female and Male in West Africa.*

Olivier de Sardan, Jean-Pierre. 1997. "The Songhay-Zarma Female Slave: Relations of Production and Ideological Status." In Robertson and Klein, *Women in Slavery in Africa.*

Oppong, Christine. 1974. *Marriage among a Matrilineal Elite: A Family Study of Ghanaian Civil Servants.* London and New York: Cambridge University Press.

Oppong, Christine, ed. 1983. *Female and Male in West Africa.* London: George Allen and Unwin.

Otieno, Wambui Waiyaki, ed. With an introduction by Cora Ann Presley. 1998. *Mau Mau's Daughter: A Life History.* Boulder, Colo.: Lynne Rienner.

Oyewumi, Oyeronke. 1997. *The Invention of Women: Making an African Sense of Western Gender Discourses.* Minneapolis: University of Minnesota Press.

———. ed. 2003. *African Women & Feminism: Reflecting On The Politics Of Sis-*

In Bay, *Women and Work in Africa.*

Murray, Colin. 1981. *Families Divided: The Impact of Migrant Labour in Lesotho.* Cambridge: Cambridge University Press.

Murray, Jocelyn. 1974. "The Kikuyu Female Circumcision Controversy, with Special Reference to the Church Missionary Society's 'Sphere of Influence.'" Ph. D. thesis, University of California, Los Angeles.

———. 1976. "the Church Missionary Society and the 'Female Circumcision' Issue in Kenya, 1929–1932." *Journal of Religion in Africa* [Netherlands] 8, no. 2 : 92–104

Murray-Hudson, Anne. 1983. "SWAPO: Solidarity with Our Sisters." *Review of African Political Economy* 27/28 : 120–25.

Musisi, Nakanyike B. 1991. "Women, 'Elite Polygyny,' and Buganda State Formation." *Signs* 16, no. 4: 757–86.

Nelson, Nici. 1982. "'Women Must Help Each Other.'" In Caplan and Bujra, *Women United, Women Divided.*

Nelson, Nici, ed. 1981. *African Women in the Development Process.* London: Frank Cass.

Ngocongco, L. D., with the collaboration of J. Vansina. 1984. "Southern Africa: Its Peoples and Social Structures." In Niane, *Africa from the Twelfth to the Sixteenth Century.*

Nhongo-Simbanegavi, Josephine. 2000. *For Better or Worse? Women and ZANLA in Zimbabwe's Liberation Struggle.* Harare: Weaver Press.

Niane, D. T., ed. 1984. *Africa from the Twelfth to the Sixteenth Century.* Vol. 4 of General History of Africa. London: Heinemann; Berkeley and Los Angeles: University of California Press.

Nnaemeka, Obioma, ed. 1998. *Sisterhood, Feminisms, and Power: From Africa to the Diaspora.* Trenton, N.J.: Africa World Press.

Northrup, David. 1988. "The Ending of Slavery in the Eastern Belgian Congo." In Miers and Roberts, *The End of Slavery in Africa.*

Ntarangwi, Mwenda. 2003. *Gender, Identity, and Performance: Understanding Swahili Cultural Realities through Song.* Trinton: Africa World Press, Inc.

Nurse, Derek, and Thomas Spear. 1985. *The Swahili: Reconstructing the History and Language of an African Society, 800–1500.* Philadelphia: University of Pennsylvania Press.

Nwapa, Flora. 1966a. *Efuru.* Portsmouth, N. H.: Heinemann.

———. *Idu.* 1966b. London: Heinemann.

———. *Once Is Enough.* 1981. Enugu, Nigeria: Tana Press.

and McCurdy, *"Wicked" Women.*

McLean, Scilla, and Stella Efua Graham. 1985. *Female Circumcision, Excision and Infibulation: The Facts and Proposals for Change.* London: Minority Rights Group.

Meade, Teresa, and Mark Walker, eds. 1991. *Science, Medicine and Cultural Imperialism.* New York: St. Martin's.

Meena, Ruth, ed. 1992. *Gender in Southern Africa: Conceptual and Theoretical Issues.* Harare, Zimbabwe: SAPES Books.

Meillasoux, Claude. 1997. "Female Slavery." In Robertson and Klein, *Women and Slavery in Africa.*

Mianda, Gertrude D. M. 1995. "Dans l'ombre de la 'démocratie' au Zaire: la remise en question de l'émancipation Mobutiste de la femme." *Canadian Journal of African Studies* 29, no. 1: 51–78.

Miers, Suzanne, and Igor Kopytoff, eds. 1977. *Slavery in Africa: Historical and Anthropological Perspectives.* Madison: University of Wisconsin Press.

Miers, Suzanne, and Richard Roberts. 1988. "Introduction: The End of Slavery in Africa." In Miers and Roberts, *The End of Slavery in Africa.*

Miers, Suzanne, and Martin A. Klein, eds. 1999. *Slavery and Colonial Rule in Africa.* London: Frank Cass.

Miers, Suzanne, and Richard Roberts, eds. 1988. *The End of Slavery in Africa.* Madison: University of Wisconsin Press.

Miller, Joseph C. 1983. "The Paradoxes of Impoverishment in the Atlantic Zone." In Birmingham and Martin, *History of Central Africa.*

Mokhtar, G., ed. 1981. *Ancient Civilizations of Africa.* Vol. 2 of General History of Africa. Berkeley and Los Angeles: University of California Press.

Moodie, Dunbar. 1994. *Going for Gold: Men, Mines and Migration*, Berkeley: University of California Press.

Moran, Mary H. 1990. *Civilized Women: Gender and Prestige in Southeastern Liberia.* Ithaca and London: Cornell University Press.

Morrell, Robert. ed., 2001. *Changing Men in Southern Africa.* London: Zed Books.

Morrow, Sean. 1986. "'No Girl Leaves the School Unmarried': Mabel Shaw and the Education of Girls at Mbereshi, Northern Rhodesia, 1915–1940." *International Journal of African Historical Studies* 19, no. 4: 601–35.

Mueller, Martha. 1977. "Women and Men, Power and Powerlessness in Lesotho." *Signs* 3, no. 1: 154–66.

Muntemba, Maud Shimwaayi. 1982. "Women and Agricultural Change in the Railway Region of Zambia: Dispossession and Counterstrategies, 1930–1970."

African Economic History 13: 137–69.

———. 1990. *Work and Control in a Peasant Economy*. Madison: University of Wisconsin Press.

Mann, Kristin. 1985. *Marrying Well: Marriage, Status and Social Change among the Educated Elite in Colonial Lagos*. Cambridge: Cambridge University Press.

———. 1991. "Women, Landed Property, and the Accumulation of Wealth in Early Colonial Lagos." *Signs* 16, no. 4: 682–706.

Marks, Shula. 1994. *Divided Sisterhood: Race, Class and Gender in the South African Nursing Profession*. Johannesburg, South Africa: Witwatersrand University Press.

Marks, Shula, ed. 1987. *Not Either an Experimental Doll: The Separate Worlds of Three South African Women*. Bloomington: Indiana University Press.

Marks, Shula, and Anthony Atmore, eds. 1980. *Economy and Society in Pre-Industrial South Africa*. London: Longman.

Marks, Shula, and Richard Rathbone, eds. 1982. *Industrialisation and Social Change in South Africa*. London: Longman.

Masemann, Vandra Lea. "The 'Hidden Curriculum' of a West African Girls' Boarding School." *Canadian Journal of African Studies* 8, no.3 : 479–93.

Matory, J. Lorand. 1994. "Rival Empires : Islam and the Religion of Sprit Possession among the Oyo-Yoruba." *American Ethnologist* 21, no.3 : 495–515.

Matveiev, V. V. 1984. "The Development of Swahili Civilization." In Niane, *Africa from the Twelfth to the Sixteenth Century*.

Mba, Nina Emma. 1982. *Nigerian Women Mobilized: Women's Political Activity in Southern Nigeria, 1900–1965*. Berkeley: Institute of International Studies, University of California.

———. 1989. "Kaba and Khaki: Women and the Militarized State in Nigeria." In Parpart and Staudt, *Women and the State in Africa*.

Mbilinyi, Marjorie. 1982. "Wife, Slave and Subject of the King: The Oppression of Women in the Shambala Kingdom." *Tanzania Notes and Records* 88/89: 1–13.

———. 1984. "'Women in Development' Ideology: The Promotion of Competition and Exploitation." *African Review* 2, no. 1: 14–33.

McCall, Daniel. 1961. "Trade and the Role of Wife in a Modern West African Town." In Southall, *Social Change in Modern Africa*.

McCurdy, Sheryl. 2001. "Urban Threats: Manyema Women, Low Fertility and Venereal Diseases in British Colonial Tanganyika, 1926–36," in: Hodgson

Lerner, Gerda. 1986. *The Creation of Patriarchy.* New York: Oxford University Press. [邦訳あり]

Lesko, Barbara S. 1998. "Women of Ancient Egypt and Western Asia." In Bridenthal, Stuard, and Wiesner, *Becoming Visible.*

Levtzion, N., and J. F. P. Hopkins, eds. 1981. *Corpus of Early Arabic Sources for West African History.* Cambridge: Cambridge University Press.

Lewis, Barbara. 1984. "The Impact of Development Policies on Women." In Hay and Stichter, *African Women.*

Likimani, Muthoni. 1985. *Passbook Number F. 47927: Women and Mau Mau in Kenya.* London: Macmillan. [邦訳あり]

Lindsay, Lisa. 2003. *Working with Gender: Wage Labor and Social Change in South Western Nigeria.* Portsmouth, NH: Heinemann.

Lindsay, Lisa, and Stephen Miescher, eds., 2003. *Men and Masculinities in Modern Africa.* Portsmouth, NH: Heinemann.

Lipschutz, Mark R and R. Kent Rasmussen. 1986 [1978] *Dictionary of African Historical Biography.* Berkeley, Los Angeles, London: University of California Press.

Lodge, Tom. 1983. *Black Politics in South Africa since 1945.* London and New York: Longman.

Lovejoy, Paul. 1981. "Slavery in the Sokoto Caliphate." In Lovejoy, *The Ideology of Slavery.*

———. 1986. *Salt of the Desert Sun: A History of Salt Production and Trade in the Central Sudan.* Cambridge: Cambridge University Press.

———. 1988. "Concubinage and the Status of Women Slaves in Early Colonial Nigeria." *Journal of African History* 29, no. 2: 245–66.

Lovejoy, Paul, ed. 1981. *The Ideology of Slavery in Africa.* Beverly Hills, Calif.: Sage Publications.

Lovejoy, Paul E., ed. 2000. *Identity in the Shadow of Slavery.* London and New York: Continuum.

Ly-Tall, M. 1984. "The Decline of the Mali Empire." In Niane, *Africa from the T welfth to the Sixteenth Century.*

Maathai, Wangari. 1988. *The Greenbelt Movement in Kenya.* Nairobi, Kenya: Environment Liaison Centre International.

MacCormack, Carol P. 1975. "Sande Women and Political Power in Sierra Leone." *West African Journal of Sociology and Political Science* 1: 42–50.

Mandala, Elias. 1984. "Capitalism, Kinship and Gender in the Lower Tchiri (Shire) Valley of Malawi, 1860–1960: An Alternative Theoretical Framework."

Kettel, Bonnie. 1986. "The Commoditization of Women in Tugen (Kenya) Social Organization." In Robertson and Berger, *Women and Class in Africa*.

Kileff, Clive, and Margaret Kileff. 1979. "The Masowe Vapostori of Seki." In Jules-Rosette, *The New Religions of Africa*.

Kimble, Judy, and Elaine Unterhalter. 1982. "'We Opened the Road for You, You Must Go Forward': ANC Women's Struggles, 1912–1982." *Feminist Review* 12: 11–35.

Kinsman, Margaret. 1983. "'Beasts of Burden': The Subordination of Southern Tswana Women, ca. 1800–1840." *Journal of Southern African Studies* 10, no. 1: 39–54.

Kirk-Greene, A. H. M., and S. J. Hogben. 1966. *The Emirates of Northern Nigeria: A Preliminary Study of Their Historical Traditions*. London: Oxford University Press.

Ki-Zerbo, J., ed. 1981. *Methodology and African Prehistory*. Vol. 1 of General History of Africa. London: Heinemann.

Klein, Martin A. 1977. "Servitude among the Wolof and Sereer of Senegambia." In Miers and Kopytoff, *Slavery in Africa*.

———. 1997. "Women in Slavery in the Western Sudan." In Robertson and Klein, *Women and Slavery in Africa*.

Kobishchanov, Yuri. 1979. *Axum*. University Park: Pennsylvania State University Press.

Koso-Thomas, Olayinka. 1987. *The Circumcision of Women: A Strategy for Eradication*. London: Zed Books.

Krige, J. D., and E. J. Krige. 1943. *The Realm of a Rain Queen*. London: Oxford University Press.

Kriger, Colleen. 1993. "Textile Production and Gender in the Sokoto Caliphate." *Journal of African History* 34: 361–401.

Kropacek, L. 1984. "Nubia from the Late Twelfth Century to the Funj Conquest in the Early Fifteenth Century." In Niane, *Africa from the Twelfth to the Sixteenth Century*.

Lan, David. 1985. *Guns and Rain: Guerrillas and Spirit Mediums in Zimbabwe*. Berkeley and Los Angeles: University of California Press.

Landau, Paul Stuart. 1995. *The Realm of the Word: Language, Gender, and Christianity in a Southern African Kingdom*. Portsmouth, N. H.: Heinemann.

Leacock, Eleanor Burke. 1981. *Myths of Male Dominance: Collected Articles on Women Cross-Culturally*. New York and London: Monthly Review.

Lee, Richard. 1979. *The !Kung San*. Cambridge: Cambridge University Press.

nialisms in African History. Oxford: Blackwell.

Ifeka-Moller, Caroline. 1975. "Female Militancy and Colonial Revolt: The Women's War of 1929, Eastern Nigeria." In Ardener, *Perceiving Women*.

Isaacman, Allen. 1972. *Mozambique: The Africanization of a European Institution, the Zambesi Prazos, 1750–1902*. Madison: University of Wisconsin Press.

Isaacman, Barbara, and June Stephen. 1980. *Mozambique: Women, the Law and Agrarian Reform*. Addis Ababa, Ethiopia: United Nations Economic Commission for Africa.

Jacobs, Susan, and Tracey Howard. 1987. "Women in Zimbabwe: State Policy and State Action." In Afshar, *Women, State and Ideology*.

Jeater, Diana. 1993. *Marriage, Perversion and Power: The Construction of Moral Discourse in Southern Rhodesia, 1894–1930*. Oxford: Clarendon Press.

Johnson, Cheryl [Johnson-Odim]. 1981. "Female Leadership during the Colonial Period: Madam Pelewura and the Lagos Market Women." *Tarikh* 7, no. 1: 1–10.

———. 1986. "Class and Gender: A Consideration of Yoruba Women during the Colonial Period." In Robertson and Berger, *Women and Class in Africa*.

Johnson-Odim, Cheryl, and Nina Mba. 1997. *For Women and the Nation: Funmilayo Ransome-Kuti of Nigeria*. Urbana and Chicago: University of Illinois Press.

Jules-Rosette, Bennetta. 1979. "Women as Ceremonial Leaders in an African Church." In Jules-Rosette, *The New Religions of Africa*.

Jules-Rosette, Bennetta, ed. 1979. *The New Religions of Africa*. Norwood, N.J.: Ablex Publishing Co.

Kaplan, Flora Edowaye S. 1993. "Ioyoba, the Queen Mother of Benin: Images and Ambiguity in Gender and Sex Roles in Court Art." *Art History* 16, no. 3: 386–407.

Kapteijns, Lidwien. 1985. "Islamic Rationales for the Changing Social Roles of Women in the Western Sudan." In Daly, *Modernization in the Sudan*.

Kea, Ray A. 1982. *Settlements, Trade, and Polities in the Seventeenth-Century Gold Coast*. Baltimore and London: John Hopkins University Press.

Kemp, Amanda; Nozizwe Madlala; Asha Moodley; and Elaine Salo. 1995. "The Dawn of a New Day: Redefining South African Feminism." In Basu, *The Challenge of Local Feminisms*.

Kent, Susan, ed. 1998. *Gender in African Prehistory*. London: Altamira Press.

Kenyatta, Jomo. 1979. *Facing Mount Kenya: The Traditional Life of the Gikuyu*. London: Heinemann. First published 1938.

Hay, Margaret Jean, and Marcia Wright, eds. 1982. *Africcan Women and the Law: Historical Perspectives.* Boston: Boston University Papers on Africa, No. 7.

Head, Bessie. 1970. *When Rain Clouds Gather.* New York: Bantam.

———. 1974. *A Question of Power.* Portsmouth, N. H.: Heinemann. [邦訳あり]

Heintze, Beatrix. 1981. "Das Ende Unabhangigen Staates Ndongo: Neue Chronologie und Reinterpretation (1617–1630)." *Paideuma* 27: 197–273.

Herbert, Eugenia. 1993. *Iron, Gender, and Power: Rituals of Transformation in African Societies.* Bloomington: Indiana University Press.

Higginson, John. 1992. "Liberating the Captives: Independent Watchtower as an Avatar of Colonial Revolt in Southern Africa and Katanga, 1908–1941." *Journal of Social History* 26, no. 1: 55–80.

Hilton, Anne. 1985. *The Kingdom of Kongo.* Oxford: Clarendon Press.

Hodgson, Dorothy L., ed. 2000. *Rethinking Pastoralism in Africa.* Oxford: James Currey.

Hodgson, Dorothy L. and Sheryl A. McCurdy, eds. 2001. *"Wicked" Women and the Reconfiguration of Gender in Africa.* Portsmouth, NH: Heinemann.

Hoffer, Carol P. 1972. "Mende and Sherbo Women in High Office." *Canadian Journal of African Studies* 4, no. 2: 151–64.

Hogendorn, J. S., and Paul E. Lovejoy. 1988. "The Reform of Slavery in Early Colonial Northern Nigeria." In Miers and Roberts, *The End of Slavery in Africa.*

House-Midamba, Bessie, and Felix K. Ekechi, eds. 1995. *African Market Women and Economic Power: The Role of Women in African Economic Development.* Westport, Conn.: Greenwood Press.

Hubbard, Dianne, and Colette Solomon. 1995. "The Many Faces of Feminism in Namibia." In Basu, *The Challenge of Local Feminisms.*

Hunt, Nancy Rose. 1989. "Placing African Women's History and Locating Gender." *Social History* 14, no. 3: 359–79.

———. 1990. "Domesticity and Colonialism in Belgian Africa: Usumbura's *Foyer Social.*" *Signs* 15, no. 3: 447–74.

———. 1991. "Noise over Camouflaged Polygyny, Colonial Morality, Taxation and a Woman-Naming Crisis in the Belgian Congo." *Journal of African History* 32, no. 3: 471–94.

———. 1999. *A Colonial Lexicon: of Birth Ritual, Medicalization and Mobility in the Congo.* Durham: Duke University Press.

Hunt, Nancy Rose; Tessie P. Liu; and Jean Quataert, eds. 1997. *Gendered Colo-*

Guy, Jeff. 1980. "Ecological Factors in the Rise of Shaka and the Zulu Kingdom." In Marks and Atmore, *Economy and Society in Pre-Industrial South Africa.*

Guyer, Jane. 1991. "Female Farming in Anthropology and African History." In di Leonardo, *Gender at the Crossroads of Knowledge.*

Guyer, Jane, ed. 1995. *Money Matters: Instability, Values and Social Payments in the Modern History of West African Communities.* Portsmouth, N. H.: Heinemann.

Hafkin, Nancy, and Edna Bay, eds. 1976. *Women in Africa: Studies in Social and Economic Change.* Stanford: Stanford University Press.

Haile, Daniel. 1980. *Law and the Status of Women in Ethiopia.* Addis Ababa, Ethiopia: United Nations Economic Commission for Africa.

Hale, Sondra. 1996. *Gender Politics in Sudan: Islamism, Socialism, and the State.* Boulder, Colo.: Westview Press.

Hansen, Karen Tranberg. 1984. "Negotiating Sex and Gender in Urban Zambia." *Journal of Southern African Studies* 10, no. 2: 219–38.

Hansen, Karen Tranberg, ed. 1992. *African Encounters with Domesticity.* New Brunswick, N. J.: Rutgers University Press.

Harms, Robert W. 1997. "Sustaining the System: Trading Towns along the Middle Zaire." In Robertson and Klein, *Women and Slavery in Africa.*

Harms, Robert; Joseph Miller; David Newbury; and Michele Wagner, eds. 1994. *Paths toward the Past: African Historical Essays in Honor of Jan Vansina.* Atlanta: ASA Press.

Harries, Lyndon. 1962. *Swahili Poetry.* London: Oxford University Press.

Harries, Patrick. 1982. "Kinship, Ideology and the Nature of Pre-colonial Labour Migration." In Marks and Rathbone, *Industrialisation and Social Change in South Africa.*

———. 1994. *Work, Culture, and Identity: Migrant Laborers in Mozambique and South Africa, c. 1860–1910.* Portsmouth, N. H.: Heinemann.

Hassim, Shireen. 1991. "Gender, Social Location and Feminist Politics in South Africa." *Transformation* 15: 65–82.

Hawkes, K.; J. F. O'Connell; and N. G. Blurton Jones. 1997. "Hadza Women's Time Allocation, Offspring Provisioning, and the Evolution of Long Postmenopausal Life Spans." *Current Anthropology* 38, no. 4: 551–77.

Hay, Margaret Jean. 1976. "Luo Women and Economic Change during the Colonial Period." In Hafkin and Bay, *Women in Africa.*

Hay, Margaret Jean, and Sharon Stichter, eds. 1995. *African Women: South of the Sahara.* 2nd ed., revised. London: Longman.

———. 1979b. "Laundry, Liquor and 'Playing Ladish.'" Paper presented to the South African Social History Workshop, Centre of International and Area Studies, University of London.

———. 1982. "'Wailing for Purity': Prayer Unions, African Women and Adolescent Daughters, 1912–1940." In Marks and Rathbone, *Industrialisation and Social Change in South Africa.*

———. 1983. "Housewives, Maids or Mothers: Some Contradictions of Domesticity for Christian Women in Johannesburg, 1903–39." *Journal of African History* 24, no. 2: 241–56.

Gaitskell, Deborah; Judy Kimble; Moira Maconachie; and Elaine Unterhalter. 1983. "Class, Race and Gender: Domestic Workers in South Africa." *Review of African Political Economy* 27/28: 86–108.

Gardiner, Judith Kegan, ed. 1995. *Provoking Agents: Gender and Agency in Theory and Practice.* Urbana and Chicago: University of Illinois Press.

Geiger, Susan. 1987. "Women in Nationalist Struggle: TANU Activists in Dar es Salaam." *International Journal of African Historical Studies* 20, no. 1: 1–26.

———. 1990. "Women and African Nationalism." *Journal of Women's History* 2, no. 1: 227–44.

———. 1996. "Tanganyikan Nationalism as 'Women's Work': Life Histories, Collective Biography and Changing Historiography." *Journal of African History* 37, no. 3: 465–78.

———. 1998. *TANU Women: Gender and Culture in the Making of Tanganyikan Nationalism, 1955–1965.* Portsmouth, N. H.: Heinemann.

Gender Violence and Women's Human Rights in Africa. 1994. New Brunswick, N. J.: Center for Women's Global Leadership.

Gold, Alice. 1981. "Women in Agricultural Change: The Nandi (Kenya) in the Nineteenth Century." Paper presented to the Conference on African Women in History, University of Santa Clara.

Gray, John. 1962. *History of Zanzibar from the Middle Ages to 1856.* London: Oxford University Press.

Gunderson, Frank, and Gregory F. Barz, eds. 2000. *Mashindano!: Competitive Music Performance in East Africa.* Dar es Salaam: Mkuki na Nyota Publihers.

Gunner, Elizabeth. 1979. "Songs of Innocence and Experience: Women as Composers and Performers of *Izibongo*, Zulu Praise Poetry." *Research in African Literatures* 10, no. 2: 239–67.

El Dareer, Asma. 1982. *Woman, Why Do You Weep? Circumcision and Its Consequences.* London: Zed Books.

El-Nadoury, R., with J. Vercoutter. 1981. "The Legacy of Pharaonic Egypt." In Mokhtar, *Ancient Civilizations of Africa.*

Elphick, Richard. 1985. *Khoikhoi and the Founding of White South Africa.* Johannesburg, South Africa: Ravan Press.

Emecheta, Buchi. 1979. *The Joys of Motherhood.* London: Allison and Busby; New York: G. Braziller.

———. 1982. *Double Yoke.* London: Ogwuogwu Afor. Reprint, New York: G. Braziller, 1993.

Etienne, Mona. 1980. "Women and Men, Cloth and Colonization: The Transformation of Production-Distribution Relations among the Baule (Ivory Coast)." In Etienne and Leacock, *Women and Colonization.*

Etienne, Mona, and Eleanor Leacock, eds. 1980. *Women and Colonization: Anthropological Perspectives.* New York: Praeger.

Fair, Laura. 2001. *Pastimes & Politics: Culture, Community, and Identity in Post-Abolition Urban Zanzibar, 1890–1945.* Athens, Oxford: Ohio University Press, James Currey.

Falola, Toyin. 1995. "Gender, Business, and Space Control: Yoruba Market Women and Power." In House-Midamba and Ekechi, *African Market Women and Economic Power.*

Fapohunda, Eleanor R. 1983. "Female and Male Work Profiles." In Oppong, *Female and Male in West Africa.*

Fisher, Humphrey J. 2001. *Slavery in the History of Muslim Black Africa.* London: Hurst & Company.

Fluehr-Lobban, Carolyn. 1977. "Agitation for Change in the Sudan." In Schlegel, *Sexual Stratification.*

Fortmann, Louise. 1982. "Women and Work in a Communal Setting: The Tanzanian Policy of Ujamaa." In Bay, *Women and Work in Africa.*

Freedman, Jim. 1984. *Nyabingi: The Social History of an African Divinity.* Tervuren, Belgium: Musée Royal de l'Afrique Centrale.

Freeman, Donald. 1993. "Survival Strategy or Business Training Ground? The Significance of Urban Agriculture for the Advancement of Women in African Cities." *African Studies Review* 36, no. 3: 1–22.

Gaitskell, Deborah. 1979a. "'Christian Compounds for Girls': Church Hostels for African Women in Johannesburg, 1907–1970." *Journal of Southern African Studies* 6, no. 1: 44–69.

Law.

———. ed. 1986. *Banditry, Rebellion and Social Protest in Africa.* London: Heinemann.

Dahlberg, Frances, ed. 1981. *Woman the Gatherer.* New Haven : Yale University Press.

Daly, M. W., ed. 1985. *Modernization in the Sudan.* New York: Lilian Barber Press.

Dangarembga, Tsitsi. 1988. *Nervous Conditions.* Seattle: Seal Press.

Davison, Jean, with the women of Mutira. 1996. *Voices from Mutira: Change in the Lives of Rural Gikuyu Women, 1910–1995.* 2nd ed., revised. Boulder, Colo.: Lynne Rienner Publishers.

Dennis, Carolyne. 1987. "Women and the State of Nigeria: The Case of the Federal Military Government, 1984–5." In Afshar, *Women, State and Ideology.*

Denzer, LaRay. 1994. "Yoruba Women : A Historiographical Study." *International Journal of African Historical Studies* 27, no. 1 : 1–39.

des Forges, Alison. 1986. "'The Drum Is Greater Than the Shout': The 1912 Rebellion in Northern Rwanda." In Crummey, *Banditry.*

Deutch, Jan-Georg. 1999. "The 'Freeing' of the Slaves in German East Africa: The Statistical Record, 1890–1914." In: Miers and Klein, *Slavery and Colonial Rule.*

Dey, Jennie. 1981. "Gambian Women: Unequal Partners in Gambian Rice Development Projects?" In Nelson, *African Women in the Development Process.*

Dibwe, dia Mwembu. 1993. "Les fonctions des femmes Africaines dans les camps Haut-Kantaga (1925–1960)." *Zaire-Afrique* 33, no. 272: 105–18.

di Leonardo, Micaela, ed. 1991. *Gender at the Crossroads of Knowledge: Feminist Anthropology in a Postmodern Era.* Berkeley and Los Angeles: University of California Press.

Dinan, Claudine. 1977. "Pragmatists or Feminists? The Professional Single Women of Accra, Ghana." *Cahiers d'Etudes Africaines* 65, no. 8: 155–76.

Draper, Patricia. 1975. "!Kung Women: Contrasts in Sexual Egalitarianism in Foraging and Sedentary Contexts." In Reiter, *Toward an Anthropology of Women.*

Ehret, C. 1984. "Between the Coast and the Great Lakes." In Niane, *Africa from the Twelfth to the Sixteenth Century.*

Ekejiuba, Felicia. 1967. "Omu Okwei, the Merchant Queen of Ossomari: A Biographical Sketch." *Journal of the Historical Society of Nigeria* 3, no. 4: 633–46.

Cissoko, S. M. 1984. "The Songhay from the Twelfth to the Sixteenth Century." In Niane, *Africa from the Twelfth to the Sixteenth Century.*

Clark, Carolyn M. 1980. "Land and Food, Women and Power, in Nineteenth Century Kikuyu." *Africa* 50, no. 4: 357–69.

Clignet, Remi. 1977. "Social Change and Sexual Differentiation in the Cameroon and the Ivory Coast." In Wellesley Editorial Committee, *Women and National Development.*

Cock, Jacklyn. 1980. *Maids and Madams.* Johannesburg, South Africa: Ravan Press.

Coles, Catherine, and Beverly Mack, eds. 1991. *Hausa Women in the Twentieth Century.* Madison: University of Wisconsin Press.

Comaroff, Jean. 1985. *Body of Power, Spirit of Resistance: The Culture and History of a South African People.* Chicago: University of Chicago Press.

Constantinides, Pamela. 1982. "Women's Spirit Possession and Urban Adaptation in the Muslim Northern Sudan." In Caplan and Bujra, *Women United, Women Divided.*

Cooper, Barbara M. 1994. "Reflections on Slavery, Seclusion and Female Labor in the Maradi Region of Niger in the Nineteenth and Twentieth Centuries." *Journal of African History* 35: 61–78.

———. 1997. *Marriage in Maradi, 1900–1989.* Portsmouth, N. H.: Heinemann.

Cooper, Frederick, ed. *The Struggle for the City.* Beverly Hills, Calif.: Sage, 1983.

Coquery-Vidrovitch, Catherine. 1997. *African Women: A Modern History.* Trans. Beth Raps. Boulder, Colo.: Westview Press.

Cowan, Nicole. 1983. "Women in Eritrea: An Eye-witness Account." *Review of African Political Economy* 27/28: 143–52.

Creevey, Lucy E. 1986a. *Women Farmers in Africa: Rural Development in Mali and the Sahel.* Syracuse, N. Y.: Syracuse University Press.

———. 1986b. "The Role of Women in Malian Agriculture." In Creevey, *Women Farmers.*

Creighton, Colin, and C. K. Omari, eds. 1995. *Gender, Family and Household in Tanzania.* Aldershot, Burlington USA: Ashgate.

———. eds. 2000. *Gender, Family and Work in Tanzania.* Aldershot, Burlington USA : Ashgate.

Cromwell, Adelaide M. 1986. *An African Victorian Feminist: The Life and Times of Adelaide Smith Casely Hayford, 1868–1960.* Boston: Frank Cass.

Crummey, Donald. 1982. "Women, Property and Litigation among the Bagemder Amhara, 1750s to 1850s." In Hay and Wright, *African Women and the* in Tanzania." In Afshar, *Women, Work and Ideology in the Third World.*

Bujra, Janet. 1975. "Women 'Entrepreneurs' of Early Nairobi." *Canadian Journal of African Studies* 9, no. 2: 213–34.

Bundy, Colin. 1980. "Peasants in Herschel: A Case Study of a South African Frontier District." In Marks and Atmore, *Economy and Society in Pre-Industrial South Africa.*

Byfield, Judith A. 1996. "Women, Marriage, Divorce and the Emerging Colonial State in Abeokuta (Nigeria), 1892–1904." *Canadian Journal of African Studies* 30, no. 1: 32–51.

———. 2002. *The Bluest Hands: A Social and Economic History of Women Dyers in Abeokuta (Nigeria), 1890–1940.* Portsmouth, NH: Heinemann.

Callaway, Barbara. 1987. *Muslim Hausa Women in Nigeria: Tradition and Change.* Syracuse, N. Y.: Syracuse University Press.

Callaway, Helen, and Lucy Creevey. 1993. *The Heritage of Islam: Women, Religion, and Politics in West Africa.* Boulder, Colo.: Lynne Rienner.

Caplan, Patricia. 1982. "Gender, Ideology and Modes of Production on the Coast of East Africa." *Paideuma* 28: 29–43.

Caplan, Patricia, ed. 1987. *The Cultural Construction of Sexuality.* London: Tavistock.

Caplan, Patricia, and Janet Bujra, eds. 1982. *Women United, Women Divided.* Bloomington: Indiana University Press.

Carney, Judith, and Michael Watts. 1991. "Disciplining Women? Rice, Mechanization, and the Evolution of Mandinka Gender Relations in Senegambia." *Signs* 16, no. 4: 651–81.

Cazanave, Odile. 2000 (原著 1996). *Rebellious Women: The New Generation of Female African Novelists.* Boulder: Lynne Rienner Publishers.

Chanock, Martin. 1985. *Law, Custom and Social Order: The Colonial Experience in Malawi and Zambia.* Cambridge: Cambridge University Press.

Chauncey, George, Jr. 1981. "The Locus of Reproduction: Women's Labour in the Zambian Copperbelt, 1927–1953." *Journal of Southern African Studies* 7, no. 2: 135–64.

Cheater, A. P., and R. B. Gaidzanwa. 1996. "Citizenship in Neo-patrilineal States: Gender and Mobility in Southern Africa." *Journal of Southern African Studies* 22, no. 2: 189–200.

Ciancanelli, Penelope. 1980. "Exchange, Reproduction and Sex Subordination among the Kikuyu of East Africa." *Review of African Political Economy* 12, no. 2: 25–36.

Bledsoe, Caroline. 1980. *Women and Marriage in Kpelle Society.* Stanford: Stanford University Press.

Boahen, Adu, and Emmanuel Akyeampong. 2003. *Yaa Asantewaa and The Asante/British War of 1900–01.* London: James Currey Publishers.

Boserup, Ester. 1970. *Woman's Role in Economic Development.* London: Allen and Unwin; New York: St. Martin's Press.

Bowman, Cynthia Grant, and Akua Kuenyehia. 2003. *Women and Law in Sub-Saharan Africa.* Accra, Ghana: Sedco Publishing Limited.

Boyd, Jean. 1986. "The Fulani Women Poets." In Adamu and Kirke-Greene, *Pastoralists of the West African Savannah.*

Bozzoli, Belinda. 1983. "Marxism, Feminism and South African Studies." *Journal of Southern African Studies* 9, no. 2: 139–71.

Bradford, Helen. 1987. *A Taste of Freedom: The ICU in Rural South Africa.* New Haven: Yale University Press.

———. 1991. "Herbs, Knives and Plastic: 150 Years of Abortion in South Africa." In Meade and Walker, *Science, Medicine and Cultural Imperialism.*

———. 1996. "Women, Gender and Colonialism: Rethinking the History of the British Cape Colony in Its Frontier Zones, c. 1806–70." *Journal of African History* 37, no. 3: 351–70.

Brain, James L. 1976. "Less Than Second Class: Women in Rural Settlement Schemes." In Hafkin and Bay, *Women in Africa.*

Brantley, Cynthia. 1986. "Mekatalili and the Role of Women in Giriama Resistance." In Crummey, *Banditry.*

Bridenthal, Renate; Susan Mosher Stuard; and Merry E. Wiesner, eds. 1998. *Becoming Visible: Women in European History.* 3rd ed., revised. New York: Houghton Mifflin.

Broadhead, Susan Herlin. 1997. "Slave Wives, Free Sisters: Bakongo Women and Slavery, c. 1700–1850." In Robertson and Klein, *Women and Slavery in Africa.*

Brooks, George E., Jr. 1976. "The Signares of Saint-Louis and Gorée: Women Entrepreneurs in Eighteenth-Century Senegal." In Hafkin and Bay, *Women in Africa.*

———. 1993. *Landlords and Strangers.* New York: Westview Press.

Brown, Barbara B. 1987. "Facing the 'Black Peril': The Politics of Population Control in South Africa." *Journal of Southern African Studies* 13, no. 3: 256–73.

Bryceson, Deborah Fahey. 1985. "Women's Proletarianization and the Family Wage

———. 1985. "Women's Educational Experience under Colonialism: Toward a Diachronic Model." *Signs* 7, no. 1: 137–54.

Basu, Amrita, ed., with the assistance of C. Elizabeth McGrory. 1995 *The challenge of Local Feminisms: Women's Movements in Global Perspective.* Boulder, Colo.: Westview Press.

Bay, Edna. 1995. "Belief, Legitimacy and the Kpojito: An Institutional History of the Queen Mother in Precolonial Dahomey." *Journal of African History* 36, no. 1: 1–27.

———. 1997. "Servitude and Worldly Success in the Palace of Dahomey." In Robertson and Klein, *Women and Slavery in Africa.*

Bay, Edna, ed. 1982. *Women and Work in Africa.* Boulder, Colo.: Westview Press.

Baylies, Carolyn, and Janet Bujra. eds. 2000. *AIDS, Sexuality and Gender in Africa: Collective Strategies and Struggles in Tanzania and Zambia.* London: Routledge.

Beach, D. N. 1980. *The Shona and Zimbabwe, 900–1850.* London: Heinemann.

Beinart, William. 1980. "Production and the Material Basis of Chieftainship: Pondoland, c. 1830–80." In Marks and Atmore, *Economy and Society in Pre-Industrial South Africa.*

Beinart, William, and Colin Bundy. 1987. *Hidden Struggles in Rural South Africa.* Berkeley and Los Angeles: University of California Press.

Berger, Iris. 1976. "Rebels or Status-Seekers? Women as Spirit Mediums in East Africa." In Hafkin and Bay, *Women in Africa.*

———. 1981. *Religion and Resistance: East African Kingdoms in the Precolonial Period.* Tervuren, Belgium: Musée Royal de l'Afrique Centrale.

———. 1992. *Threads of Solidarity: Women in South African Industry, 1900–1980.* Bloomington: Indiana University Press; London: James Currey.

———. 1994a. "'Beasts of Burden' Revisited: Interpretations of Women and Gender in Southern Africa." In Harms, *Paths toward the Past.*

———. 1994b. "Fertility as Power: Spirit Mediums, Priestesses and the State." In Anderson and Johnson, *Revealing Prophets.*

———. 1995. "Marxism and Women's History : African Perspectives," *Contention,* 4, no.3, Spring, 31–45.

Berry, Sara. 1985. *Fathers Work for Their Sons: Accumulation, Mobility and Class Formation in an Extended Yoruba Community.* Berkeley and Los Angeles: University of California Press.

Birmingham, David, and Phyllis M. Martin. 1983. *Histry of Central Africa.* Vol. 1. London: Longman.

Allman, Jean, and Victoria B. Tashjian. 2000. *"I Will Not Eat Stone": A Women's History of Colonial Asante.* Portsmouth, NH: Heinemann.

Allman, Jean; Susan Geiger; and Nakanyike Musisi, eds. 2002. *Women in African Colonial Histories.* Bloomington & Indianapolis: Indiana University Press.

Alpers, Edward A. 1984a. "'Ordinary Household Chores': Ritual and Power in a 19th-Century Swahili Women's Spirit Possession Cult." *International Journal of African Historical Studies* 17, no. 4: 677–702.

———. 1984b. "State, Merchant Capital, and Gender Relations in Southern Mozambique to the End of the Nineteenth Century: Some Tentative Hypotheses." *African Economic History* 13: 23–55.

———. 1986. "The Somali Community at Aden in the Nineteenth Century." *Northeast Africa Studies* 8, no. 2–3: 143–86.

———. 1997. "The Story of Swema: Female Vulnerability in Nineteenth-Century East Africa." In Robertson and Klein, *Women and Slavery in Africa.*

Amadiume, Ifi. 1987. *Male Daughters, Female Husbands: Gender and Sex in an African Society.* London: Zed Books.

Aman: The Story of a Somali Girl. 1994. As told to Virginia Lee Barnes and Janice Boddy. New York: Vintage Books. [邦訳あり]

Anderson, David, and Douglas Johnson, eds. 1994. *Revealing Prophets: Prophecy in East African History.* London: James Curry.

Ardener, Shirley. 1975. "Sexual Insult and Female Militancy." In Ardener, *Perceiving Women.*

Ardener, Shirley, ed. 1975. *Perceiving Women.* London: J. M. Dent and Sons.

Arnfred, Signe, ed. 2004 *Re-thinking Sexualities in Africa.* Uppsala, Sweden: Nordiska Afrikainstitutet.

Ault, James M., Jr. 1983. "Making 'Modern' Marriage 'Traditional.'" *Theory and Society* 12, no. 2: 181–210.

Awe, Bolanle. 1977. "The Iyalode in the Traditional Yoruba Political System." In Schlegel, *Sexual Stratification.*

Awe, Bolanle, and Nina Mba. 1991. "Women's Research and Documentation Center (Nigeria)." *Signs* 16, no. 4: 859–64.

Ba, Mariama. 1981. *So Long a Letter.* Portsmouth, N. H.: Heinemann.

Barnes, Teresa A. 1999. *"We Women Worked So Hard": Gender, Urbanization and Social Reproduction in Colonial Harare, Zimbabwe, 1930–1956.* Portsmouth, NH: Heinemann.

Barthel, Daniel L. 1975. "The Rise of a Female Professional Elite: The Case of Senegal." *African Studies Review* 13, no. 3: 1–17.

文献リスト

Abu, Katharine. 1983. "The Separateness of Spouses: Conjugal Resources in an Ashanti Town." In Oppong, *Female and Male in West Africa.*

Adams, William Y. 1977. *Nubia: Corridor to Africa.* Princeton: Princeton University Press.

Adamu, M. 1984. "The Hausa and Their Neighbors in the Central Sudan." In Niane, *Africa from the Twelfth to the Sixteenth Century.*

Adamu, M., and A. H. M. Kirl-Greene, eds. 1986. *Pastoralists of the West African Savannah.* Manchester: Manchester University Press.

Adepoju, Aderanti. 1983. "Patterns of Migration by Sex." In Oppong, *Female and Male in West Africa.*

Afonja, Simi. 1981. "Changing Modes of Production and the Sexual Division of Labor among the Yoruba." *Signs* 7, no. 2: 299–313.

———. 1986. "Land Control: A Critical Factor in Yoruba Gender Stratification." In Robertson and Berger, *Women and Class in Africa.*

Afshar, Haleh, ed. 1985. *Women, Work and Ideology in the Third World.* London and New York: Tavistock.

———. 1987. *Women, State and Ideology: Studies from Africa and Asia.* Albany: State University of New York Press.

Ahmed, Christine. 1991. "Not from a Rib: The Use of Gender and Gender Dynamics to Unlock Early African History." Paper presented at the African Studies Association meeting, St. Louis.

Aidoo, Agnes Akosua. 1981. "Asante Queen Mothers in Government and Politics in the Nineteenth Century." In Steady, *The Black Woman Cross-Culturally.*

Aidoo, Ama Ata. 1970. *No Sweetness Here.* London: Longman.

———. 1977. *Our Sister Killjoy.* London: Longman.

Ajayi, J. F. A. 1972. "The Aftermath of the Fall of Old Oyo." In Ajayi and Crowder, *History of West Africa.*

Ajayi, J. F. A., and Michael Crowder, eds. 1972. *History of West Africa.* Vols. 1 and 2. New York: Columbia University Press.

Ajayi, J. F. A., and Robert Smith. 1964. *Yoruba Warfare in the Nineteenth Century.* London: Cambridge University Press.

Akinjogbin, I. A. 1972. "The Expansion of Oyo and the Rise of Dahomey, 1600–1800." In Ajayi and Crowder, *History of West Africa.*

［ガーナ］ 227
ヤー・キャー（アキャーワ） Yaa Kyaa (Akyaawa) ［ガーナ］ 151, 161
ヤオ Yao ［モザンビーク、タンザニア］ 60, 63
ユニオン・ミニエール社 Union Miniere ［コンゴ民主共和国］ 176
予言者 prophet 60, 65, 101
ヨコ、マダム Yoko, Madame ［シエラ・レオネ］ 152–53
ヨハネスブルク Johannesburg ［南ア］ 70, 73–4
ヨルバ Yoruba ［ナイジェリア］ 19, 123, 132, 146, 153–54, 159–60, 180, 187, 193, 196, 206, 208, 218–19

ラ・リ・ル

ラゴス Lagos ［ナイジェリア］ 154, 159, 171, 179, 186
ラゴス・マーケット女性協会 Lagos Market Women's Association ［ナイジェリア］ 186
ラワナイ（行政官） lawanai ［ナイジェリア］ 119
ランサム＝クティ、フンミラヨ Ransome-Kuti, Funmilayo ［ナイジェリア］ 187
ランペーレ、マンペーラ Ramphele, Mamphela ［南ア］ 105–06
離婚 31, 38, 54, 86, 89, 91, 100, 104, 108, 119–20, 159, 176, 178, 200
リネージ 21, 31, 53, 59, 67, 72, 117, 125–26, 129, 135–36, 145–47, 168, 170, 172–73, 176, 190, 201
リプロダクティヴ・ライツ 111
リベリア Liberia 158
リュフィスク Rufisque ［セネガル］ 127
ルオ Luo ［ケニア］ 68, 78, 87, 97
ルサカ Lusaka ［ザンビア］ 104
ルワンダ Rwanda 72, 110, 177

レ・ロ

霊媒師 spirit medium 16, 32, 56, 73
レソト Lesotho 97, 108
レレママ・アソシエーション lelemama association ［ケニア］ 76
レンジャ Lenja ［ザンビア］ 69
労働組合 90, 104
ロヴェドゥ Lovedu ［南ア］ 61, 81

ワ・ン

ワウングワナ waungwana ［ケニア、タンザニア］ 50
ングワト Ngwato ［ボツワナ］ 81
ンゴラ Ngola ［コンゴ民主共和国］ 136
ンジンガ Njinga ［コンゴ民主共和国］ 136–37
ンズィブ・ムプング（コンゴ王国の女性首長の称号） nzumbu mpungu ［コンゴ共和国］ 136
ンドンゴ王国 Ndongo Kingdom ［コンゴ民主共和国］ 136
ンノビ・イボ Nnobi Igbo ［ナイジェリア］ 145, 147
ンワパ、フローラ Nwapa, Flora ［ナイジェリア］ 202–03

マニャノ（祈禱者の集団） manyano ［南ア］ 83
マネ人 Mane ［シエラレオネ］ 148
マブジョカ（憑依霊信仰） Mabzyoka ［マラウィ］ 78
マラウィ Malawi ［→ニヤサランド］ 60, 63, 77-8, 81-2, 86, 102
マラカ人 Maraka ［ナイジェリア］ 141
マリ Mali 114, 116-17, 194-95
マルキス（コンゴ王国の役人） marquis ［コンゴ共和国］ 135
マルクス主義フェミニズム 17-8
マンガンジャ人 Manganga ［マラウィ］ 60, 78, 82

ミ

南アフリカ（共和国） South Africa 21, 23, 43, 62-5, 69-70, 72-6, 79, 81-4, 87-90, 92-4, 97-100, 103, 106, 110-12, 222
南アフリカ原住民民族会議 South African Natives National Congress 73
南アフリカ女性連盟 Federation of South African Women 91
南ローデシア South Rhodesia ［ジンバブウェ］ 72-3

ム

ムウィスィコンゴ Mwissikonngo ［コンゴ共和国］ 135, 137
ムウビ中央協会 Mumbi Central Association ［ケニア］ 85
ムスリム（→イスラーム） 57-8, 62, 65, 71, 76, 89, 91, 93, 102, 110, 156, 177, 198, 220
ムブティ Mbuti ［コンゴ民主共和国］ 32-4
ムフムサ Muhumusa ［ルワンダ］ 72-3
ムボナ霊 Mbona spirit ［マラウィ］ 60
ムワナ・クポナ Muwana Kupona ［ケニア］ 58
ムワナ・ハディジャ Mwana Khadija ［ケニア］ 52
ムワナ・ムウェマ Mwana Mwema ［タンザニア］ 52
ムワナ・ムキシ Muwana Mkisi ［ケニア］ 50

メ

メカタリリ Mekatalili ［ケニア］ 73
メル Meru ［ケニア］ 21-2, 92
メロエ Meroe ［スーダン］ 40-1
メンデ Mende ［シエラレオネ］ 148, 152-53, 161, 164-5

モ

モザンビーク Mozambique 54-5, 60, 62, 64, 69, 74, 88, 95, 100, 109-10
モザンビーク解放戦線 Front for the Liberation of Mozambique 109-10
モザンビーク女性機構 Organization of Mozambican Women 110
モブツ・セセ・セコ Mobutu Sese Seko ［コンゴ民主共和国］ 209
モンゲラ、ゲルトルード Mongela, Gertrude ［タンザニア］ 111
モンバサ Mombasa ［ケニア］ 50, 71, 76, 89-90

ヤ・ユ・ヨ

ヤー・アキャー Yaa Akyaa ［ガーナ］ 151-52, 161
ヤー・アサンテワー Yaa Asantewaa

nhora ［セネガル］ 127
フェミニズム（フェミニスト） 15-6, 36, 105, 111, 189, 202, 204-05, 212, 227-28
ブガンダ Buganda ［ウガンダ］ 20, 53
父系制 30, 44, 49-50, 65-6, 77, 81, 86, 102, 118, 125, 134, 145-47, 163
不妊 69, 137
ブライド・サーヴィス bride service 69, 86
フラニ Fulani ［ナイジェリア］ 140, 142-43, 186
フリータウン Freetown ［シエラレオネ］ 155-56, 159
ブルンディ Burundi 90-1, 177
プレムペ1世 Prempe I ［ガーナ］ 151-52
ブワニクワ Bwanikwa ［コンゴ民主共和国］ 165
フワンジレ（王母） Hwanjile ［ベニン］ 130-31
フンジ王国 Funji ［スーダン］ 51
ブンドゥ（秘密結社） Bundu ［シエラレオネ］ 148-49, 152-53, 156, 161

ヘ

閉経 34, 59, 128, 150-51
ヘッド、ベッシー Head, Bessie ［南ア］ 106-07
ベニン Benin 128, 131
ベニン王国 Benin ［ナイジェリア］ 131-32
ベルギー領コンゴ Belgian Congo ［コンゴ民主共和国］ 21, 182
ベルギー領中央アフリカ Belgian Central Africa ［ブルンディ、ルワンダ］ 177
ペレウラ、アリモトゥ Pelewura, Alimotu ［ナイジェリア］ 186
ペンテコスタリズム Pentecostalism 86
ペンバ Pemba ［タンザニア］ 52

ホ

母系制 30, 40, 44, 48-50, 60, 66, 68, 77, 82, 86, 102, 118, 125, 134-35, 150, 163, 200
ポストモダニズム 18
母性 20, 38, 60
ボツワナ Botswana 32, 47, 61, 81, 94, 107
ホトラ kgotla ［ボツワナ］ 81
ホメ Home ［ベニン］ 130
ホモセクシュアリティ 23
ボリ信仰 Bori cult ［ナイジェリア］ 118-19, 143
ポロ（秘密結社） Polo ［シエラレオネ］ 148
ポンド人 Pondo ［南ア］ 63-4

マ

マアザイ、ワンガリ Maathai, Wangari ［ケニア］ 105
マウマウ Mau Mau ［ケニア］ 22, 92, 94
マガジヤ（王母） magajiya ［ナイジェリア］ 118, 142
マクラ Makurra ［スーダン］ 49
マケダ Makeda ［エチオピア］ 42
マサイ Masai ［タンザニア、ケニア］ 103
マゼケ、シャルロッテ Maxeke, Charlotte ［南ア］ 73, 84
マタンバ Matamba ［コンゴ共和国］ 136-37
マニ（王の称号） Mani ［コンゴ共和国］ 135

ナ

ナイジェリア　Nigeria　16, 19, 24, 115, 117, 122, 131–32, 134, 145, 147, 153, 160, 166, 168, 171, 176, 179, 184, 186, 190, 193, 202, 205–08, 224
ナイジェリア青年運動　Nigerian Youth Movement　186
ナイロート系　Nilotic　43, 45–6
ナイロビ　Nairobi　［ケニア］　70–1, 74–5, 84, 88, 90, 103
ナタール　Natal　［南ア］　43, 47, 64, 71–2, 92, 105
ナタール・コード　Natal Code　［南ア］　76
ナパタ　Napata　［スーダン］　39–40
ナミビア　Namibia　32, 110
ナンディ　Nandi　［ケニア］　60

ニ

ニジェール　Niger　165–66
ニヤサランド　Nyasaland　［→マラウィ］　77, 81–2, 86
ニャマザナ　Nyamazana　［南ア］　61
ニャンジル、マリー・ムゾニ　Nyanjiru, Mary Muthoni　［ケニア］　85
ニュー・オヨ　New Oyo　［ナイジェリア］　154, 160

ヌ・ネ・ノ

ヌビア　Nubia　［スーダン］　37–40, 48–51, 53
ネハンダ霊　Nehanda spirit　［ジンバブウェ］　72–3
ネ・ムバンダ　ne mbanda　［コンゴ共和国］　136
ノク　Nok　［ナイジェリア］　115
ノンガウセ　Nongquawuse　［南ア］　65

ハ

バ、マリアマ　Ba, Mariama　［セネガル］　203
売春（婦）　16–7, 52, 56, 70–1, 75, 84, 88–9, 91, 99, 168, 173, 176–78, 207
ハウサ　Housa　［ナイジェリア、ニジェール］　116–20, 140, 142–43, 196, 198, 205
バウレ　Baule　［コートディヴォワール］　142, 174–75, 190
パス（労働許可証）［南ア］　73, 75, 84, 89, 91, 94
バーゼル・ミッション　Basel Mission　151
ハゾール　Hathor　［エジプト］　37
バチュウェジ（伝説）　Bacwezi　［ウガンダ］　47
ハッザ　Hadza　［タンザニア］　34
パテ　Pate　［ケニア］　50
ハトシェプスト　Hatshepsut　［エジプト］　38
バポストロ（ヴァポストリ）　Bapostolo (Vapostori)　［ジンバブウェ］　101
パレ　Pare　［タンザニア］　91, 108
バロコレ　Balokole　［ウガンダ］　80
バントゥー　Bantu　42–5, 47–50, 134
バントゥー女性連盟　Bantu Women's League　［南ア］　84
バンバラ　Bambara　［マリ］　195

ヒ

東アフリカ協会　East African Association　［ケニア］　84–5
避妊　100

フ

ファトゥマ（女王）　Fatuma　［タンザニア］　52
フィリパ、セニョーラ　Philippa, Se-

Democratic Organization ［ソマリア］ 101
ソンガイ Songhay ［西アフリカ］ 114, 116–17

タ

タイトゥ・ビトゥール女王 T'aitu Bitoul, Empress ［エチオピア］ 72
ダーバン Durban ［南ア］ 92, 104
ダホメー Dahomey 帝国 ［ベニン］ 128–30, 133, 154
ダール・フール Dar Fur ［スーダン］ 57–8, 62
ダンガレンバ、ツィツィ Dangarembga, Tsitsi ［ジンバブウェ］ 106–07
タンザニア Tanzania 21, 34, 50, 52, 54, 58, 62–3, 90–1, 93, 97, 108–09, 111, 229
タンザニア女性連合 Umoja wa Wanawake wa Tanzania 108–09
男性娘 male daughter 19, 145

チ

チェディヤ Chediya ［ナイジェリア］ 142
チスング（儀礼） Chisungu ［ジンバブウェ］ 81
チャルウェ（巫女） Charwe ［ジンバブウェ］ 72–3
中絶 80, 100
調査と開発のためのアフリカ女性協会（AAWORD） Association of African Women for Research and Development 205
賃金（一労働、一労働者） 67, 71, 79, 83, 86, 88, 90, 97–98, 168, 173, 178, 180, 192–93, 196–97

ツ

ツィディ人 Tshidi ［南ア］ 62
通過儀礼 31, 57, 80, 148
ツォンガ人 Tsonga ［モザンビーク］ 64
ツワナ Tswana ［ボツワナ］ 61–4

テ

低開発理論 16
ティヌブ、マダム Tinubu, Madame ［ナイジェリア］ 153
デイル・エル・バハリ Deir el-Bahri ［エジプト］ 38
テベス王 King Tegbesu ［ベニン］ 130–31
デュラ Dyula ［西アフリカ］ 196

ト

トゥゲン Tugen ［ケニア］ 103–04
トゥンブカ Tumbuka ［ザンビア］ 81
ドニャ・アナ・ダ・ソーサ Doña Ana da Sousa ［コンゴ］ 162
トランスヴァール Transvaal ［南ア］ 61, 64, 71
奴隷 16, 40, 52, 55–7, 69, 71–2, 76, 117, 120–21, 123–26, 128, 133–35, 141–43, 146, 156, 160, 162–65, 219
奴隷狩り 57, 141, 144, 149, 152, 161, 163–64
奴隷制 58–9, 63, 72, 120, 125, 133, 141, 158, 166–68, 172, 217–21, 224
奴隷制廃止 72, 166–67, 219
奴隷貿易 58, 63, 123–27, 133–34, 136, 149, 155, 157, 161, 163, 217–18
トンガ Tonga ［ザンビア］ 68–9, 77, 86

127
ジハード　jihad　140-43
シャンバラ王国　Shambala　［タンザニア］　54
宗教運動　101
狩猟採集　32-36, 42, 45, 47, 65
商工労働者組合　Industrial and Commercial Workers Union　［南ア］　84
女性運動　Women's Movement　［スーダン］　93
女子割礼（→クリトリス切除、女性性器切除）　22, 46
女性憲章1954　94
女性婚　60, 71, 145
女性進歩クラブ　Ladies Progressive Club　［ナイジェリア］　186
女性性器切除　Female Genital Mutilation（FGM）　21-2, 101-05, 206
女性同盟　Women's Union　［スーダン］　101
女性の進歩　Maendeleo ya Wanawake　［ケニア］　90, 105
女性の調査と記録センター　Women's Research and Documentation Center（WORDOC）　205
女性夫　female husband　19, 32, 145, 160
女性連盟　Women's League　［スーダン］　93
女性連盟　Women's League　［南ア］　110
ショナ　Shona　［ジンバブウェ］　54, 59
シラジ　Shirazi　［タンザニア、ケニア］　50
親族（ー組織、ー体系、ーイデオロギー）　20, 44, 46, 49, 57, 71, 116, 121, 124-25, 128-29, 133, 142, 145, 156, 162-64, 173, 179-80, 200-03, 210, 213
ジンバブウェ　Zimbabwe　20-2, 46-7, 54, 59, 72, 76, 101, 103, 109

ス

スイナートン計画　Swynnerton Plan　［ケニア］　87
スーダン　Sudan　37, 39, 48, 51, 62, 69, 90, 93, 101-02
スーダーン地域　The Sudan　57, 114-17, 120-21, 140-41, 167
ズト　thuto　［ボツワナ］　81
ストライキ　83-4, 104, 109, 147, 188, 190, 194
ズールー　Zulu　［南ア］　61, 64
スワヒリ　Swahili　［タンザニア、ケニア］　49-50, 58, 62, 65, 76, 89, 93

セ

セクシュアリティ　18, 20-1, 23, 37, 59, 67, 72, 80, 87, 98, 119, 176-77, 228
セニョーラ　Senhoras　［セネガル］　127
セネガル　Senegal　126, 188, 203, 205, 211
セネガンビア　Senegambia　［セネガル、ガンビア］　126, 156-57
セフウィ・ウィアウソ　Sefwi Wiawso　［ガーナ］　177-78, 180-81
センベーヌ、ウスマン　Sembene, Ousmane　［セネガル］　188

ソ

ソウェト　Soweto　［南ア］　106
ソコト王国　Sokoto Califate　［ナイジェリア］　142-43
ソファラ　Sofala　［モザンビーク］　54
ソマリア　Somalia　110
ソマリ女性民主機構　Somali Women's

グディット(ヨディット)　Gudit (Yodit)［エチオピア］　49
クパー・メンデ人　Kupaa Mende［シエラレオネ］　152-53
クバンドゥワ(儀礼)　kubandwa［ウガンダ］　47,53
クマセ　Kumase［ガーナ］　151
クリトリス切除(→女子割礼、女性性器切除)　45,62,80,92,100,148,204
グリーンベルト運動　Greenbelt Movement［ケニア］　105
クルーマン　Kruman［リベリア］　158
クン　!Kung［ボツワナ、ナミビア］　32-5,44

ケ

ゲゾ王　King Gezo［ベニン］　130
結婚　30-1,44,47,49-51,54,56,59-60,67,69,70,72,75,86-7,89,98,100-01,103-04,107,120-21,124,143,145,147,153,156,159,162-64,166,176-79,181,200-03,225
ケニア　Kenya　21-2,44,46,50,60,62,64,68,70,73-4,76,78-80,82-4,87-96,100,103-05,111,226
ケニア女性国民評議会　National Council of Women of Kenya　105
ケープ　Cape［南ア］　47,56,63,65,70-1,73,75,83
ケープ・タウン　Cape Town［南ア］　71
ケープ・パーマス　Cape Palmas［リベリア］　158

コ

コイコイ(コエナ)　Khoikhoi［南ア］　47,55-6
黒人女性連盟　Black Women's Federation［南ア］　110
国連女性の10年　United Nation Decade for Women　96
コーサ　Xhosa［南ア］　61,65
コート・ディヴォワール　Cote d'Ivoire　142,174,190,198,203
コプト・キリスト教［エジプト］　48
コム人　Kom［カメルーン］　186
ゴールド・コースト　Gold Coast［ガーナ］　122,128
コロロ人　Kololo［マラウィ］　63,83
コンゴ自由国　Congo Free State［コンゴ民主共和国］　166,170
コンゴ民主共和国　Democratic Republic of Congo　32,170,182,209
コンゴ王国　Kongo Kingdom［コンゴ共和国］　135-39,162
婚資　17,30-2,51,54-5,60,64-7,69-70,78,86,97,100,109,145,159-60,164,179
ゴンフレヴィユ(製綿工場)　Gonfreville［コート・ディヴォワール］　174-5

サ

ザイール　Zaire［コンゴ民主共和国］　209
ザザウ　Zazzau［ナイジェリア］　119
ザール　Zaal［スーダン］　102
サロ人　Saro［ナイジェリア］　159-60
サン　San［南部アフリカ］　32
ザンジバル　Zanzibar［タンザニア］　52,58,63,226
ザンビア　Zambia　13,68,70,74,76-7,81,86,101,103,177

シ

シエラ・レオネ　Siera Leone　127,148,152-55,158-59,164,182,205
シナール王国　Sinnar　62
シニャール　Signares［セネガル］

カ

ガ　Ga ［ガーナ］ 182
階層（－関係、－秩序、－形成） 20, 39, 45, 57, 126, 148, 158, 186, 203
階層分化　36, 44, 50-1, 65, 104, 117, 121, 125, 129, 132-33, 146, 160, 162, 169, 172, 191, 198-99, 212-13
開発と女性（WID） 212
開発プロジェクト　210-12
カイリ、レベッカ・ンジェリ　Kairi, Rebecca Njeri ［ケニア］ 92
隔離　15, 31, 51-2, 58, 62, 65, 76, 89, 102, 140, 142-43, 155, 166, 205
家事労働　16, 36, 56, 70-1, 73-5, 88, 94, 97
家族　48, 52, 81, 99, 111, 132, 145, 168, 176, 195, 201-02, 205, 207, 209, 213
カタンガ　Katanga ［コンゴ民主共和国］ 176, 188
カティ、セニョーラ　Catti, Senhora ［セネガル］ 127
ガーナ　Ghana　21, 114, 116-17, 122, 128, 149, 177, 179, 182, 192-93, 200
カノ　Kano ［ナイジェリア］ 142
寡婦　60, 72, 91, 104, 136, 177
家父長（制） 17, 31, 52, 59, 72, 76, 86, 99, 102, 158, 164, 168, 173, 176, 178, 183, 202
カプチン宣教団　Capuchins ［コンゴ民主共和国］ 138
カメルーン　Cameroon　186, 193, 198
カヨール　Cayor ［セネガル］ 127
ガラスの天井　18-9
カラード　Colored ［南ア］ 71, 75
カルワイ（離婚女性） karwai ［ナイジェリア］ 119
慣習（法） 16, 18, 47, 60, 64, 76, 87, 99-101, 103, 108-09, 127, 159, 178, 180, 204, 206, 228
カンパラ　Kampala ［ウガンダ］ 103
ガンビア　Gambia　126-27, 156, 194, 205, 211

キ

飢饉　59, 78, 86, 97, 110, 112
キクユ　Kikuyu ［ケニア］ 22, 46, 59-60, 64, 79-80, 94
キクユ神話　44
キクユ中央協会　Kikuyu Central Association ［ケニア］ 85
北ローデシア　Northern Rhodesia ［ザンビア］ 68, 70, 74-7, 81, 86, 89-90
祈禱者協会　Prayers Association ［南ア］ 72
ギニア・カボヴェルデ独立アフリカ人党（PAIGC） 188-89, 202
ギニア・ビサウ　Guinea-Bissau　188, 190, 202
教育　21, 78-80, 89, 91, 93, 95, 98, 102, 104-08, 112, 140, 143, 159-60, 180-82, 189, 196-98, 201, 203, 208, 213
ギリアマ　Giriama ［ケニア］ 73
キリスト教（宣教師） 31, 42, 48-9, 56-7, 61, 65, 68, 70-4, 79-81, 83, 85, 89, 93, 135, 155, 157-59, 165, 172, 182-83, 186, 198
キルアンジェ人　Kiluanje ［コンゴ民主共和国］ 136
キルワ　Kilwa ［タンザニア］ 50
キンパ・ヴィタ（ドニャ・ベアトリーチェ） Kimpa Vita (Dona Beatrice) 137-39

ク

クシ系　Cushitic　42-3, 45-6
クシュ　Kush ［スーダン］ 35, 37, 39-42

ア］ 154
イスラーム（ムスリム） Islam 31, 48-52, 57-8, 62-3, 70-1, 89, 102, 118, 120, 140-43, 205, 208, 220, 228
一夫多妻 17, 20, 31, 53-4, 71, 83, 91, 100, 109, 129, 153, 159-60, 177, 202-03
イディア（王母） Idia ［ナイジェリア］ 131
イニョム・ディ inyomu di ［ナイジェリア］ 147
イニョム・ンノビ inyomu nnobi ［ナイジェリア］ 147
イバダン Ibadan ［ナイジェリア］ 154, 205
イバンガラ人 Imbangala ［コンゴ民主共和国］ 136-37
イビビオ人 Ibibio ［ナイジェリア］ 185
イブン＝バットゥータ Ibn-Battuta 116
イボ人 Igbo ［ナイジェリア］ 16, 19, 145, 160-61, 185-86, 190, 196, 206
イヤロデ iyalode ［ナイジェリア］ 123, 133, 154, 160
イヨバ iyoba ［ナイジェリア］ 131

ウ

ヴァズ、ビビアナ Vaz, Bibiana ［セネガル］ 127-28
ウィダー Whyday ［ベニン］ 129
ウィッチクラフト（妖術） 59
ヴェール 31, 102, 141, 166, 205
ウォッチ・タワー運動 Watchtower movement ［コンゴ民主共和国］ 188
ウガンダ Uganda 20, 47, 80, 103-04
ウスマン・ダン・フォディオ Uthman dan Fodio ［ナイジェリア］ 140-41, 143
ウスンブラ Usumbura ［ブルンディ］ 91
ウジャマー村 Ujamaa villages ［タンザニア］ 97
ウヌ・オクプ unu okupu ［ナイジェリア］ 147

エ

エイズ 23, 110
英領西アフリカ・ガールズ・クラブ British West African Girls' Club ［ナイジェリア］ 186
エヴァ Eva ［南ア］ 56
エウェ人 Ewe ［ガーナ］ 200
エグバ Egba ［ナイジェリア］ 154
エジプト Egypt 37-40, 48-9
エチオピア Ethiopia 35-6, 41-2, 48-9, 52-3, 57, 72, 100, 109-10
エメチェタ、ブチ Emecheta, Buchi ［ナイジェリア］ 179, 190, 199, 204
エリトリア Eritrea 110
エリトリア人民解放戦線 Eritrea Peoples' Liberation Front ［エリトリア］ 110

オ

王母 16, 32, 41, 47-8, 52-3, 56, 118-19, 123, 129-32, 142-3, 149-51, 154
オクウェ、オム Okwe, Omu ［ナイジェリア］ 165, 169-70, 172
オゴット、グレイス Ogot, Grace ［ケニア］ 106
オセイ・ヤウ Osei Yaw ［ガーナ］ 151
オバ oba ［ナイジェリア］ 131-32
オヨ Oyo ［ナイジェリア］ 122-24, 131
オロモ Oromo ［エチオピア］ 53

索　引

（［　］内は現在の国名．南アフリカ共和国は南アと略記）

ア

アイデンティティ　15, 23-4, 80-1, 145, 219, 228
アイドゥー、アマ・アタ　Aidoo, Ama Ata ［ガーナ］ 204
アガオ　Agao ［エチオピア］ 49
アガジャ王　King Agaja ［ベニン］ 130
アカン人　Akan ［ガーナ］ 150
アキャーワ　Akyaawa →ヤー・キャー ［ガーナ］ 151, 161
アクスム（王国） Aksum ［エチオピア］ 35, 41, 42, 49
アクラ　Accra ［ガーナ］ 151, 179
アサンテ　Asante ［ガーナ］ 21, 128, 149-51, 154, 161, 200, 226-27
アサンテヘネ　asantehene ［ガーナ］ 149
アサンテヘマー　asantehemaa ［ガーナ］ 128, 149
アジャ　Aja ［ベニン］ 129-30
アジャヌ（儀礼） ajanu ［コート・ディヴォワール］ 175
アスキア　askia 117
アハガール　Ahaggar ［アルジェリア］ 114
アバコーン　Abercorn ［ザンビア］ 70
アバの反乱　［ナイジェリア］ 185
アバヨミ、オインカン　Abayomi, Oyinkan ［ナイジェリア］ 186
アビシニア　Abyssinia ［エチオピア］ 49
アビジャン　Abidjan ［コート・ディヴォワール］ 203
アフリカ女性全国評議会　National Council of African Women ［南ア］ 84
アフリカニスト（反白人精霊） Africanist ［南ア］ 83
アフリカ民族会議　African National Congress ［南ア］ 73, 84, 110
アフリカ・メソディスト・エピスコパル教会　Africa Methodist Episcopal Church 83
アベオクタ　Abeokuta ［ナイジェリア］ 159, 168, 224
アベオクタ女学校　Abeokuta Girls' School ［ナイジェリア］ 187
アベオクタ女性同盟　Abeokuta Women's Union ［ナイジェリア］ 187
アホシ　ahosi ［ベニン］ 129-30
アマゾネス　Amazones ［ベニン］ 130
アミナトゥ（アミナ）女王　Aminatu (Amina) ［ナイジェリア］ 119
アムハラ　Amhara ［エチオピア］ 57
アヤバス　ayabas ［ナイジェリア］ 123
アラーダ　Allada ［ベニン］ 129
アラフィン　alafin ［ナイジェリア］ 123, 154
アルワ　'Alwa ［スーダン］ 49
アンゴラ　Angola 32, 188
アンル　anlu ［カメルーン］ 186

イ

イシス（母神） Isis ［エジプト］ 38, 40
イジャエ戦争　Ijaye war ［ナイジェリ

〈訳者略歴〉
富永智津子（とみなが ちづこ）
1942年　三重県に生まれる
東京女子大学文理学部史学科卒業，津田塾大学大学院国際関係学研究科修士課程修了，東京大学大学院社会学研究科国際関係論博士課程中退
現　在　宮城学院女子大学教授
専　攻　東アフリカ現代史
著　書　『ザンジバルの笛—東アフリカ・スワヒリ世界の歴史と文化—』（未來社，2001）
訳　書　『アフリカの女性史—ケニア独立闘争とキクユ社会—』（未來社，1999）
論　文　「東アフリカ奴隷貿易とインド人移民—商人カーストを中心に—」『叢書カースト制度と被差別民 4　暮らしと経済』（明石書店，1994），「世界分割とアフリカ・東南アジア・オセアニア」『講座世界史 5　強者の論理—帝国主義の時代』（東京大学出版会，1995）ほか

アイリス・バーガー／E. フランシス・ホワイト著
アフリカ史再考——女性・ジェンダーの視点から

2004年10月15日　初版第 1 刷発行

定価（本体2800円＋税）

訳　者　富　永　智津子
発行者　西　谷　能　英
発行所　株式会社　未　來　社
〒112-0002　東京都文京区小石川3-7-2
電話・代表（03）3814-5521／振替00170-3-87385
http://www.miraisha.co.jp/　E-mail:info@miraisha.co.jp

印刷＝スキルプリネット／装本印刷＝形成社／製本＝五十嵐製本
ISBN4-624-11192-3　C0022

表示の価格に消費税が加わります。

プレスリー著／富永智津子訳
アフリカの女性史　二八〇〇円
〔ケニア独立闘争とキクユ社会〕英植民地期ケニアの女性労働・教育・割礼論争等の実態を明らかにし、マウマウと呼ばれた独立闘争におけるキクユ女性の役割を初めて考察する。

富永智津子著
ザンジバルの笛　二二〇〇円
〔東アフリカ・スワヒリ世界の歴史と文化〕インド洋の小島ザンジバルに伝わる俗謡の謎を追い、アフリカ内陸・アラビア半島・インドへと旅し、スワヒリ世界の歴史と文化を描く。

ジョセフ著／片平久子訳
明日の太陽――女性の闘い　一五〇〇円
〔南アフリカにおける人種差別と抑圧〕白人政権による非白人への苛酷な迫害が強行されている南アフリカで、アフリカ人と共に人間の権利と自由を求めて闘う一白人女性の記録。

シュッデコプフ編／香川・秦・石井訳
ナチズム下の女たち　二四〇〇円
〔第三帝国の日常生活〕第二次世界大戦中、ナチス・ドイツに支配された女性たちは教宣に対してどのような態度で日常生活を送っていたのか。さまざまな立場の一〇人の女性の証言。

川越・姫岡・原田・若原編著
近代を生きる女たち　二五〇〇円
〔一九世紀ドイツ社会史を読む〕近代の女性および女性像はどのように形成されたのか。社会史の方法を用いて豊富な史料のなかから取り出された近代女性史をめぐる第一級の研究。

サーダウィ著／村上真弓訳
カナーティルの一二人の女囚たち　二〇〇〇円
エジプトを拠点に世界的に活躍する高名なフェミニスト作家サーダウィが、自らの獄中体験をもとに、一二人の女囚の言葉を借りて劇化した問題作。強烈な政府批判を行った政治劇。

ビューミラー著／高橋光子訳
一〇〇人の息子がほしい　三五〇〇円
〔インドの女の物語〕ダウリ（高額の花嫁持参金）やサティー（殉死）、パルダの風習に生きる女、あるいは芸術・政治・女性運動に燃える女に直に接し、その生な感じ方を伝えた記録。

マラ・セン著／鳥居千代香訳
インド盗賊の女王プーラン・デヴィの真実　二二〇〇円
20世紀の伝説〝プーラン・デヴィ神話〟はなぜ生まれたのか。インド出身の女性ジャーナリストが、数々の伝説に彩られた「盗賊の女王」の実像に迫る。一〇年をかけての伝記の決定版！